Realschule Bayern

Schulaufgabentrainer Deutsch

10

Herausgegeben von
Renate Kroiß (Neumarkt)

Erarbeitet von
Gertraud Bildl (Waldbüttelbrunn)
Michaela Birkhan (Gunzenhausen)
Daniela Filip (Herzogenaurach)
Renate Kroiß (Neumarkt)
Ulrike Meier-Robisch (Herzogenaurach)
Sonja Wiesiollek (Baldham)
Gunder Wießmann (Neumarkt)

Cornelsen

Inhaltsverzeichnis

Schreiben

Mit Texten und Medien umgehen

Mit dem beigefügten Lösungsheft kannst du deine Ergebnisse selbst überprüfen.

1 Mitglied in einem Sportverein – ja oder nein?
Eine zweigliedrige Erörterung schreiben

Die Schulaufgabe
Verfassen Sie zu dem folgenden Thema eine Erörterung. Für Ihren Aufsatz müssen Sie eine Gliederung erstellen sowie eine aussagekräftige Einleitung, einen Hauptteil und einen sinnvollen Schluss schreiben. Der Hauptteil sollte mindestens vier Argumentationen pro Themafrage enthalten.
Thema: *Welche Gründe veranlassen Jugendliche, Mitglied in einem Sportverein zu werden? Was spricht dagegen, einem solchen Verein beizutreten?*

A Was wird von dir verlangt?

1 Kreuze an, was du beim Verfassen einer Erörterung beachten musst.

In einer Erörterung

- ☐ A setze ich mich argumentativ mit dem Thema auseinander.
- ☐ B besteht der Aufsatz aus Einleitung, Hauptteil und Schluss.
- ☐ C soll bereits die Einleitung Behauptungen aus dem Hauptteil enthalten.
- ☐ D muss der Einleitungsgedanke zur Themastellung hinführen.
- ☐ E endet die Einleitung mit dem Thema in Form eines Frage- oder Aussagesatzes.
- ☐ F muss die Reihenfolge der Argumentationen mit der Gliederung übereinstimmen.
- ☐ G ist es erforderlich, dass jede Argumentation aus Behauptung, Begründung und Beispiel bzw. Beleg besteht.
- ☐ H muss im Hauptteil deutlich werden, welche Meinung ich persönlich zum Thema vertrete.
- ☐ I enthält der Schluss meine eigene Meinung zur Thematik.
- ☐ J darf ich einen persönlichen Schreibstil verwenden.

2 Damit du die Aufgabe korrekt und vollständig bearbeiten kannst, ist es wichtig, die Themastellung richtig zu verstehen. Lies sie noch einmal genau durch.
a Kreuze jeweils an, ob die folgenden Aussagen zutreffen oder nicht.
b Markiere in den Sätzen den Begriff, der das Thema einschränkt.

	trifft zu	trifft nicht zu
A Ich soll die Vor- und Nachteile einer Mitgliedschaft in einem Verein erörtern.	☐	☐
B Thema der Erörterung ist die Mitgliedschaft in einem Sportverein.	☐	☐
C Es geht darum, Vor- und Nachteile aufzuzeigen.	☐	☐
D Bei der Erörterung der ersten Themafrage muss dargestellt werden, welche Gründe Jugendliche haben, Mitglied in einem Sportverein zu sein.	☐	☐
E Ich kann mir eine der beiden Themafragen aussuchen und muss nur diese eine Frage erörtern.	☐	☐
F Bei der Erörterung der zweiten Themafrage muss man sich mit den Nachteilen, die eine Mitgliedschaft im Sportverein für Jugendliche hat, auseinandersetzen.	☐	☐

B Den Aufsatz planen

Stoff sammeln und sinnvoll ordnen

Um für eine Erörterung **Stoff zu sammeln**, kannst du Gedanken und Ideen
- **untereinander** aufschreiben,
- in einem **Cluster** zusammentragen,
- in **Listen** oder einer **Tabelle** notieren (besonders geeignet für eine zweigliedrige Erörterung),
- in einer **Mind-Map** aufzeichnen und damit schon **vorstrukturieren**.

1 **a** Erarbeite eine Stoffsammlung zum vorgegebenen Thema. Ergänze dafür die unten stehenden Ideen. Die Bilder helfen dir dabei.

Bindung an feste ______________________ Vernachlässigung von ____________

______________________ der Teamfähigkeit ______________________

b Markiere Ideen, die zur Themafrage I (Vorteile einer Mitgliedschaft im Sportverein) passen, grün und Ideen, die zur Themafrage II (Nachteile) gehören, rot.

2 Paul hat ungeordnet Aspekte notiert, warum es sinnvoll ist, wenn Jugendliche Mitglied in einem Sportverein sind. Außerdem hat er sich Gedanken über die Nachteile einer solchen Mitgliedschaft gemacht. Überprüfe die einzelnen Punkte seiner Stoffsammlung.
a Streiche unpassende Ideen.
b Markiere die Vorteile grün und die Nachteile rot.

VORSICHT FEHLER!

A Übergewicht kann reduziert bzw. vermieden werden.

B Durch eine Mitgliedschaft in einem Sportverein erlebt man häufig ein Gemeinschaftsgefühl.

C Beim Sport verletzt man sich oft.

D Sportliche Betätigungen dienen als Ausgleich und bauen Stress ab.

E Im Sportverein kann man Gleichaltrige mit ähnlichen Interessen kennen lernen.

F Durch regelmäßigen Sport wird Muskulatur aufgebaut und die Gelenke werden gestärkt.

G Für die Sportausrüstung entstehen hohe Anschaffungskosten.

H Es muss bedacht werden, dass durch die Mitgliedschaft in einem Verein Kosten entstehen.

3 Notiere anhand deiner Arbeitsergebnisse Vor- und Nachteile einer Mitgliedschaft im Sportverein in der Liste. Verwende den Nominalstil, um möglichst sachlich zu formulieren. Ergänze eigene Ideen.

Mitgliedschaft im Sportverein – ja oder nein?

Vorteile	Nachteile
___	___
___	___
___	___
___	___
___	___

Eine Gliederung anfertigen

Die **Gliederung** dient dazu, die Ideen **sinnvoll zu strukturieren**:

- Der **Einleitungsgedanke** (A) wird meist in einem vollständigen Satz angegeben.
- Für den **Hauptteil** (B) werden die Themafrage(n) und die Hauptgliederungspunkte (= Behauptungen der einzelnen Argumentationen) notiert. Achte auf einheitliche Formulierungen, am besten im **Nominalstil** (z. B. *Steigerung der Teamfähigkeit*). Halte ein **einheitliches Gliederungsschema** (▶ vordere Umschlaginnenseite) ein. Ordne die Gliederungspunkte in einer **durchdachten Reihenfolge**.
- Der **Schlussgedanke** (C) wird meist in einem vollständigen Satz angegeben.

1 Vervollständige den Hauptteil (B) der Gliederung. Formuliere im Nominalstil. Du kannst deine Ergebnisse aus Aufgabe 3 verwenden. Hinweis: Die Sätze für die Einleitung (A) und den Schluss (C) werden erst später ergänzt.

A) ___

B) Welche Gründe veranlassen Jugendliche, Mitglied in einem Sportverein zu werden? Was spricht dagegen, einem solchen Verein beizutreten?

I. Gründe für die Mitgliedschaft Jugendlicher in einem Sportverein

1. ___
2. ___
3. ___
4. Steigerung der Teamfähigkeit

II. Nachteile einer Mitgliedschaft Jugendlicher im Sportverein

1. Hohe Mitgliedsbeiträge
2. Bindung an feste Trainingszeiten
3. ___
4. Vernachlässigung von Freunden außerhalb des Vereins

C) ___

C Eine zweigliedrige Erörterung verfassen – Übungen

Die Einleitung schreiben

Die **Einleitung einer Erörterung** sollte zielstrebig zum Thema hinführen, darf aber keine Behauptungen oder Argumente aus dem Hauptteil vorwegnehmen. Der **Einleitungsgedanke** kann z. B. von einem aktuellen Ereignis, einem persönlichen Erlebnis, einer Definition oder einem historischen Rückblick ausgehen. Eine sinnvolle **Überleitung** führt zur Formulierung der **Themafrage(n)** oder eines entsprechenden Aussagesatzes. Bei einer zweigliedrigen Erörterung müssen beide Aspekte des Themas genannt werden.

1 Lies den Tipp und die beiden Einleitungen A und B.

a Notiere jeweils auf der Linie, wovon der Einleitungsgedanke ausgeht.

b Unterstreiche jeweils die Überleitung zur Themafrage gelb und markiere die Themafrage bzw. den entsprechenden Aussagesatz in Gelb.

A Der Sportverein in unserem Stadtteil ist von der Schließung bedroht, weil er immer weniger Mitglieder, vor allem unter Jugendlichen, findet. Deshalb wurden etliche Werbekampagnen gestartet, um mehr junge Menschen in den Verein zu locken. Es stellt sich aber die Frage, welche Gründe Jugendliche haben, Mitglied in einem Sportverein zu werden, und welche Nachteile sie davon abhalten könnten.

Ausgangspunkt des Einleitungsgedankens: ______________________________

B Seit wir vom Tachinger See nach München umgezogen sind, raten mir meine Eltern, dem Giesinger Sportverein beizutreten. Vor ein paar Wochen nahm ich einmal an einem Probetraining der Fußballmannschaft teil und muss mich nun entscheiden, ob ich Mitglied in dem Verein werde. Einerseits gibt es zwar viele Gründe, in einen Sportverein einzutreten, aber es sind auch Nachteile damit verbunden.

Ausgangspunkt des Einleitungsgedankens: ______________________________

2 Überlege nun, wie du deine Erörterung einleiten möchtest, und ergänze in der Gliederung (▸ S. 5) einen passenden Einleitungssatz.

Argumentationen für den Hauptteil ausgestalten und überarbeiten

Im **Hauptteil** entwickelst du zu jedem Gliederungspunkt eine Argumentation. Um zu überzeugen, muss jede **Argumentation** die „drei B" enthalten: **Behauptung – Begründung – Beispiel/Beleg**. Die Begründung sollte stichhaltig sein. Am Ende der Argumentation kann durch eine **Rückführung** der Bogen zurück zum Ausgangspunkt gespannt werden oder es können **Schlussfolgerungen** gezogen werden.

1 Markiere in der folgenden Argumentation die Behauptung grün, unterstreiche mit einem grünen Stift die Begründung doppelt und das Beispiel einfach, zeichne eine grüne Punktlinie unter die Rückführung.

Jugendliche steigern durch die Mitgliedschaft in einem Sportverein ihre Teamfähigkeit, denn dort sind sie häufig zusammen mit Gleichaltrigen sportlich aktiv. Oft trainieren sie gemeinsam in einer großen Gruppe. Dadurch lernen die Heranwachsenden, sich in ein Team einzugliedern. Dies ist sehr wichtig, da einem harmonischen Miteinander in der Schule wie auch im Berufsleben große Bedeutung zukommt. Auf Kompromisse einzugehen, kann man ebenfalls im Sportverein lernen. Wenn eine Schülerin beispielsweise in einem Verein Fußball spielt, lernt sie schnell, dass es nicht darauf ankommt, alleine nach vorne zu laufen, sondern den Mannschaftskolleginnen den Ball zuzuspielen und dadurch größere Torchancen zu erreichen. Man sieht also, dass junge Menschen durch ihre Mitgliedschaft in einem Sportverein ihre Teamfähigkeit steigern.

2 Die folgende Argumentation ist unvollständig.

a Markiere und unterstreiche die Teile der Argumentation wie in Aufgabe 1.

b Notiere auf der Linie, welcher Teil der Argumentation fehlt: ______________________

c Ergänze den fehlenden Teil unter dem Text.

Außerdem bereitet es vielen Jugendlichen Freude, zusammen mit Gleichaltrigen Sport zu treiben. Denn das Training macht viel mehr Spaß, wenn man sich gemeinsam für den gleichen Kurs oder dieselbe Mannschaft anmeldet und von Anfang an zusammen teilnimmt. In einer Gruppe Gleichgesinnter zu trainieren, kann sehr motivierend wirken. Zudem können sich Heranwachsende oft leichter überwinden, einen Sport auszuüben, wenn sie wissen, dass sie gemeinsam mit anderen Spaß haben werden.

____

____

____

3 **a** Markiere im Wortspeicher zu der Behauptung passende Begründungen und trage die Buchstaben in den Cluster ein.

Um zu überzeugen, muss eine **Argumentation** eine **angemessene Länge** aufweisen und **logisch nachvollziehbare Begründungen** enthalten. Mehrere stichhaltige Begründungen können eine Behauptung besonders wirkungsvoll stützen.

Wortspeicher

A Denn auch für Freundschaften gilt: Gegensätze ziehen sich an. – B Jugendliche entscheiden sich für eine Sportart oder für einen spezialisierten Verein, der ihren Interessen entspricht. – C ..., weil sportliche Vorlieben oft von anderen speziellen Interessen begleitet werden. – D ..., weil eine gute Freundschaft ein Leben lang hält. – E Denn regelmäßige Treffen zum Training erleichtern das Kennenlernen. – F Wettkämpfe fördern die Konkurrenz. – G Trainingsziele gemeinsam zu erreichen, fördert die Freundschaft.

Behauptung:
Im Sportverein kann man Gleichaltrige mit ähnlichen Interessen kennen lernen und Freunde finden.

Das gemeinsame Hobby bietet Gesprächsthemen, zu denen alle etwas beitragen können.

Durch die verschiedenen Trainingsangebote im Verein finden alle die in einer Gruppe zusammen, die sich für eine bestimmte Sportart begeistern.

b Formuliere nun mit Hilfe der Behauptung und einigen/allen Ideen im Cluster eine Argumentation. Ergänze ein passendes Beispiel aus dem Wortspeicher. Schreibe in dein Heft.

Wortspeicher

Wer zum Beispiel einsame Waldläufe liebt, findet im Sportverein sicher Gleichgesinnte. – Jugendliche, die in der Halle klettern, werden ihre Künste auch gerne in den Bergen ausprobieren und finden in der Klettersektion ihres Sportvereins sicher Gleichgesinnte für ein Wochenende in den Alpen. Wenn sie gemeinsam einen Klettersteig gemeistert haben, bietet das eine gute Basis für eine Freundschaft. – Beispielsweise können sich Schwimmer, Segler oder Surfer bei einem gemeinsamen Ausflug an einen See noch besser kennen lernen. – Wer gerne allein mit seinem Kanu durch die Wildnis paddelt, findet im Kanuverein bestimmt einen begeisterten Sportsfreund.

4 **a** Lies die folgenden Behauptungen (links) und Begründungen (rechts). Verbinde anschließend mit einer Linie, was zusammengehört. Zu einer der Behauptungen fehlt die Begründung.

A Einen Nachteil für Jugendliche stellt die Bindung an feste Trainingszeiten dar.

B Durch die Mitgliedschaft in einem Sportverein entstehen oft hohe Kosten.

C Die Mitgliedschaft in einem Sportverein kann zu hohem Leistungsdruck führen.

1 Die Trainer setzen ihre Sportler oft unter Druck, damit der Verein aus Wettbewerben besonders erfolgreich hervorgeht. Dadurch entsteht häufig ein starkes Konkurrenzverhalten innerhalb eines Teams. Es kommt zu Anfeindungen, sogar zwischen Sportlern, die sonst die besten Freunde sind. Der Sportverein, der die Jugendlichen eigentlich von ihrem Alltag ablenken soll, bietet einen weiteren Anlass für Leistungsdruck. ...

2 Meldet sich ein Jugendlicher bei einem Verein an, so bekommt er sofort feste Termine, zu denen das von ihm gewählte Training stattfindet. Da er Mitglied einer Mannschaft oder Teilnehmer eines bestimmten Kurses ist und keinen Einzelunterricht erhält, ist er gezwungen, sich an die festgelegten Zeiten zu halten. ...

?

b Überlege, welches Beispiel jeweils zu den Behauptungen A bis C und den zugehörigen Begründungen passt. Notiere den Buchstaben der passenden Behauptung im Kästchen vor dem Beispiel. Beachte: Manche Sätze passen zu keiner dieser Behauptungen!

☐ a Der Mitgliedsbeitrag für Schüler, Studenten und Auszubildende beträgt im Sportverein unserer Gemeinde 5 Euro im Monat, sodass sich alle Jugendlichen die Teilnahme leisten können, wenn sie dafür einmal auf eine Cola oder alle zwei Monate auf einen Kinobesuch verzichten.

☐ b Der Hip-Hop-Kurs in unserem Sportverein findet zum Beispiel immer am Samstagvormittag um 9:00 Uhr statt – zu einer Zeit, in der jeder ausschlafen möchte.

☐ c Der Trainer unserer Jugendfußballmannschaft lässt in jedem Training alle auf das Spielfeld, weil er unbedingt möchte, dass die Jugendlichen Spaß haben – unabhängig davon, wie gut sie spielen.

☐ d Bei den Hip-Hop-Kursen hat man in unserem Sportverein zum Beispiel die Auswahl zwischen sechs verschiedenen Nachmittags- und Abendterminen.

☐ e Der Mitgliedsbeitrag für Schüler, Studenten und Auszubildende liegt im Sportverein unserer Gemeinde nur 30 Prozent unter dem für erwachsene Berufstätige, sodass das Taschengeld vieler Jugendlicher dafür nicht reicht und manche Eltern die Kosten für mehrere Kinder nicht aufbringen können.

☐ f Der Trainer unserer Jugendfußballmannschaft möchte unbedingt in die nächste Liga aufsteigen und lässt deshalb weniger starke oder ungeschicktere Spieler immer auf der Bank sitzen.

5 Verfasse zu der Behauptung, die bei Aufgabe 4a übrig bleibt, eine vollständige Argumentation. Nutze dafür auch ein passendes Beispiel aus Aufgabe 4b. Schreibe in dein Heft.

6 Formuliere die folgenden Gliederungspunkte zu Behauptungen in vollständigen Sätzen um. Baue geeignete Überleitungen ein. Schreibe in dein Heft.

- Bezahlung hoher Mitgliedsbeiträge
- Bindung an feste Trainingszeiten
- Entstehen von Leistungsdruck

Den Schluss formulieren

Der **Schluss der Erörterung** rundet den Aufsatz ab, darf aber keine neuen Aspekte enthalten. Du kannst begründet **Stellung** beziehen, indem du den **wichtigsten Aspekt** erläuterst und eine **Folgerung** ziehst, einen **weiterführenden Gedanken** entwickelst oder **Forderungen** bzw. **Wünsche** zum Ausdruck bringst.

1 Lies den Tipp und vergleiche anschließend die Varianten A und B für den Schluss. Kreuze an: Welche Variante ist gelungen? Markiere in der anderen, was unpassend ist. Begründe deine Entscheidung.

☐ A Aus dem bisher Erörterten geht hervor, dass junge Leute aus verschiedensten Gründen Mitglied in einem Sportverein werden. Als einer der Hauptgründe muss betont werden, dass es viel mehr Spaß macht, in der Gemeinschaft mit anderen zu trainieren. Es sind aber auch diejenigen nicht zu verurteilen, die in ihrer Freizeit alleine Sport treiben. Ich persönlich treffe mich jedoch lieber jeden Donnerstag mit den Langstreckenläufern unseres Sportvereins, um zusammen mit anderen zu trainieren.

Begründung zu A: ______________________________

☐ B Zuletzt bin ich der Meinung, dass es nur von Vorteil ist, wenn Jugendliche einem Sportverein beitreten. Dadurch tun sie etwas für ihr Immunsystem, was auch schon in jungen Jahren enorm wichtig ist. Ich finde, dass es für die Gesundheit das Beste wäre, wenn alle Menschen in einem Verein trainieren würden.

Begründung zu B: ______________________________

2 Überlege einen eigenen Schluss und ergänze in der Gliederung (▸ S. 5) einen passenden Schlusssatz.

D Eine eigene zweigliedrige Erörterung verfassen

1 Fertige im Heft eine eigene Gliederung zu der Themastellung (▸ S. 3) an. Du kannst deine Vorarbeiten nutzen.

2 **a** Verfasse mit Hilfe deiner Gliederung eine vollständige zweigliedrige Erörterung. Entwickle zu jeder Themafrage vier Argumentationen. Du kannst deine Vorarbeiten verwenden. Schreibe in dein Heft.
b Überprüfe deinen Aufsatz anhand der Checkliste. Einen Beispielaufsatz findest du im Lösungsheft.

Checkliste

	Ja	Nein
• Hast du das **Thema** umfassend erschlossen?	☐	☐
• Hast du in der **Gliederung** an die Zweigliedrigkeit gedacht, die Gliederungspunkte aussagekräftig formuliert, auf einen einheitlichen Stil (Nominal- oder Verbalstil) geachtet und Einleitung sowie Schluss in einem vollständigen Aussagesatz formuliert?	☐	☐
• Leitet die **Einleitung** auf das Thema hin, ohne Argumente vorwegzunehmen?	☐	☐
• Ist das Thema am Ende der Einleitung als Frage oder Aussagesatz formuliert?	☐	☐
• Entsprechen die Argumentationen im **Hauptteil** deiner Gliederung?	☐	☐
• Sind deine **Argumentationen** nachvollziehbar und überzeugend? Wurde der Aufbau *Behauptung – Begründung – Beispiel/Beleg – Rückführung oder Schlussfolgerung* eingehalten?	☐	☐
• Hast du den Aufsatz im **Schlussteil** sinnvoll abgerundet, indem du z.B. eine eigene Meinung begründest oder Vorschläge äußerst? Ist der Schluss frei von neuen Argumenten?	☐	☐
• Sind alle Teile deiner Erörterung durch passende **Überleitungen** sinnvoll verbunden?	☐	☐
• Hast du auf einen **sachlichen und abwechslungsreichen Stil** geachtet?	☐	☐
• Hast du die **Rechtschreibung** und **Grammatik** überprüft?	☐	☐

2 Jugendliche in der Schuldenfalle
Eine materialgestützte Erörterung verfassen

Die Schulaufgabe

Verfassen Sie zu dem folgenden Thema eine Erörterung. Berücksichtigen Sie dabei das Material. Für Ihren Aufsatz müssen Sie eine Gliederung erstellen sowie eine aussagekräftige Einleitung, einen Hauptteil und einen Schluss schreiben. Der Hauptteil sollte mindestens vier Argumentationen pro Themafrage enthalten.
Thema: *Viele junge Menschen tappen in die so genannte „Schuldenfalle". Erörtern Sie Gründe hierfür. Wie könnte man dem Problem begegnen?*

Material 1:

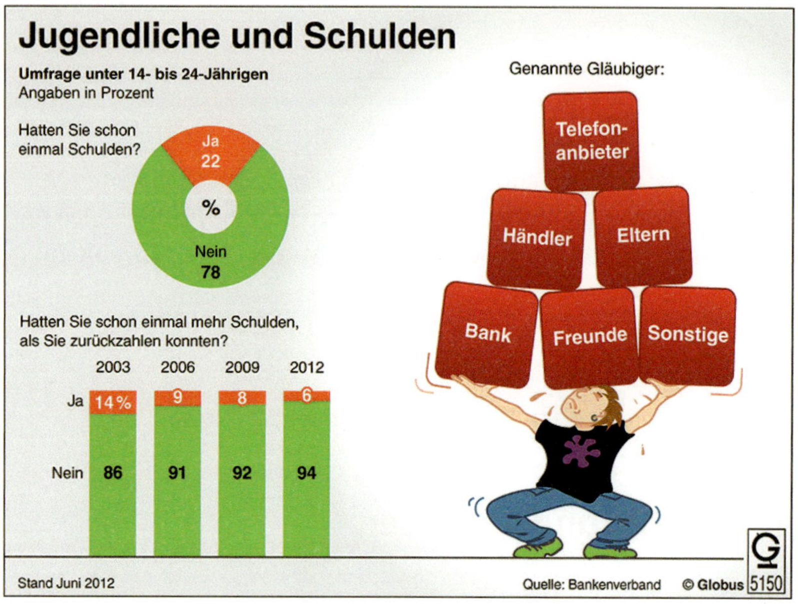

(Quelle: Bankenverband, © Globus-Grafik, 2012)

Material 2:

(Quelle: © Globus-Grafik, 2012)

Material 3:

Immer mehr Jugendliche verschuldet

Fachleute äußern sich in einer Pressemitteilung deutscher Inkasso-Unternehmen[1]

A Viele überschuldete Erwachsene haben bereits in jungen Jahren Schulden aufgenommen, etwa um sich eine neue Jeans, neue Schuhe oder z.B. ein neues Handy zu leisten.

B Wer cool sein will, muss tolles Spielzeug haben, das neueste Handy vorzeigen können oder modische Markenkleidung tragen – dieser soziale Druck führt dann zu unüberlegtem Konsum.

C Häufig führt mangelndes Finanzwissen dazu, dass man leichtfertig mit Geld umgeht. Zu wenige Kenntnisse über vertragliche Verpflichtungen, z.B. bei Internetgeschäften, sind der Grund, warum junge Verbraucher zwischen 18 und 24 Jahren Schulden haben.

D Wenn die eigenen Eltern Konsum auf Pump vorleben und die Kinder es für normal halten, dass regelmäßig Mahnungen ins Haus kommen, ist ihre Hemmschwelle, selbst Schulden aufzunehmen, viel niedriger.

E Es ist Aufgabe unserer Bildungseinrichtungen, junge Menschen auf das Wirtschaftsleben und den verantwortungsvollen Umgang mit Geld vorzubereiten.

F Das „Projekt Schulschwein“ aus München hat Unterrichtsideen entwickelt, die Eltern, Lehrern und Grundschulkindern den intelligenten Umgang mit Geld nahebringen. „Schulschweine“ helfen bei der Gelderziehung. Dabei handelt es sich um Sparschweine, die jedes Kind für zu Hause und jede Klasse für ihr Klassenzimmer erhält. Jedes Schulschwein hat vier Fächer – für Sparen, Ausgeben, Investieren und „Gute Tat“. Jedes Fach lässt sich einzeln leeren. Da das Schwein durchsichtig ist, sehen die Kinder, wie Geldmengen wachsen, aber auch schrumpfen.

(Quelle: Pressemiteilung des BDIU (Bundesverband deutscher Inkasso-Unternehmen). http://www.inkasso.de/presse/frhjahrsumfrage/jugendverschuldung/index.html, Stand 01.08.2014, gekürzt und leicht verändert)

1 Inkasso-Unternehmen: Unternehmen, das Schulden eintreibt

Material 4:

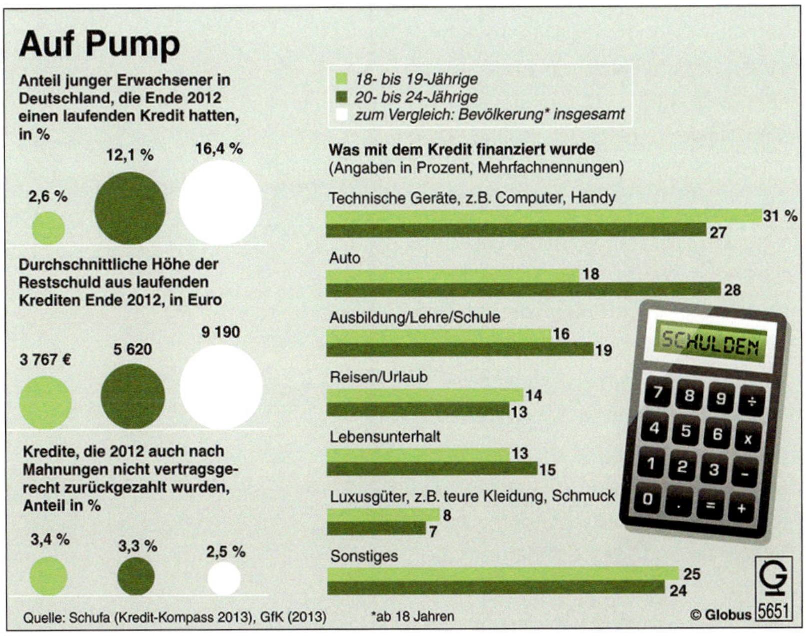

(Quelle: Schufa[1] (Kredit-Kompass 2013), GfK[2] (2013) © Globus-Grafik, 2013)

1 Schufa: Schutzgemeinschaft für allgemeine Kreditsicherung, eine private Wirtschaftsauskunftei
2 GfK: Gesellschaft für Konsumforschung, ein Marktforschungsinstitut

Material 5:

Das Online-Jugendmagazin der Verbraucherzentrale Nordrhein-Westfalen bietet einen „interaktiven Budgetplaner“[1] an:

Rechner für Einnahmen und Ausgaben

Der interaktive Budgetplaner

Manchmal ist es ganz gut, sich Ausgaben und Einnahmen mal aufzuschreiben, auch wenn es banal erscheint. Noch komfortabler wird's, wenn man das mit ein wenig virtueller Hilfestellung tut.

Überlegen musst du aber trotzdem: Wie viel gebe ich im Monat ungefähr für dieses oder jenes aus? Wie viel Geld bekomme ich wirklich pro Monat?

Einnahmen	im Monat	im Jahr
Taschengeld		
Geldgeschenke		
Ferienjob		

Ausgaben	im Monat	im Jahr
Handy		
Klamotten		
PC/Internet		

(Quelle: checked4you. Das Online-Jugendmagazin der Verbraucherzentrale Nordrhein-Westfalen, http://www.checked4you.de/planer, Stand 01.08.2014, Auszug)

1 das Budget: der Haushalt

Material 6:

Aus einem Internetforum: Kommentare zum Schuldenproblem junger Menschen

Thunder05	Junge Leute werden so lange Schulden machen, wie es erlaubt ist, Jugendlichen und Azubis Dispokredite[1], Kreditkarten und alle möglichen Verträge anzudrehen, sobald sie 18 sind. Da müssen schlichtweg strengere Gesetze her, die vor allem die Banken in ihre Grenzen verweisen.
Weisheit4	Liebe Eltern, bringt den Kindern bei, wie man mit Geld umgeht! Und seid konsequent. Wenn das Taschengeld schon am 10. des Monats alle ist, dann ist es eben weg. Bloß nicht nachgeben. Ich musste das auch lernen und im Nachhinein bin ich meinen Eltern dankbar.
Najas	Heute war schon wieder ein Prospekt für Handys in der Post und auch nach mehrmaligem Lesen habe ich nicht verstanden, was mich die Anschaffung denn nun kosten würde. Klar war nur: Der fett gedruckte Preis ist nie das, was man am Ende bezahlt. Außerdem verpflichtet man sich oft jahrelang. Solche Lockangebote, auf die vor allem Jugendliche hereinfallen, sollten verboten werden.
HansimGlück	Ich hatte als junger Mensch auch Schulden. Und alleine wäre ich da nie herausgekommen. Meine Rettung war die Schuldnerberatungsstelle. Mir wurde ein Berater zur Seite gestellt, der mit mir alle meine Einnahmen und Ausgaben geprüft und mit mir zusammen einen Plan erstellt hat, wie ich schrittweise wieder von den Schulden herunterkomme. Ohne ihn hätte ich es nicht geschafft.

1 der Dispokredit: Überziehungskredit; Möglichkeit, mehr vom Konto abzuheben, als darauf ist; dafür muss der Kontoinhaber hohe Zinsen bezahlen.

A Was wird von dir verlangt?

1 Streiche bei den folgenden Aussagen zur materialgestützten Erörterung die unpassenden Formulierungen:

A Das beiliegende Material muss/kann verwendet werden.

B Fakten und Zahlen aus dem Material dürfen/dürfen nicht abgewandelt werden.

C Bei der Ausführung muss/muss nicht angegeben werden, auf welches Material zurückgegriffen wurde.

D Textstellen dürfen/dürfen nicht wörtlich übernommen werden.

E Übernommene Textstellen können/können nicht eine selbst formulierte Argumentation ersetzen.

F Ich darf/darf nicht Behauptungen, Begründungen und Beispiele ausführen, die im Material zu finden sind.

G Für die Argumentation gelten/gelten nicht dieselben Regeln wie bei einer Erörterung ohne Material.

H Beispiele müssen/können aus dem Material stammen.

I Es muss/muss nicht unbedingt eine Gliederung angefertigt werden.

J Es bietet sich an,/Keinesfalls sind Aspekte des Materials auch für Einleitung und Schluss zu verwenden.

2 **a** Lies die Themastellung (► S. 10) und kläre den Schlüsselbegriff. Kreuze die richtige Definition an:

„In die Schuldenfalle tappen“ bedeutet,

- [ ] A dass man Betrügern zum Opfer fällt und sich deshalb verschuldet.
- [ ] B dass man die Kontrolle über seine Ausgaben verliert und die Ausgaben höher als die Einnahmen sind, was zur Verschuldung führt.
- [ ] C dass man sich von den Schulden des eigenen Umfeldes anstecken lässt.

b Vervollständige nun folgende Aussagen:

Das Thema der Erörterung ist ____. Bei dem Thema muss ich auf die Einschränkung achten, dass es nur um ____________________ geht. Aus der Themastellung sind zwei Themafragen abzuleiten. Die Erörterung ist deshalb ________________. Zur ersten Themafrage sollen ______________ erörtert werden, warum es zur Verschuldung vieler junger Menschen kommt. Die Erörterung der zweiten Themafrage soll sich damit auseinandersetzen, was ________ dieses Problem der Verschuldung unternommen werden kann.

3 Kreuze die beiden Fragen an, die bei der Bearbeitung des Themas tatsächlich relevant sind.

- [ ] A Warum sind Schulden so gefährlich für Jugendliche?
- [ ] B Welche Auswirkungen hat es, wenn sich die Eltern verschulden?
- [ ] C Was sind Gründe dafür, dass so viele Firmen pleitegehen?
- [ ] D Woran liegt es, dass viele Jugendliche sich verschulden?
- [ ] E Wie kann verhindert werden, dass es zur Verschuldung von Jugendlichen kommt?
- [ ] F Welche Arten von Schulden gibt es?
- [ ] G Wann können Schulden und die Aufnahme von Krediten auch sinnvoll sein?

B Den Aufsatz planen

Das Material auswerten, Stoff sammeln

Bei der **materialgeleiteten Erörterung** nutzt du Fakten und Denkansätze aus den vorgegebenen Materialien für die **Stoffsammlung**. Gehe so vor:
- Verschaffe dir zunächst einen **Überblick** darüber, welche Informationen du in den Materialien erhältst.
- **Werte dann das Material aus:** Lies die Texte und Grafiken noch einmal gründlich und überlege, welche Angaben für dein Thema wirklich brauchbar sind. Bearbeite die Materialien: **Markiere und unterstreiche Textstellen**, die du für unterschiedliche Teile deines Aufsatzes nutzen willst, in verschiedenen Farben, z. B.:
  - in Gelb, was für die **Einleitung** verwendet werden kann,
  - in Rot Material, das für die Erörterung der **ersten Themafrage** geeignet ist,
  - in Grün Material, das bei der Beantwortung der **zweiten Themafrage** hilft,
  - in Blau Gedanken oder Fakten, die man für den **Schluss** nutzen könnte.

  Sammle am Rand des Materials **Notizen** für die Verwendung einzelner Stellen in deinem Aufsatz (► S. 15).
- Erst nach der gründlichen Bearbeitung des Materials kannst du eine **ergänzende Stoffsammlung mit weiteren eigenen Aspekten** erstellen.

1 **a** Werte Material 1 aus. Beantworte dazu die folgenden Fragen in Stichworten:

A Woher stammen die Zahlen? ______

B Welche Altersgruppe steht im Mittelpunkt? ______

C Wie viele der Befragten waren schon einmal verschuldet? ______

D Bei wem hatten die Jugendlichen vor allem Schulden? ______

______

E Wann wurden die Daten gesammelt? ______

b Nicht immer sind alle Informationen in den angebotenen Materialien für das Thema geeignet. Kreuze an, warum einige Angaben in Material 1 für die Einleitung und den Hauptteil der geforderten Erörterung nicht hilfreich sind.

Die Angaben links unten in Material 1 sind für die Einleitung und den Hauptteil nicht geeignet,

☐ A weil sie keine Aussagen über die Verschuldung Jugendlicher treffen.

☐ B weil sie zeigen, dass die Zahl der verschuldeten Jugendlichen seit 2003 zugenommen hat.

☐ C weil sie zeigen, dass die Zahl der verschuldeten Jugendlichen seit 2003 abgenommen hat.

2 Auf S. 15 findest du ein Beispiel, wie man Material 2 für die Beantwortung der Themafrage 1 – „Welche Gründe gibt es für die Verschuldung vieler Jugendlicher?" – bearbeiten kann.

a Sieh dir die Bearbeitung genau an und fülle bei den folgenden Sätzen die Lücken mit den passenden Begriffen aus dem Wortspeicher.

Wortspeicher
Behauptungen Begründungen Beispiele

Rot markiert sind Stellen, die sich als ______ eignen.

Rot unterstrichen sind Stellen, die sich als ______ eignen.

b Außerdem findest du in der Bearbeitung Randnotizen zur möglichen Verwendung einzelner Aussagen. Ergänze weitere Notizen aus dem Wortspeicher an der richtigen Stelle.

Wortspeicher

zu allgemein → besser nicht verwenden
Begründungen für die Behauptung „zu niedriges Einkommen"
aufheben für Lösungsmöglichkeiten (Themafrage II)

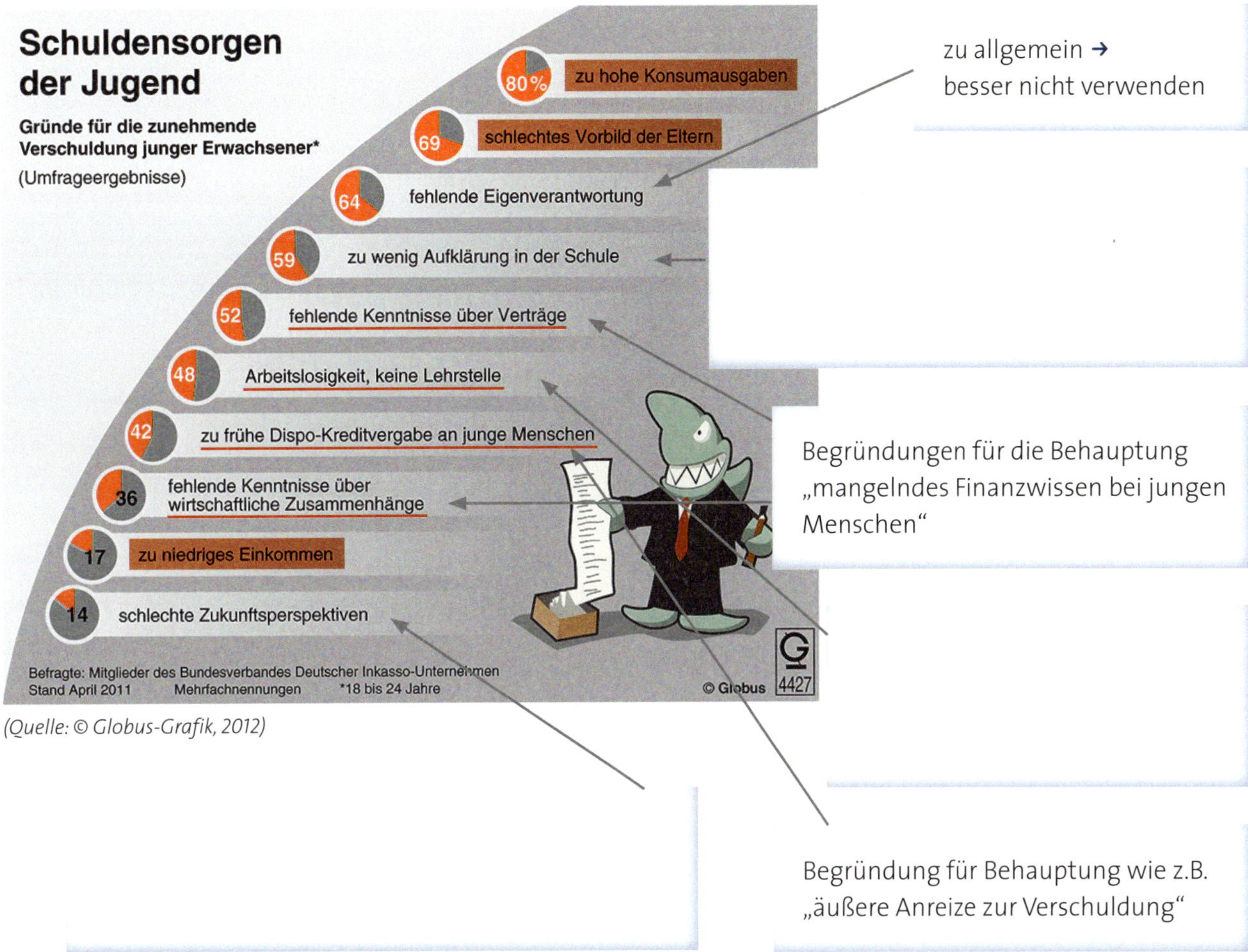

(Quelle: © Globus-Grafik, 2012)

3 **a** Untersuche nun Material 3 (► S. 11) im Hinblick auf die Themafrage 1. Gehe vor wie im Beispiel oben.
b Ergänze danach die folgende Stichwortliste zu Material 3:

A Beispiele, wofür junge Leute Geld ausgeben: ______________________.

Passt zur Behauptung: ______________________ (vgl. Material 2).

B Jugendliche geben deshalb so viel Geld aus, weil ______________________

______________________.

C Eignet sich als Behauptung: „mangelndes Finanzwissen" + Begründung: ______________________

______________________ + Beispiel: ______________________.

D Begründung für die Behauptung „schlechtes Vorbild der Eltern": Es ist bedenklich, wenn Eltern ______________________

______________________.

4 **a** Bearbeite Material 4 (▶ S. 11) auf die gleiche Weise.
b Kreuze danach an, welche Aussagen zutreffen und welche nicht.

		richtig	falsch
A	Ende 2012 hatten mehr 18- bis 19-Jährige als 20- bis 24-Jährige einen laufenden Kredit.	☐	☐
B	Insgesamt war der Anteil junger Menschen, die einen laufenden Kredit hatten, Ende 2012 deutlich höher als der Anteil der Kreditnehmer an der Gesamtbevölkerung.	☐	☐
C	Ende 2012 hatten 2,6 % der 18- bis 19-Jährigen und 12,1 % der 20- bis 24-Jährigen einen laufenden Kredit.	☐	☐
D	Die Schulden aus Krediten waren bei den 18- bis 19-Jährigen höher als bei den 20- bis 24-Jährigen.	☐	☐

c Material 4 enthält auch Aussagen, die ähnlich an anderer Stelle vorkommen. Überprüfe dies und streiche im folgenden Satz unpassende Angaben:

Die linke/rechte Spalte von Material 4 enthält ähnliche Aussagen wie Material 1/2/3/5/6.

5 **a** Bearbeite nun Material 3, 5 und 6 für die zweite Themafrage: „Wie kann verhindert werden, dass es zur Verschuldung von Jugendlichen kommt?" Markiere mögliche Behauptungen in Grün und unterstreiche mögliche Begründungen und Beispiele grün. Mache Randnotizen.
b Suche anschließend Textbelege für die folgenden Aussagen und fülle die Lücken.

Ein Fachmann behauptet in Punkt ____ von Material ____, dass Bildungseinrichtungen einen Beitrag leisten könnten, um die Verschuldung junger Menschen zu verhindern. Es werden auch zwei Möglichkeiten genannt, wie sie das erreichen können: So sollten sie auf ______________________________ vorbereiten und zum ______________________________ anleiten. Schließlich bietet das Material auch ein Beispiel dafür an, nämlich ______________________________ in Punkt ____.

In Material ____ wird eine Möglichkeit aufgezeigt, wie jeder Einzelne mit Hilfe des Internets einen Überblick über seine Finanzen bewahren kann. Das Material eignet sich eher als ______________________________. Die Behauptung dazu könnte lauten: ______________________________.

Auf sehr unterschiedliche Weise nehmen Blogger in einem Internetforum (vgl. Material ____) zu dem Schuldenproblem Stellung. Zweimal werden Verbote gefordert, und zwar für ______________________________ (Thunder05) und für Lockangebote (______________). ______________ gibt Eltern den Rat, ihren Kindern ______________________________.

„HansimGlück" rät verschuldeten jungen Menschen zum Gang zu ______________________________.

Dort helfen ihnen ______________________________, einen Überblick über ihre Finanzen zu bekommen und ______________ ihre ______________ abzubauen.

Den Stoff ordnen, die Gliederung erstellen

Auch für die **Einleitung** und den **Schluss** des Aufsatzes kannst du Informationen aus den Materialien nutzen. Markiere beim Bearbeiten entsprechende Stellen (z. B. in Gelb für die Einleitung und in Blau für den Schluss) und/oder mache dir Notizen. Beachte: Die **Einleitung** soll zum Thema hinführen, darf aber noch keine Argumente aus dem Hauptteil vorwegnehmen.

1 **a** Lies den Tipp und überlege anhand deiner Arbeitsergebnisse, welche Materialien für die Einleitung deiner Erörterung besonders gut geeignet sind. Kreuze Zutreffendes an. TIPP: Es kommen einzelne Aspekte aus zwei Materialien in Frage.

Für die Einleitung sind besonders gut geeignet: Material ☐ 1 ☐ 2 ☐ 3 ☐ 4 ☐ 5 ☐ 6

b Von den drei Formulierungen für den Einleitungssatz in der Gliederung ist nur eine geeignet. Kreuze an.

☐ A Schulden werden immer beliebter.

☐ B Fast ein Viertel der 14- bis 24-Jährigen hatte schon einmal Schulden.

☐ C Junge Leute haben mehr Schulden als Erwachsene.

2 Trage in der Tabelle alle Aspekte zusammen, die als Gliederungspunkte für den Hauptteil geeignet sind.

Gründe für die Verschuldung Jugendlicher	Wie kann man dem Problem begegnen?

3 In einer materialgestützten Erörterung darfst du außerdem noch eigene Aspekte anführen, die nicht im Material auftauchen. Ergänze solche Punkte, wenn dir welche einfallen, in einer anderen Farbe in der Tabelle.

4 Erstelle nun in deinem Heft eine Gliederung mit mindestens vier Gliederungspunkten pro Themafrage. Beachte den Tipp und orientiere dich an dem Gliederungsschema auf der vorderen Umschlaginnenseite.

In die **Gliederung** gehören nur **wichtige Punkte**, die du später als Behauptungen deiner Argumentationen nutzen wirst, keine Begründungen und Beispiele. Formuliere die Gliederungspunkte für den Hauptteil **einheitlich, möglichst im Nominalstil**, und ordne sie in einer **sinnvollen Reihenfolge**. Einleitung und Schluss werden in der Gliederung in einem kurzen Aussagesatz formuliert.

C Eine materialgestützte Erörterung verfassen – Übungen

Die Einleitung schreiben

1 Sieh dir auf S. 17 den Tipp und deine Arbeitsergebnisse zu Aufgabe 1 noch einmal an und verfasse dann mit Hilfe der folgenden Stichpunkte in deinem Heft eine Einleitung. Ergänze, aus welchem Material die Informationen stammen. Schreibe eine logische Überleitung zu den beiden Themafragen, die am Schluss der Einleitung stehen.

- Umfrage ergab, dass 22 % der 14- bis 24-Jährigen schon einmal Schulden gemacht haben. (Material 1, Globus-Grafik)
- Ende 2012 hatten 2,6 % der 18- bis 19-Jährigen und 12,1 % der 20- bis 24-Jährigen einen laufenden Kredit, der im Durchschnitt 3767 bzw. 5620 € betrug. (Material 4, Globus-Grafik)

Argumentationen für den Hauptteil ausarbeiten und überarbeiten

Zu jedem Punkt in deiner Gliederung musst du eine **vollständige Argumentation** ausformulieren. Berücksichtige dabei die „drei B": **Behauptung – Begründung – Beispiel/Beleg**. Das zur Verfügung gestellte Material ist hilfreich, bietet aber meist nicht die Grundlage für eine vollständige Erörterung. Du kannst bzw. musst also auch weitere Behauptungen, Begründungen oder Beispiele ergänzen. Am Ende der Argumentation kann eine **Rückführung** den Bogen zum Ausgangspunkt spannen oder du kannst **eigene Schlussfolgerungen** ziehen.

1 **a** Markiere in der folgenden Argumentation die Behauptung rot, unterstreiche Begründungen in Rot und kennzeichne Beispiele mit einer roten Punktlinie.

b Ergänze auf den Linien Informationen aus Material 4, die sich als weitere Beispiele eignen.

Für die Verschuldung junger Menschen sind vor allem deren Konsumausgaben entscheidend. Denn Statussymbole spielen schon in frühen Jahren eine große Rolle und der soziale Druck unter Gleichaltrigen, was Kleidung und die Ausstattung mit technischen Geräten betrifft, ist enorm. Deshalb lassen sich auch viele Jugendliche zu Anschaffungen verleiten, für die ihr eigenes Geld gar nicht ausreicht. Auch Umfrageergebnisse der Schufa und der GfK aus dem Jahr 2013 verdeutlichen dies.

___

___

___

___ *(vgl. Material 4).*

2 **a** Formuliere zu der folgenden Behauptung in deinem Heft eine vollständige Argumentation. Die Anregungen im Wortspeicher helfen dir dabei. Aber Vorsicht, zwei Aspekte passen nicht!

Ein weiterer Grund, warum sich Jugendliche verschulden, kann das negative Vorbild der Eltern sein.

Wortspeicher

Eltern leben selbst über ihre Verhältnisse – Arbeitslosigkeit der Eltern – Eltern haben keinen Überblick über ihre Finanzen – Probleme der Eltern beim Umgang mit Geld – Eltern sparen zu wenig fürs Alter – Käufe auf Pump/Konsumkredite – Schulden der Eltern bei Verwandten und Bekannten

b Warum kann diese Argumentation nicht die erste des Aufsatzes sein? Markiere den entscheidenden Hinweis und notiere in deinem Heft eine Formulierung für die Überleitung zu einer ersten Argumentation.

3 Die folgende Argumentation verwendet zur Begründung ungeeignetes Material.

- **a** Markiere die Behauptung grün.
- **b** Erkläre auf den Linien kurz, warum beide Male die verwendeten Materialien zur Begründung nicht geeignet sind.
- **c** In Material 3 und 6 finden sich Aussagen, mit denen sich die Behauptung sinnvoller begründen lässt. Überarbeite damit die fehlerhafte Argumentation. Schreibe in dein Heft.

VORSICHT FEHLER!

Weiterhin können vor allem Eltern durch konsequentes Erziehungsverhalten dazu beitragen, dass ihre Kinder nicht in die Schuldenfalle geraten. So zeigt sich, dass 22 % der 14- bis 24-Jährigen bereits Schulden hatten (vgl. Material 1, Globus-Grafik). Dies liegt sicherlich auch an den Eltern, die etwas dagegen unternehmen können. So sollten sie ihre Kinder auf die zahlreichen interaktiven Budgetrechner im Internet aufmerksam machen (vgl. Material 5), mit denen der Nachwuchs lernen könnte, seine Ausgaben in den Griff zu bekommen.

Material ______________________________

____

Material ______________________________

____

Richtig zitieren

Wenn du Material verwendest, muss deutlich werden, **woher** die Informationen stammen:

1. Die **Quellenangabe** (z. B.: *Material 3, Globus-Grafik*) kann in den Textfluss eingebaut oder in Klammern angegeben werden.
2. Textmaterial und Schaubilder müssen auch für die Quellenangabe genau ausgewertet werden: Sie geben z. B. Auskunft darüber, dass Zahlen aus einer Umfrage in einer bestimmten Altersgruppe stammen (vgl. Material 1), dass Aussagen von Fachleuten gegenüber einer Institution (vgl. Material 3) oder von Laien in einem Internetforum (vgl. Material 6) gemacht wurden.
3. Wörtlich übernommene Textinformationen müssen wie jedes **Zitat** in Anführungszeichen stehen. Achte darauf, keine langen Textstellen aus dem Material abzuschreiben. Auslassungen in Zitaten werden durch (...) oder [...] gekennzeichnet.

1 Lies den Tipp zum richtigen Zitieren und ordne dann den folgenden Sätzen aus einer Erörterung die Nummer(n) der passenden Regel(n) zu. Beachte: Oft kommen mehrere Regeln gleichzeitig zur Anwendung! Liste die Nummern in der Reihenfolge auf, in der die Regeln angewendet werden.

	Regel(n)
A Als häufigste Gläubiger werden Banken, Telefonanbieter, Eltern und Freunde genannt (vgl. Material 1, Globus-Grafik).	________
B Eine Umfrage unter Mitgliedern des Bundesverbandes Deutscher Inkasso-Unternehmen ergab, dass diese vor allem in den zu hohen Konsumausgaben einen Grund für die Verschuldung Jugendlicher sehen (vgl. Material 2).	________
C So wird beispielsweise auch in Material 6 von dem Teilnehmer eines Internetforums berichtet, dass für ihn die Schuldnerberatungsstelle zu einer großen Hilfe wurde.	________
D Einen entscheidenden Beitrag zur Schuldenprävention können auch die Schulen leisten. In einer Pressemitteilung des Bundesverbands Deutscher Inkasso-Unternehmen raten Fachleute: „Es ist Aufgabe unserer Bildungseinrichtungen, junge Menschen auf das Wirtschaftsleben und den verantwortungsvollen Umgang mit Geld vorzubereiten“ (Material 3).	________

2 a Ordne die folgenden Fehlertypen den fehlerhaften Beispielsätzen zu, indem du sie verbindest.
b Verbessere die fehlerhaften Sätze anschließend auf den Linien.

A So hat eine Umfrage von Globus ergeben, dass 22 % der 14- bis 24-Jährigen schon einmal Schulden gemacht haben.

B Material 2 hat festgestellt, dass auch das schlechte Vorbild der Eltern für die Verschuldung junger Erwachsener verantwortlich ist.

C Hinzu kommt, dass es Aufgabe unserer Bildungseinrichtungen ist, junge Menschen auf das Wirtschaftsleben und den verantwortungsvollen Umgang mit Geld vorzubereiten (Material 3).

1 unpassende Formulierung der Quellenangabe

2 Ein Zitat aus dem Material ist nicht gekennzeichnet, dessen genaue Quelle wird nicht genannt.

3 Die Quellenangabe ist inhaltlich nicht richtig.

Den Schluss formulieren

Im **Schlussteil** rundet man den Aufsatz ab. Hier kann man **Stellung zum Thema beziehen** oder **Wünsche, Bitten oder Forderungen** zum Ausdruck bringen. Es dürfen aber keine neuen Argumente mehr vorkommen.

1 Der folgende Schluss ist noch nicht gelungen.
a Benenne auf den Linien die Fehler, die bei den unterstrichenen Textstellen gemacht wurden.
b Überarbeite den Text in deinem Heft. Dazu kannst du z. B. Aussagen aus Material 1 und 4 benutzen.

Die vorliegende Erörterung zeigt zahlreiche Gründe auf, warum es zur Verschuldung junger Leute kommen kann, und erläutert Möglichkeiten, etwas dagegen zu unternehmen. Nicht zu vergessen ist aber, dass die meisten Jugendlichen zu viel Geld haben. So war es schließlich nur ein Zehntel der im Jahr 2012 befragten Kinder, die schon einmal Schulden hatten (vgl. Material 1). Und vergleicht man in derselben Grafik die Entwicklung von 2003 bis 2012, so zeigt sich, dass die Zahl derer, die sich Geld geliehen hatten, abgenommen hat. Trotzdem sollten sich Jugendliche nicht so viel Geld, vor allem von ihren Freunden, borgen. Denn damit beginnt meist die Schuldenspirale.

D Eine eigene materialgestützte Erörterung verfassen

1 Verfasse nun mit Hilfe deiner Gliederung eine Erörterung mit Einleitung und Schluss. Zu jeder Themafrage solltest du mindestens vier Argumentationen entfalten. Du kannst bereits erarbeitete Teile der Erörterung verwenden. Schreibe in dein Heft.

2 Überprüfe deinen Aufsatz mit Hilfe der folgenden Checkliste. Einen Beispielaufsatz findest du im Lösungsheft.

Checkliste

	Ja	Nein
• Hast du das **Thema** umfassend erschlossen, alle Schlüsselbegriffe und Einschränkungen berücksichtigt?	☐	☐
• Hast du in der **Gliederung** an die Zweigliedrigkeit gedacht, die Gliederungspunkte aussagekräftig formuliert und deutlich voneinander abgegrenzt, auf einen einheitlichen Stil (Nominal- oder Verbalstil) geachtet und Einleitung sowie Schluss in Form eines vollständigen Aussagesatzes formuliert?	☐	☐
• Leitet die **Einleitung** auf das Thema hin, ohne Argumente vorwegzunehmen?	☐	☐
• Ist das Thema am Ende der Einleitung als Frage oder Aussagesatz formuliert?	☐	☐
• Entsprechen die Argumentationen im **Hauptteil** deiner Gliederung?	☐	☐
• Hast du das abgedruckte **Material** ausreichend berücksichtigt?	☐	☐
• Hast du die **Quellen** eindeutig angegeben, wenn du dich auf das Material bezogen hast?	☐	☐
• Hast du auch **eigene Gedankengänge** eingebaut?	☐	☐
• Sind deine **Argumentationen** logisch und überzeugend? Wurde der Aufbau *Behauptung – Begründung – Beispiel/Beleg – Rückführung oder Schlussfolgerung* eingehalten?	☐	☐
• Hast du den Aufsatz im **Schlussteil** sinnvoll abgerundet, indem du z. B. eine eigene Meinung zum Thema begründest oder Vorschläge, Wünsche bzw. Forderungen äußerst? Ist der Schluss frei von neuen Argumenten?	☐	☐
• Sind alle Teile deiner Erörterung durch **Überleitungen** verbunden?	☐	☐
• Hast du auf einen **sachlichen und abwechslungsreichen Stil** geachtet, umgangssprachliche Wendungen und Wiederholungen vermieden?	☐	☐
• Hast du die **Rechtschreibung** und **Grammatik** überprüft?	☐	☐
• Ist dein Aufsatz in Absätze gegliedert und übersichtlich **strukturiert**?	☐	☐

3 „Klick – und ab geht die Post“
Einen TGA zu einem journalistischen Text schreiben

Die Schulaufgabe

Schreiben Sie einen textgebundenen Aufsatz zu dem Text „Klick – und ab geht die Post“ von Gudrun Bayer.

- Erstellen Sie eine Gliederung.
- Fassen Sie den Text unter Berücksichtigung seiner Struktur zusammen.
- Belegen Sie mit Hilfe geeigneter Merkmale die Textsorte.
- Untersuchen Sie die sprachlichen Besonderheiten und deren Wirkung.
- Beschreiben Sie das Layout und seine Wirkung.
- Bearbeiten Sie eine der weiterführenden Aufgaben:
  - Schreiben Sie einen inneren Monolog aus der Sicht eines Paketboten nach einem langen und anstrengenden Arbeitstag.
  - Erörtern Sie die Nachteile von Bestellungen im Internet für den Käufer (zwei Argumentationen).

Gudrun Bayer

Klick – und ab geht die Post

Die Päckchenflut durch Onlinebestellungen wächst und wächst

Alles kommt zu jeder Zeit ins Haus – das ist der Vorteil des Einkaufs im Internet. Der Nachteil: Die Umweltbelastung durch den Pakettransport nimmt zu. Und die vielen Retouren machen Zalando und Co. zu schaffen.

Und die Sache mit den Winterreifen stimmt wirklich? „Ja, wirklich“, versichert Jürgen Wegerle, „manche lassen sich ihre Winterreifen vom Paketdienst schicken.“ Er lacht. „Und die sind ganz schön schwer.“

Wegerle betreibt zusammen mit Veronika Bacikova das „Iss was ...!“, einen Imbiss in der Nürnberger Wilhelm-Spaeth-Straße. Hier gibt es Kassler mit Spinat, Schaschlikpfanne, Latte macchiato, Gummibärchen, Überraschungseier ...

Und dazu Päckchen. Winzige Päckchen und sperrige; Päckchen, die sich beim Hochheben verblüffend leicht anfühlen, und solche, die sich nur zu zweit tragen lassen. Die schwersten wiegen 40 Kilo. Drin stecken das trendige T-Shirt für die 20-jährige Studentin in drei verschiedenen Größen, die blaue Arbeitslatzhose für den Spengler, das Empfangsgerät für den Familienfernseher oder eben die Winterreifen für den Kleinwagen des Azubis.

Als Wegerle und Bacikova vor drei Jahren den ehemaligen Toto-Lotto-Laden übernommen und zum Imbiss umgerüstet haben, überlegten sie: Wie holen wir die Leute zu uns herein? Sie bewarben sich mit ihrem Imbiss beim Paketdienst GLS als Paketshop. Seitdem bringt der GLS-Fahrer tagtäglich Päckchen und Pakete im „Iss was ...!“ vorbei, die dann von den Empfängern abgeholt werden. Und es kommen Menschen aus der Nachbarschaft, um Päckchen aufzugeben. So mancher lässt sich dann vom Schaschlik- oder Kaffeeduft verführen, legt ein Päuschen ein und hat eine Anlaufstelle für die Mittagspause entdeckt.

Päckchen im Imbiss, beim türkischen Gemüsehändler oder beim Hörgeräteakustiker? Früher wäre das undenkbar gewesen. Früher, das heißt, als die Bundespost noch das Monopol auf alle Dienstleistungen hatte, die mit Briefen und Paketen zusammenhängen. Der Gang zum Postamt wurde da so zelebriert wie ein Behördengang. Er fraß auch so viel Zeit. Postmitarbeiter galten als Auserwählte, sonst hätte man ihnen die Kostbarkeiten niemals anvertraut. Alles Geschichte.

Mehr als 800 Unternehmen kümmern sich inzwischen in Deutschland um den Transport unserer Post. Das ist auch nötig. Denn unser Verhältnis zum Verschicken und Empfangen hat sich grundlegend geändert. Briefe, also den schriftlichen Austausch von Gedanken und Gefühlen, verlagern wir immer mehr ins Internet – und nehmen den Postboten damit die Arbeit weg. Gleichzeitig aber nutzen wir das Netz der unbegrenzten Möglichkeiten zunehmend zum Einkaufen. Was wir dort finden, wollen wir dann auch so schnell wie möglich haben. Wollen es auspacken, anfassen, aus- oder anprobieren.

„Im Internet ist die Auswahl riesengroß. Und so ein Klick ist schnell gemacht.“ Diana Jaffé, Marketingberaterin mit eigener Firma in Berlin, sieht darin einen der Gründe dafür, dass immer mehr Kunden vom Wohnzimmer aus einkaufen. Mit der Folge, dass ihnen die Ware dann auch Stück für Stück dorthin geliefert wird. Der Verzicht auf die sinnlichen Erlebnisse beim Stadtbummel – das Fühlen der verschiedenen Kleiderstoffe, das Riechen der Aromen im Spezialitätenladen – scheint ihnen nichts auszumachen. „Gute Produktbilder sind sehr verführerisch. Und viele Menschen haben eine sehr starke visuelle Ader“, erklärt Jaffé. „Wenn ich dann noch bedenke, dass ich dafür durch eine ganze Menge Geschäfte in der Stadt laufen müsste ...“ Das Internet ist aus ihrer Sicht „auf jeden Fall arbeitserleichternd“. Ein Aspekt, der vor allem bei weiblichen Käufern zieht. „Frauen sind aufgeschlossen für einen gesunden Mix“, sagt die Expertin für geschlechterspezifisches Konsumverhalten. „Manchmal muss es einfach und schnell gehen, manchmal wollen sie ausführliche Beratung.“

Mit teils fatalen Folgen für den traditionellen Einzelhandel. „Immer mehr Käufer nutzen unsere fachkundige Beratung und bestellen dann im Internet“, sagt Ursula Dorweiler. Die 55-Jährige betreibt ein Reformhaus am Marktplatz von Herzogenaurach. An dieser Tendenz wird sich nichts ändern. Da ist Marketingberaterin Jaffé sicher. „Es wird den Konsumenten zu wenig klargemacht, dass sie auch im Vorortladen kaufen müssen, weil es ihn sonst bald nicht mehr gibt.“ Entsprechende Appelle an Verbraucher könnten also helfen.

„Wir gehen davon aus, dass der Paketmarkt in Deutschland weiterhin wächst“, sagt auch Klaus Conrad, Managing Director der GLS Germany. Den boomenden Onlinehandel sieht er dabei als „Hauptwachstumstreiber. Entsprechend wird insbesondere der Anteil der Pakete an private Haushalte weiter zunehmen.“ Mit deutschlandweit über 5000 Paketshops lenkt GLS die anschwellende Päckchenflut. Wichtigste Bedingungen für die Auswahl der Partner: möglichst lange Öffnungszeiten, verkehrsgünstige Lage und Parkplätze in unmittelbarer Nähe.

Konkurrent DHL, die Pakettochter der Deutschen Post, geht bei der Erreichbarkeit sogar einen Schritt weiter. Neben den 13.000 Verkaufsstellen, in denen Päckchen und Pakete abgegeben und abgeholt werden können, hat DHL 2500 Packstationen aufgestellt: gelbe Metallschränke mit verschieden großen Fächern, die rund um die Uhr befüllt oder geleert werden können.

Doch die Alles-kommt-zu-jeder-Zeit-überallhin-Glückseligkeit hat ihre traurige Seite. Und die ist tagtäglich zu hören, zu riechen und zu sehen. Immer mehr Lastwagen, die all die Pakete transportieren, verursachen immer mehr Lärm, immer mehr Abgase, immer mehr Straßenschäden. Um zu verhindern, dass wir eines Tages an der selbst geschaffenen Päckchenflut ersticken, sind zukunftsweisende Konzepte nötig.

Ein Ziel: die Anzahl der Transportfahrten trotz zunehmender Bestellungen zu reduzieren. Die Versandhäuser könnten die Möglichkeit der Rücksendung beschränken. Denn die Retouren schaffen auch vermeidbaren Verkehr. Heidi Tischmann, Güterverkehrsexpertin beim Verkehrsclub Deutschland (VCD), schlägt vor, die Bestellseiten mit einem Umweltbutton auszurüsten. Wer ihn anklickt, ist mit einer längeren Lieferzeit einverstanden. Damit kann der Lieferant Bestellungen sammeln, bis er einen randvollen und keinen halb leeren Lkw schicken kann.

Der dänische Zukunftsforscher Johan Peter Paludan ist sicher, dass sich langfristig nur die Onlinehändler durchsetzen, die mit den innovativsten Logistikdienstleistern zusammenarbeiten. Eine von Paludans provokanten Ideen: die flächendeckende Einführung von Paketklappen in Haustüren. „Wie eine kleine Katzentür, nur eben für Pakete.“ An Winterreifenlieferungen allerdings hat er dabei sicher nicht gedacht.

(Aus: Nordbayerische Zeitung, Magazin am Wochenende, 4./5. Mai 2013)

A Was wird von dir verlangt?

1 Lies die Aufgabenstellung genau. Streiche unten die Punkte durch, die du nicht erledigen sollst.

Ich muss

A in der Einleitung Autor/-in, Titel, Textsorte sowie die Quelle angeben und die Kernaussage formulieren.

B den Inhalt des Textes knapp, sachlich und genau zusammenfassen und dabei auf den Aufbau eingehen.

C die sprachlichen Besonderheiten benennen, am Text belegen und ihre Wirkung beschreiben.

D sämtliche rhetorischen Mittel, die vorkommen, mit ihren Fachbegriffen erläutern.

E die Textsorte anhand eindeutiger Merkmale bestimmen und am Text belegen.

F die Absicht der Autorin erklären und am Text belegen sowie die möglichen Zielgruppen benennen.

G das Layout und seine Wirkung auf den Leser beschreiben.

H zwei weiterführende Aufgaben bearbeiten.

I eine der weiterführenden Aufgaben erledigen.

J im Schluss die Nachteile von Bestellungen im Internet erörtern.

K im Schluss den Aufsatz abrunden und zum Text oder dessen Thema Stellung nehmen.

2 Schreibe mit Hilfe der Aufgabenstellung (► S. 22) und deiner Ergebnisse aus Aufgabe 1 eine Gliederung (► vordere Umschlaginnenseite) in dein Heft. Den Einleitungs- und den Schlusssatz kannst du später ergänzen.

B Den Inhalt verstehen

1 Lies den Text sorgfältig. Berücksichtige den Tipp.

2 Kreuze an, ob die folgenden Aussagen zum Text richtig oder falsch sind.

Um einen TGA schreiben zu können, musst du den Text verstehen. **Lies** ihn genau, kläre **unbekannte Begriffe**, markiere **Schlüsselwörter** und **notiere erste Ideen** am Rand.

	richtig	falsch
A Die Betreiber des Imbisses haben sich als Paketannahmestelle beworben, weil sie möchten, dass der GLS-Fahrer bei ihnen etwas isst.	☐	☐
B Wenn immer mehr Kunden im Internet Waren bestellen, gibt es die kleinen Geschäfte vor Ort bald nicht mehr.	☐	☐
C Ein Auszubildender bestellt sich T-Shirts in drei verschiedenen Größen.	☐	☐
D Manche Menschen lassen sich ihre Winterreifen in einem Paket nach Hause liefern.	☐	☐
E Die Zunahme der Bestellungen über das Internet hat auch Schattenseiten.	☐	☐
F Heute kümmern sich mehr als 800 Unternehmen um die Paketzustellung.	☐	☐
G Der boomende Onlinehandel ist die Hauptursache für die vielen Pakete und Päckchen.	☐	☐
H Es sollen jetzt Paketklappen in Haustüren eingebaut werden, durch die auch Winterreifen hindurchpassen.	☐	☐
I Früher durfte nur die Deutsche Post Briefe und Päckchen annehmen und verschicken. Das nennt man Monopol.	☐	☐
J Frauen schätzen eine Mischung aus schnellen Interneteinkäufen und Einkaufen mit Beratung im Laden.	☐	☐

3 Kläre schwer verständliche Begriffe aus dem Textzusammenhang. Notiere die Zeilennummern und verbinde jedes Wort mit der passenden Erklärung.

Monopol (Z. ____)	einen wirtschaftlichen Aufschwung erleben, wachsen
Retouren (Z. ____)	alleiniges Vorrecht; Beherrschung eines Marktes
zelebrieren (Z. ____)	Fachmann für Hörgeräte
Hörgeräteakustiker (Z. ____)	an den Händler zurückgeschickte Waren
visuell (Z. ____)	feierlich ausführen
geschlechterspezifisches Konsumverhalten (Z. ____)	Dienstleistungsunternehmen, das sich um Versand, Transport und Zustellung von Waren kümmert
innovativ (Z. ____)	über das Sehen vermittelt
Logistikdienstleister (Z. ____)	unterschiedliches Verhalten von Männern bzw. Frauen beim Einkaufen
boomen (Z. ____)	aufgeschlossen gegenüber neuen Ideen

C Einen TGA zu einem journalistischen Text verfassen

Die Einleitung schreiben

1 a Entscheide, welche Angaben aus dem Wortspeicher in die Einleitung gehören. Streiche unpassende Begriffe durch.

b Notiere die zutreffenden Begriffe jeweils vorne auf einer Linie und ergänze dahinter die nötigen Angaben zu dem vorliegenden Text. Beachte: Die Kernaussage wird erst in Aufgabe 2 ergänzt!

Wortspeicher

Autor/-in – Geburtsdatum des Autors/der Autorin – Titel – persönliche Meinung – Untertitel – Erscheinungsort – Umfang – Erscheinungsdatum – Textsorte – Zahl der Abbildungen – Kernaussage

____

____

____

____

____

Kernaussage: (siehe Aufgabe 2) ______________________

2 Markiere, welcher der folgenden Sätze als Kernaussage geeignet ist:

A Der Text handelt von der erfolgreichen Geschäftsidee zweier Nürnberger Imbissbetreiber.

B Der Zeitungsbeitrag thematisiert die Vorteile von Internetbestellungen.

C In dem Artikel werden die Veränderungen und Folgen des Paketversands durch die zunehmenden Internetbestellungen dargestellt.

3 Schreibe eine komplette Einleitung in dein Heft.

Den Inhalt des Textes unter Berücksichtigung seiner Struktur zusammenfassen

Zur Vorbereitung einer **Inhaltszusammenfassung** kannst du den Text in **Sinnabschnitte** einteilen und für jeden Abschnitt eine Überschrift formulieren und/oder Schlüsselwörter notieren. Die Sinnabschnitte gliedern den Inhalt des Textes und bilden seinen **Aufbau** ab. Beachte: Bei der Inhaltszusammenfassung von Sachtexten musst du **Inhalt** und **Struktur** des Textes wiedergeben.

1 a Lies den Artikel noch einmal genau. Nummeriere die folgenden Sinnabschnitte in der richtigen Reihenfolge.
b Ordne jedem Sinnabschnitt die passenden Zeilennummern zu.
Beachte: Nicht immer stimmen Sinnabschnitte mit den Absätzen im gedruckten Text überein!

- ☐ Das Brief- und Paketmonopol der Post in früheren Zeiten — Z. ________
- ☐ Vorhersage eines dänischen Zukunftsforschers: Offenheit für Neues bei den Paketdiensten und Paketklappen in allen Haustüren — Z. ________
- ☐ Bestandsaufnahme und Zukunftsprognose eines GLS-Managers: 5000 Paketshops, weiter zunehmender Onlinehandel, Anforderungen an die Paketstellen: günstige Lage, lange Öffnungszeiten, Parkplätze — Z. ________
- ☐ Der Imbiss „Iss was ...!“ in Nürnberg: Versorgung mit Essen sowie Paketannahme und -ausgabe — Z. ________
- ☐ Die Geschäftsidee der Imbissbetreiber vor drei Jahren: durch die Paketstelle Kunden für den Imbiss gewinnen — Z. ________
- ☐ Heute mehr als 800 Paketdienstleister für die zunehmende Zahl an Waren, die im Internet bestellt werden — Z. ________
- ☐ Die unterschiedlichen Inhalte der Päckchen und Pakete: vom T-Shirt bis zu den Winterreifen — Z. ________
- ☐ Vorteile des Interneteinkaufs aus der Sicht einer Marketingberaterin: große Auswahl, Einkauf zu Hause, weniger Zeitaufwand — Z. ________
- ☐ Nachteile des wachsenden Paketaufkommens: zunehmender Lkw-Verkehr, Lärm, Umweltbelastung, kaputte Straßen — Z. ________
- ☐ Nachteile des Interneteinkaufs aus der Sicht einer Reformhausbesitzerin und der Marketingfachfrau: nach Beratung im Laden Bestellung über das Internet, Verschwinden kleiner Läden — Z. ________
- ☐ Möglichkeiten, die Zahl der Transporte trotz zunehmender Bestellungen zu verringern: eingeschränkte Rücksendemöglichkeiten, Umweltbutton für längere Lieferzeiten in Sammeltransporten — Z. ________
- ☐ Angebot des Konkurrenten DHL: neben 13.000 Verkaufsstellen 2500 Packstationen — Z. ________

2 Die Inhaltszusammenfassung eines Sachtextes muss dessen Aufbau berücksichtigen. Im Kasten findest du Formulierungen, die dabei helfen. Aber Vorsicht: Nicht alle sind geeignet! Streiche ungeeignete durch.

Wortspeicher

in der Einleitung (Z. ... bis ...) – zunächst – zu Beginn – in der Unterüberschrift – daraufhin erläutert die Autorin in den Zeilen ... bis ... – im Normalfall (Z. ... bis ...) – im weiteren Verlauf – in den Zeilen ... bis ... – der folgende Sinnabschnitt (Z. ... bis ...) – in der Regel – schließlich – unverständlicherweise – zuletzt – vor der letzten Strophe – im letzten Abschnitt – eine Prognose gibt ... in den Zeilen ... – das Ende ihres Textes leitet die Autorin in Zeile ... ein

3 Verfasse mit Hilfe deiner Arbeitsergebnisse eine Inhaltszusammenfassung. Schreibe in dein Heft.

Die Textsorte bestimmen und begründen

1 Untersuche die Textsorte: Kreuze jeweils an, ob das Textsortenmerkmal vorhanden ist. Wenn ja, belege es am Text und notiere seine Funktion bzw. Wirkung in Stichworten.

Textsortenmerkmal	vorhanden?	z.B. in Zeile	Funktion/Wirkung
Überschrift, die Neugier weckt	☒	*Überschrift*	*den Leser zum Lesen animieren*
szenischer Einstieg	☐		
enthält sachliche Informationen	☐		
Autorin war vor Ort: Schilderung von Atmosphäre, Sinneseindrücken, Stimmungen	☐		
gibt auch die subjektive Sicht der Verfasserin wieder	☐		
Beteiligte und verschiedene Experten kommen zu Wort	☐		
erzählerische, teilweise schildernde Sprache	☐		
wechselnde Zeitstufen	☐		
gestalteter Schluss: Aufgreifen der Anfangsszene (Rahmen) oder Pointe	☐		
Bild/Grafik	☐		

2 Kreuze auf Grund deiner Arbeitsergebnisse die richtige Antwort an.

Bei dem Text „Klick – und ab geht die Post" handelt es sich um:

☐ einen Bericht ☐ einen Kommentar ☐ eine Reportage

3 Beschreibe nun in deinem Heft die Textsorte des Artikels und begründe deine Entscheidung am Text. Nutze deine Vorarbeiten.

Du musst in der Schulaufgabe nicht alle **Merkmale der Textsorte** beschreiben. Wähle **besonders auffällige** aus, die du gut **belegen** kannst.

Die Sprache untersuchen

Mit den bewusst gewählten **sprachlichen Besonderheiten** möchte eine Autorin/ein Autor eine ganz bestimmte **Wirkung** erzielen. Die sprachlichen Gestaltungsmittel **unterstützen die inhaltliche Aussage** des Textes. Vergiss deshalb bei ihrer Untersuchung nie den **Textbezug**.

1 Die folgende Liste nennt sprachliche Besonderheiten, die im Text vorkommen.

- **a** Im TGA solltest du sie getrennt nach Wortwahl, Satzbau und rhetorischen Mitteln untersuchen. Zeichne am linken Rand entsprechende Klammern ein. Die erste ist vorgegeben.
- **b** Ordne die Textzitate aus dem Wortspeicher richtig zu und ergänze jeweils die Zeilenangabe.
- **c** Denke über die Wirkung des jeweiligen Stilmittels in diesem Text nach. Streiche Unpassendes.
- **d** Notiere zu einigen sprachlichen Gestaltungsmitteln weitere Zitate aus dem Text mit Zeilennummer. Achte auf die gleiche Wirkung. Ob du Belege ergänzen sollst bzw. wie viele, steht in Klammern.

Wortspeicher

„innovativsten Logistikdienstleistern" – „anschwellende Päckchenflut" – „das trendige T-Shirt für die 20-jährige Studentin in drei verschiedenen Größen, die blaue Arbeitslatzhose für den Spengler, das Empfangsgerät für den Familienfernseher oder eben die Winterreifen für den Kleinwagen des Azubis" – „Alles Geschichte." – „fatalen Folgen" – „Retouren" – „Alles-kommt-zu-jeder-Zeit-überallhin-Glückseligkeit" – „provokanten" – „Und die Sache mit den Winterreifen stimmt wirklich?" – „zelebriert" – „Früher wäre das undenkbar gewesen. Früher, das heißt [...]" – „Immer mehr Lastwagen [...] verursachen immer mehr Lärm, immer mehr Abgase, immer mehr Straßenschäden" – „Winzige Päckchen und sperrige"

Wortwahl

wertende Adjektive (+1): ______________________

Wirkung: verdeutlichen die Meinung des befragten Zukunftsforschers/der Autorin

anschauliche Verben (+1): ______________________

Wirkung: erklären Hintergründe/geben Stimmung und Atmosphäre anschaulich wieder

Fachbegriffe und Fremdwörter (+ 2): ______________________

Wirkung: zeigen Fachkenntnis der Marketingberaterin/Verfasserin und ihre Absicht zu unterhalten/informieren

Fragen (+1): ______________________

____

Wirkung: erwecken den Eindruck von Unmittelbarkeit/Unsicherheit; vermitteln dem Leser das Gefühl, am Geschehen beteiligt zu sein/stoßen den Leser, der von der Zeitung Antworten erwartet, vor den Kopf

Ellipsen (+ 1): ______________________

Wirkung: wirken eher unprofessionell/besonders prägnant, fassen weitere Aussagen knapp/langatmig zusammen

Aufzählungen (+1): ______________________

____

Wirkung: verdeutlichen die Gleichförmigkeit/Vielfalt der Päckchen, der darin enthaltenen Waren und der Kunden

Metapher (–): ______________________

Wirkung: veranschaulicht bildhaft, dass die zunehmende Zahl an Paketsendungen von Saisoneinflüssen abhängig/bedrohlich ist

Anapher (Wiederholung am Satzanfang) (–): ______________________
Wirkung: verdeutlicht, dass dies endgültig vorbei ist/weiter fortdauert und sich die Umstände stark/etwas verändert haben

Alliteration (+1): ______________________
Wirkung: wirkt besonders langweilig/anschaulich, lähmt/erhöht die Aufmerksamkeit

Neologismus (–): ______________________
Wirkung: erscheint falsch (Stilfehler!)/erregt Aufmerksamkeit

Wiederholung (+1): ______________________

____

Wirkung: wirkt stillos (Wiederholungsfehler!)/will dem Leser die negativen Folgen der Internetbestellungen regelrecht einhämmern

Gegensatz (–): ______________________
Wirkung: verdeutlicht die Vielfalt an unterschiedlichen Päckchen

2 Verfasse eine vollständige Untersuchung der sprachlichen Besonderheiten. Schreibe in dein Heft.

Das Layout beschreiben

1 Streiche im Wortspeicher alle Begriffe, die nicht zum Layout gehören. 15 Begriffe bleiben übrig.

Wortspeicher

Spalten – Klassik – Absätze – Schlagzeile (Headline) – Kommentar – Vorspann – kursiv gedruckt – Alliteration – fett gedruckt – Bild – Ellipse – Grafik – Anapher – Fotografie – Zwischenüberschriften – Tabelle – Metapher – Diagramm – Bildunterschrift – Initiale – Romantik – Glosse – Untertitel

2 Bei der Beschreibung des Layouts darfst du nicht beliebig durch den Text springen. Beginne am Anfang des Textes oder beim Auffälligsten und arbeite dich Stück für Stück voran. Notiere eine sinnvolle Reihenfolge. Nutze Begriffe aus Aufgabe 1.

____

____

____

3 Auch bei der Beschreibung des Layouts musst du die vorkommenden Merkmale nennen und beschreiben, am Text belegen und die Wirkung auf den Leser erläutern. Schreibe den folgenden Text in dein Heft und ergänze dabei die passenden Begriffe an Stelle der ?.

Beim ? fällt zunächst die große ? „Klick – und ab geht die Post“ auf. Sie soll den Leser ? machen und ihn zum ? animieren. Kleiner als die Headline, aber größer als der normale Text ist der Untertitel ?, der kurz und knapp, aber ebenfalls mit zwei rhetorischen Stilmitteln (Metapher „Flut“ und Wiederholung „wächst und wächst“) über das ? der Reportage informiert. Darunter ist der ? durch ?druck hervorgehoben. Er geht dem eigentlichen Artikel voran und gibt dem Leser einen schnellen Überblick über das Thema, die ? von Onlinebestellungen. Eine besonders groß gedruckte ? („U“, Z. 1) lenkt den Blick auf den Beginn des fortlaufenden Textes, der durch den Satz in zwei ? leichter lesbar wird. Das Lesen erleichtern auch ?, die den Text gliedern. Verzichtet wurde auf ?, die in anderen Zeitungstexten den Artikel zusätzlich gliedern und einzelne Abschnitte zusammenfassen. Das ? soll wie die Überschrift das ? des Lesers wecken und zum Lesen anregen. Außerdem veranschaulicht es den Inhalt des Textes.

Eine weiterführende Aufgabe bearbeiten

In der Schulaufgabe musst du im TGA **nur eine** der **weiterführenden Aufgaben** bearbeiten. Beachte jedoch genau die Aufgabenstellung und beziehe dich immer auf den **zugrunde liegenden Text**.

1 Lies die Aufgabenstellungen für die weiterführende Aufgabe (▶ S. 22) noch einmal genau durch und unterstreiche jeweils, was von dir verlangt wird.

2 Um einen inneren Monolog aus der Sicht eines Paketboten nach einem langen und anstrengenden Arbeitstag schreiben zu können, musst du dich in seine Lage versetzen. Lies den Tipp zum inneren Monolog und ergänze in der Gedankenblase weitere Ideen.

Ein **innerer Monolog** gibt Wahrnehmungen, Gedanken und Gefühle einer Person in der **Ich-Form** im **Präsens** wieder. Er kann **Gedankensprünge, Fragen, Ausrufe** und **Einschübe** enthalten.

viertes Stockwerk ohne Lift und dann keiner da

den ganzen Tag auf den Beinen

bellende Hunde

mir tut alles weh

schwere Pakete

unfreundliche Autofahrer

____

____

____

____

3 Schreibe mit Hilfe deiner Ideensammlung einen inneren Monolog in dein Heft. Beachte den Tipp.

4 Übe nun die Erörterung der Nachteile von Bestellungen im Internet für den Käufer.

a Im Kasten findest du verschiedene Nachteile von Interneteinkäufen. Markiere die, die auch im Text (▶ S. 22–23) vorkommen.
b Unterstreiche die Nachteile, die nur für den Käufer entstehen.
c Wähle zwei Nachteile für den Käufer aus, die dir besonders stichhaltig erscheinen, und schreibe dazu zwei vollständige Argumentationen (▶ Tipp) in dein Heft.

Jede **Argumentation** besteht aus **Behauptung**, **Begründung** und **Beispiel**. Wie du eine Erörterung aufbauen musst, kannst du auf den Seiten 3 bis 9 nachlesen.

Verschwinden von Einzelhandelsläden – viele Retouren – wiederholte Autofahrten, wenn der Empfänger nicht zu Hause ist – zunehmender Lärm – mehr Müll durch aufwendige Transportverpackungen – mehr Abgase – wachsende Umweltbelastung – keine Möglichkeit, die Produkte an-/auszuprobieren – schwere Sendungen, sperrige Päckchen – Betrugsmöglichkeit beim Bezahlvorgang – zunehmende Straßenschäden – Zulieferung jedes einzelnen Einkaufs führt zu höherem Verkehrsaufkommen – unsichere Warenübergabe bei Abwesenheit – seriöse und unseriöse Angebote nicht leicht zu unterscheiden – vermeidbarer Verkehr – Probleme bei Rücksendungen – Verödung der Innenstädte – Entsorgung von Verpackungsmaterial – unnötige Fahrten, wenn nur zur Ansicht bestellt oder umgetauscht wird – nur große Versandhändler überleben – Fehlen des sinnlichen Einkaufserlebnisses (fühlen, riechen, schmecken) – halb leere Lkws

Den Schluss formulieren

Auch wenn Einleitung und Schluss in der Aufgabenstellung nicht genannt werden, gehören sie immer zu einem vollständigen Aufsatz. Im **Schluss** des TGA kannst du deine **Meinung zum Text** oder **zum Thema** äußern, **weitere Aspekte** ergänzen, einen **Ausblick** geben, **Kritik** üben oder **Forderungen und Wünsche** äußern.

1 Der Schluss rundet den Aufsatz ab. Darin nimmst du zum Text oder zu dessen Thema Stellung. Allerdings musst du deine Meinung auch begründen. Streiche ungeeignete Satzanfänge.

A Die Verfasserin möchte mit ihrer Reportage auf Vorteile des Interneteinkaufs aufmerksam machen und befragt …
B Ich finde den Text interessant/nicht so interessant, denn …
C Ich finde die Reportage nicht gelungen, weil die Autorin nicht nur Fakten vermittelt, sondern auch …
D Gudrun Bayer möchte mit ihrer Reportage auf das Thema „wachsende Anzahl von Paketlieferungen“ aufmerksam machen, den Leser aber auch …
E In der Nachricht werden meiner Meinung nach zu viele Experten zitiert, statt dass …
F Das Thema des Berichts geht uns alle an, deshalb …
G Besonders nachdenklich gestimmt hat mich die Aussage, dass …
H Das Thema der Reportage geht uns alle an, deshalb …
I Nachdem ich den Text von Gudrun Bayer gelesen haben, wünsche ich mir für die Zukunft …
J Ich fand an der Reportage schlecht, dass die Meinung der Autorin deutlich wird, zum Beispiel …

2 Schreibe einen Schluss in dein Heft. Du kannst dafür die nicht durchgestrichenen Satzanfänge verwenden.

D Den TGA anhand einer Checkliste überprüfen und überarbeiten

1 Wenn du alle Aufgaben in der vorgegebenen Reihenfolge erledigt hast, hast du bereits den kompletten TGA zu der Aufgabenstellung auf S. 22 in dein Heft geschrieben. Lies deinen TGA noch einmal sorgfältig durch und überprüfe ihn mit Hilfe der Checkliste. Einen Beispielaufsatz zum Vergleichen findest du im Lösungsheft.

Checkliste

	Ja	Nein
• Hast du eine vollständige **Gliederung** angefertigt?	☐	☐
• Enthält die **Einleitung** alle erforderlichen Angaben?	☐	☐
• Wurden im **Hauptteil** alle verlangten Aufgaben bearbeitet?	☐	☐
• Wird der **Inhalt** knapp, sachlich und strukturiert im Präsens wiedergegeben?	☐	☐
• Sind wichtige Merkmale der **Textsorte** mit Textbezug und Wirkung beschrieben?	☐	☐
• Ist bei den **sprachlichen Besonderheiten** auch die Wirkung beschrieben worden?	☐	☐
• Hast du bei der Beschreibung des **Layouts** eine logische Reihenfolge eingehalten?	☐	☐
• Berücksichtigt der **innere Monolog** in der weiterführenden Aufgabe die Situation der genannten Person und Aspekte aus der Textvorlage?	☐	☐
• Wurden in der **weiterführenden Erörterungsaufgabe** zwei Argumentationen umfassend, mit Behauptung, Begründung und Beispiel/Beleg, ausgeführt?	☐	☐
• Gibt der **Schluss** deinen Standpunkt zum Text und/oder seiner Thematik begründet wieder?	☐	☐
• Hast du auf einen sachlichen und abwechslungsreichen **Stil** geachtet?	☐	☐
• Wurden **Rechtschreibung** und **Grammatik** überprüft?	☐	☐

4 „Meine kleine Revolte“

Einen TGA zu einem journalistischen Text verfassen

Die Schulaufgabe

Schreiben Sie einen textgebundenen Aufsatz (TGA) zu dem Artikel „Meine kleine Revolte“ von Meike Dinklage.

- Erstellen Sie eine Gliederung.
- Fassen Sie den Text unter Berücksichtigung des Aufbaus zusammen.
- Bestimmen Sie die Textsorte mit der entsprechenden Begründung und gehen Sie auf die Absichten der Autorin ein.
- Analysieren Sie die sprachlichen Besonderheiten des Textes und deren Wirkung.
- Bearbeiten Sie eine der weiterführenden Aufgaben:
  - Schreiben Sie einen Leserbrief an die Autorin, in dem Sie auf den Artikel eingehen und Ihre Sicht der Dinge darstellen.
  - Schreiben Sie einen Aufruf für die Schülerzeitung, in dem Sie Ihre Mitschüler/-innen zu einem überlegten Umgang mit Kleidung auffordern. Begründen Sie die Forderungen auch.

Hintergrund
Am 24. April 2013 starben beim Einsturz einer Bekleidungsfabrik in Bangladesch (siehe Foto links unten) 1127 Menschen, mehr als 2400 wurden verletzt. Die Textilindustrie ist der wichtigste Wirtschaftszweig in dem Niedriglohnland. Fast alle großen Modefirmen der Welt lassen dort fertigen. Die Menschen arbeiten in den Textilfabriken unter erbärmlichen Bedingungen, wegen des Mangels an Kontrollen kommt es immer wieder zu schweren Unfällen.

Meike Dinklage

Meine kleine Revolte

Nur 20 Prozent von dem, was wir im Schrank haben, ziehen wir auch regelmäßig an. Meike Dinklage versucht, die anderen 80 Prozent erst gar nicht zu kaufen – ein kleiner Protest gegen den Billigkonsum.

Das Foto erschien Ende April, kurz nach dem Einsturz der Textilfabrik in Bangladesch mit 1127 Toten: ein namenloses Paar, fast völlig verschüttet, das sich im Tod umarmt. Das Foto ist zum globalen Sinnbild für die Tragödie der Textilarbeiter geworden. Ich habe es eine Weile angestarrt, ich habe mich einfach nicht getraut, weiterzublättern. Zwei von fast vier Millionen. So viele Textilarbeiter schuften in Bangladesch in den Fabriken, jeden Tag zwölf Stunden, oft länger, oft ohne Überstundengeld, ohne Rechte. Um ein, zwei Euro im Monat sparen zu können, nähen sie Klamotten, von denen sie nicht mal ahnen, dass wir sie für den Gegenwert eines Kaffees im Pappbecher kaufen und wegwerfen, wenn uns die Farbe nicht mehr gefällt. Die beiden Toten sind Teil eines Systems, und wir sind es auch.

Wenn man dieses System durchbrechen will, ist es schwierig, das richtige Mittel zu finden. Wenn ich will, dass es den Hühnern einigermaßen gut geht, kaufe ich Öko-Eier. Wenn ich will, dass das Ehegattensplitting[1] fortbesteht, wähle ich CDU. Wenn ich keine Atomtransporte will, setze ich mich auf die Gleise. Aber wenn ich will, dass Fabrikarbeiterinnen in Bangladesch, Indien, Nepal oder Bulgarien fair bezahlt werden? Was tue ich dann?

Es gibt keine geraden Wege auf dem globalisierten Textilmarkt. Es gibt nur sehr viele Einzelinteressen. Internationale Konzerne, die ihre Gewinne steigern wollen. Fabrikbesitzer, die schnelles Geld machen wollen, an jedem Arbeitsschutz vorbei. Kunden, die möglichst viel Mode für möglichst wenig Geld kaufen wollen. Arbeiterinnen, für die ein bisschen Lohn mehr ist als das Nichts, das sie in ihren Dörfern verdienen können. Und mittendrin: wir. In einem Haufen Widersprüche. Auch wenn eine Hose 150 Euro kostet, ist das keine Garantie, dass sie nicht für einen Hungerlohn genäht wurde. Und ob eine Textilfirma, die das neue Brandschutz-Abkommen unterzeichnet hat, auch dafür sorgt, dass die Fabriken regelmäßig kontrolliert werden, steht nicht im T-Shirt-Etikett. Was also tun?

Ich kaufe nicht gern secondhand, und ich habe nicht die Geduld, Klamotten aus der vorletzten Saison so umzunähen, dass ich sie weiter tragen kann, wenngleich das ein Trend ist, in Berlin und Hamburg gibt es bereits solche Upcycling-Stores. Aber ich glaube an das Prinzip, bei sich selbst anzufangen. Deshalb kaufe ich seit einiger Zeit nur noch Kleidung, bei der ich absolut sicher bin, dass ich sie gern und viel tragen werde. Experten schätzen, dass man nur 20 Prozent dessen, was im Kleiderschrank hängt, auch trägt, und ich will die restlichen 80 Prozent gar nicht erst anschaffen. Weil das, was ich nicht kaufe, auch nicht unter unwürdigen Bedingungen genäht werden muss. Ich hoffe auf den Markt: Wenn die Unternehmer merken, dass den Kunden auch die sozialen und ökologischen Standards bei der Herstellung wichtig sind, werden sie anders produzieren. Und die Designer werden überlegen, was das für ihre Mode heißt, und womöglich einen neuen, fairen Style kreieren[2]. Ich weiß, es ist nur ein kleiner Boykott, aber welche Möglichkeiten habe ich sonst? Ich will nicht das Wirtschaftswachstum der Welt zum Erliegen bringen, ich glaube nur, dass die Art, wie wir im Moment wachsen, indem wir immer noch mehr noch billiger in einen fast gesättigten Markt drücken, keine Lösung ist.

Ein Bekannter von mir ist viel konsequenter. Er trägt seine Klamotten, bis sie auseinanderfallen. Löcher in den Socken, Bundfaltenjeans. Ich könnte das nicht so selbstbewusst wie er. Ganz selten kaufe ich auch noch mal ein T-Shirt für zehn Euro: Ich weiß, es gibt Firmen, bei denen bis zum letzten Nähfaden der Druckknöpfe alles fair ist, aber das kostet entsprechend, und wenn ich ein T-Shirt für den Sport brauche, zum Durchschwitzen und In-die-Tasche-Stopfen, nehme ich ungern eins für 80 Euro.

Es gibt Leute, die sagen, Verzicht bringt nichts, man schadet den Näherinnen, wenn die Fabriken weniger Aufträge bekommen. Und verzichten zu können ist ja an sich schon ein Luxus – was ist mit denen, die von geringen Löhnen oder Hartz IV leben und so wenig haben, dass sie einfach billig kaufen müssen?

Es ist kompliziert. Ich kann nicht alle Widersprüche auflösen. Deshalb tue ich einfach etwas. Etwas ganz Einfaches.

(Aus: Brigitte, Heft 18/2013, S. 117)

1 **Ehegattensplitting:** gesetzliche Regelung, derzufolge verheiratete Paare ihre Einkünfte zusammen steuerlich geltend machen können und somit Steuern sparen, wenn einer deutlich weniger oder gar nichts verdient

2 **kreieren:** schaffen, entwickeln, erfinden

A Was wird von dir verlangt?

1 Lies die Aufgabenstellung (▸ S. 32) genau durch und vervollständige die folgenden Sätze. Dabei ist auch dein Vorwissen gefragt.

A Ich muss zu Beginn des textgebundenen Aufsatzes ______________________ schreiben, obwohl das in der Aufgabenstellung nicht immer extra verlangt wird.

B Bei der Zusammenfassung des Inhalts muss ich auch ______________________ berücksichtigen.

C Um die Textsorte zu belegen, muss ich nach entsprechenden ______________________ im Text suchen.

D Ich überlege, was die Autorin mit ihrem Text ______________ will, und formuliere dies so, dass meine Gedanken für den Leser nachvollziehbar sind.

E Bei der Sprachanalyse gehe ich auf ______________________, ______________________ und ______

______________________ ein.

F Alles, was ich über sprachliche Auffälligkeiten schreibe, muss ich auch belegen. Dazu verwende ich

________________ aus dem Text mit Angabe der ____________________, die es dem Leser erleichtern,

die entsprechenden Stellen zu finden.

G Meinen Aufsatz runde ich im __________________ ab, indem ich meine __________________ darstelle.

H Bei allen Teilaufgaben muss ich auf einen ________________ Sprachstil achten.

2 Schreibe eine Gliederung für deinen textgebundenen Aufsatz. Den Einleitungs- und Schlussgedanken kannst du ergänzen, wenn du deinen Aufsatz fertig hast.

B Den Inhalt verstehen

Um die Aufgaben ordentlich bearbeiten zu können, ist es wichtig, dass du alles im **Text verstehst**. Dazu musst du nicht nur sämtliche **Wörter kennen**, sondern auch die **Zusammenhänge begreifen**. Markiere deshalb, bevor du mit den Aufgaben beginnst, **Schlüsselbegriffe** bzw. ergänze am Rand **Markierungen** für besonders wichtige Stellen.

1 Lies den Text (► S. 32–33) sorgfältig. Berücksichtige den Tipp.

2 Überlege, was richtig ist, und streiche durch, was nicht zutrifft. Ergänze die Nummer(n) der Zeilen, die dies belegen.

A Die Autorin wurde durch den Einsturz einer Textilfabrik in Bangladesch / durch den Tod eines Paares in Bangladesch / durch das Foto eines Paares, das bei dem Einsturz einer Textilfabrik in Bangladesch ums Leben kam, zu dem Artikel animiert. (Vgl. Z. ______)

B Das angesprochene Unglück ereignete sich im April dieses Jahres / im April 2013. (Vgl. Z. ______)

C In Bangladesch arbeiten fast zwei / drei / vier Millionen Menschen in Textilfabriken. (Vgl. Z. ______)

D Mit der Formulierung „für den Gegenwert eines Kaffees im Pappbecher" ist gemeint: Ein T-Shirt und ein Pappbecher Kaffee kosten immer gleich viel. / Ein T-Shirt ist bei uns ein billiger Artikel für den schnellen Konsum genauso wie ein Pappbecher voll Kaffee. (Vgl. Z. ______)

E „Upcycling-Stores" sind Geschäfte, die Kleidung zum Radfahren weiterverkaufen / die getragene Kleidung modernisieren und weiterverkaufen / die gebrauchte Kleidung zerschneiden und der Wiederverwertung, etwa als Putzlappen, zuführen. (Vgl. Z. ______)

F Meike Dinklage protestiert gegen den Billigkonsum, indem sie nur teure Kleidung kauft (z.B. Hosen für 150 Euro) / indem sie ihre Kleidung selbst näht / indem sie ihre Kleidung trägt, bis sie kaputt ist / indem sie nur noch ein Fünftel der Kleidung kauft, die sie früher erworben hat. (Vgl. Z. ______)

3 Beantworte die folgenden Fragen in Stichpunkten auf den Linien.

A Was meint die Autorin mit dem Ausdruck „globales Sinnbild“ (Z. 4 f.)?

____

____

B Von welchem „System“ ist in den Zeilen 16 f. und 18 die Rede?

____

____

C Wer ist am globalisierten Textilmarkt beteiligt? Führe alle Beteiligten auf.

____

D Was bedeutet die Aussage: „Und mittendrin: wir. In einem Haufen Widersprüche“ (Z. 35 f.)?

____

____

C Einen TGA zu einem journalistischen Text verfassen

Die Einleitung schreiben

1 Überprüfe die folgende Einleitung auf Vollständigkeit. Notiere fehlende Elemente in der Tabelle. Benenne die Angaben, die vorhanden sind, in der linken Spalte.

VORSICHT FEHLER!

Die Zeitschrift „Brigitte“ hat sich mit dem internationalen Textilmarkt beschäftigt. Dabei geht die Autorin in ihrem Text auf die komplizierten Zusammenhänge ein und stellt fest, dass sie ziemlich machtlos ist.

Elemente der Einleitung zu einem TGA	
vorhandene Angaben	**fehlende Angaben**
Quelle	

2 In der Kernaussage der fehlerhaften Einleitung ist das Wesentliche des Textes nicht erkannt worden. Verfasse eine eigene Einleitung mit allen erforderlichen Angaben und formuliere eine neue Kernaussage. Schreibe in dein Heft.

Den Inhalt des Textes unter Berücksichtigung seiner Struktur zusammenfassen

Nachdem du beim ersten Lesen mit dem Markieren der **Schlüsselwörter** bereits wesentliche Punkte des Textes herausgefiltert hast, kannst du ihn zur Vorbereitung der Inhaltszusammenfassung in **Sinnabschnitte** unterteilen und dazu **Überschriften** oder **Stichworte** formulieren. Damit erfasst du gleichzeitig die **Struktur**.

1 Das folgende Notizblatt enthält Vorarbeiten für die strukturierte Inhaltsangabe, allerdings sind noch Lücken vorhanden. Ergänze die Zeilennummern und vervollständige die Überschriften zu den Sinnabschnitten.

① Z. 1 – ___ Zeitungsfoto als Anlass für den Text: Durch einen ___________ in ___________ getötetes Paar

② Z. ___ – ___ Darstellung der menschenunwürdigen ___________ der Textilarbeiter in Bangladesch

③ Z. ___ – ___ Frage nach einem ___________ Verhalten des ___________, der eine faire Bezahlung der Textilarbeiter will

④ Z. ___ – ___ Darstellung der verschiedenen ___________ der am Textilmarkt Beteiligten

⑤ Z. ___ – ___ Mögliche Maßnahmen des ___________ im Kampf gegen ___________ in der Textilindustrie und Entscheidung der Verfasserin für eine ___________

⑥ Z. ___ – ___ Weitere ___________ des Protests und Eingestehen der eigenen ___________ beim Boykott

⑦ Z. ___ – ___ Abwehren möglicher Kritik durch Eingehen auf etwaige ___________

⑧ Z. ___ – ___ Rechtfertigung des ___________

2 Formuliere auf der Grundlage der Sinnabschnittsüberschriften eine strukturierte Inhaltszusammenfassung. Du kannst dabei auch auf deine Schlüsselwörter zurückgreifen. Gib Hinweise auf den Aufbau des Artikels. Dazu kannst du die Absatznummerierungen, die Zeilenangaben oder andere Strukturbegriffe (z. B. *zu Beginn, anschließend, danach, schließlich*) verwenden. Schreibe in dein Heft.

Die Textsorte bestimmen und begründen, Absichten der Autorin darstellen

Um die **Textsorte** eines journalistischen Textes herauszufinden, kann man zunächst prüfen, ob es sich um einen ausschließlich informierenden Artikel handelt oder ob er auch auf die Meinungsbildung des Lesers zielt. Die **Textsortenmerkmale** sollte man gut beherrschen, um sie am Text erkennen und nachweisen zu können.

1 a Richtig oder falsch? Kreuze auf Seite 37 an, was für den Artikel „Meine kleine Revolte" zutrifft und was nicht.
b Ergänze bei den zutreffenden Aussagen Zeilenangaben, die die Aussage bestätigen.
c Notiere auf der Linie, um welche Textsorte es sich handelt.

	richtig	falsch
A Die Schlagzeile (Headline) informiert in knapper Form über den Kern des Artikels.	☐	☐
B Die Verfasserin wertet ein Geschehen und nimmt Stellung. (Vgl. z. B. Z. ____)	☐	☐
C Der Artikel bezieht sich auf ein aktuelles Ereignis und/oder eine Nachricht. (Vgl. z. B. Z. ____)	☐	☐
D Die Autorin verändert die Zeitebene durch einen Rückblick. (Vgl. Z. ____)	☐	☐
E Die Verfasserin geht davon aus, dass der Leser von der Tragödie gehört bzw. gelesen hat. (Vgl. Z. ____)	☐	☐
F Dinklage liefert knappe Informationen, um Zusammenhänge und Hintergründe zu erklären. (Vgl. z. B. Z. ____)	☐	☐
G Der Text zeigt die subjektive Meinung der Autorin. (Vgl. z. B. Z. ____)	☐	☐
H Im Hauptteil werden verschiedene Möglichkeiten, dem Problem zu begegnen, vorgestellt. (Vgl. z. B. Z. ____)	☐	☐
I Die Verfasserin hat vor Ort recherchiert. (Vgl. z. B. Z. ____)	☐	☐
J Die Journalistin will den Leser zur Meinungsbildung anregen. (Vgl. z. B. Z. ____)	☐	☐
K Der Text endet mit einem Fazit. (Z. ____)	☐	☐
L Meike Dinklage begründet ihre Meinung. (Vgl. z. B. Z. ____)	☐	☐

Die genannten Merkmale weisen eindeutig auf die Textsorte ______________________ hin.

2 Markiere die Sätze, die auf den Text „Meine kleine Revolte“ zutreffen.

A Die Verfasserin möchte möglichst genau über die Zusammenhänge in der Textilindustrie informieren.

B Meike Dinklage möchte sich mit ihrem Text über die aufgezeigten Widersprüche lustig machen.

C Die Autorin will einen Denkanstoß geben, wie man als Verbraucher in das System eingreifen kann.

D Die Journalistin will klarmachen, dass auch ein kleiner Protest etwas bewirken kann.

E Die Autorin zeigt auf, dass es kaum Möglichkeiten gibt, sich zu wehren.

F Die Kommentatorin nennt ihre Entscheidung einen möglichen Weg und zeigt gleichzeitig noch andere auf.

G Meike Dinklage zeigt ihre Verunsicherung angesichts der Ausbeutung der Textilarbeiter.

H Die Autorin appelliert an die Freiwilligkeit, Aktionen zu ergreifen.

I Die Verfasserin ist emotional berührt und drückt das in ihrem Text auch aus.

> Bei **subjektiv wertenden journalistischen Textsorten** wie dem Kommentar oder der Glosse ist die **Absicht** der Autorin/des Autors in der Regel gut zu erkennen. Meist wollen die Verfasser durch ihre Meinungsäußerung den Leser zur eigenen **Meinungsbildung** herausfordern.

3 Schreibe eine vollständige Textsortenbestimmung und belege deine Aussagen durch konkrete Bezüge zum Text. Du musst nicht alle Merkmale beschreiben, solltest aber besonders typische Kennzeichen der Textsorte einschließen. Gehe auch auf die möglichen Absichten der Autorin ein.

Die Sprache untersuchen

Gehe den kompletten Text durch und notiere **sprachliche Auffälligkeiten** (mit Zeilennummer!) geordnet nach **Wortwahl, Satzbau** und **rhetorischen Mitteln** auf einem Notizzettel. Überlege, welche **Wirkung** mit jeder einzelnen sprachlichen Besonderheit erzielt wird.

1
a Suche die folgenden Textstellen in dem Artikel und ergänze die Zeilennummern.
b Ordne den Zitaten die entsprechenden Fachbegriffe zu. Nutze den Wortspeicher. Beachte: Nicht alle darin genannten sprachlichen Mittel sind vorhanden, manche kommen mehrfach vor.
c Markiere die einzelnen Zitate mit unterschiedlichen Farben: rot für Wortwahl, grün für Satzbau und blau für rhetorische Mittel.
d Notiere erste Überlegungen zur Wirkung des sprachlichen Mittels.

Wortspeicher

Vergleich – Alliteration – ausdrucksstarkes Verb – Neologismus – Euphemismus – Parallelismus – Personifikation – Fachbegriff – Umgangssprache – Frage – Metapher – Ellipse – Fremdwort – Redewendung – Aufzählung – Modesprache – Wiederholung im Satzbau – Antithese – kurze Aussagesätze – Satzgefüge

Zitat	Zeile(n)	Fachbegriff	Wirkung
„Das Foto […]. Das Foto […].“			
„Zwei von fast vier Millionen.“			
„schnelles Geld machen“			
„schuften“			
„Klamotten“			
„mal“			
„in Bangladesch, Indien, Nepal oder Bulgarien“			
„In einem Haufen Widersprüche.“			
„Was tue ich dann?“			
„keine geraden Wege“			

Zitat	Zeile(n)	Fachbegriff	Wirkung
„einen neuen, fairen Style kreieren“			
„Internationale Konzerne, die […]. Fabrikbesitzer, die […]. Kunden, die […]. Arbeiterinnen, für die […].“			
„zum Erliegen bringen“			
„Es ist kompliziert. Ich kann nicht alle Widersprüche auflösen.“			
„Wirtschaftswachstum der Welt“			
„Upcycling-Stores“			
„möglichst viel Mode für möglichst wenig Geld“			
„die sozialen und ökologischen Standards“			

2 Bei der Sprachuntersuchung musst du stets auch die Wirkung der sprachlichen Besonderheiten im konkreten Text beschreiben. In den folgenden Aussagen ist die Wirkung zu allgemein oder sogar falsch ausgedrückt. Unterstreiche die entsprechenden Textstellen und korrigiere sie auf den Linien.

A Die Autorin verwendet anschauliche Verben wie „schuften“ in Zeile 9. Damit passt sie sich dem Sprachniveau der Fabrikarbeiter an.

B Indem die Autorin Fragen in den Text einbaut (z. B. „Was tue ich dann?“, Z. 26), spricht sie den Leser an und fordert ihn auf, die Frage zu beantworten.

C Auffällig ist außerdem der Begriff „Wirtschaftswachstum der Welt“ (Z. 66 f.). Die Alliteration betont die Stelle im Text und erinnert an Werbesprüche.

D Wenn die Verfasserin in Zeile 27 davon spricht, dass es „keine geraden Wege“ auf dem Textilweltmarkt gibt, drückt sie bildlich aus, dass die Rohstoffe und Waren viele Umwege nehmen, bis sie beim Verbraucher ankommen. Diese Metapher veranschaulicht also das komplizierte Verkehrsnetz beim Warentransport.

3 Verfasse eine Sprachanalyse zu dem Artikel. Belege deine Aussagen durch Zitate mit Zeilenangaben und erläutere die Wirkung. Achte auf den Textbezug. Nutze deine Arbeitsergebnisse aus den Aufgaben 1 und 2.

Eine weiterführende Aufgabe bearbeiten

In der Schulaufgabe musst du **nur eine weiterführende Aufgabe** bearbeiten. Zum Üben ist es sinnvoll, wenn du beide löst. Lies die Aufgabenstellung (▶ S. 32) noch einmal genau durch. Notiere, bevor du mit der Ausformulierung beginnst, **Stichworte**, was du schreiben möchtest. Achte auf den **Bezug zum Text**.

1 Bei den Vorüberlegungen für den Leserbrief können dir die folgenden Impulse helfen. Markiere, was du aufnehmen möchtest, und sammle Notizen auf einem Zettel.

- Kannst du dir ein fair produziertes T-Shirt für 80 Euro leisten?
- Würdest du auf modische Kleidung verzichten, um gegen die Missstände in der Textilindustrie zu protestieren?
- Wusstest du schon früher über die menschenverachtenden Arbeitsbedingungen bei der Kleidungsproduktion Bescheid?
- Käme einer der im Text genannten Vorschläge, die dem Billigkonsum entgegenwirken, für dich in Frage?
- Welchen Anteil deiner Kleidungsstücke trägst du wirklich?
- Hast du vor dem Lesen des Textes von dem Einsturz der Textilfabrik in Bangladesch gewusst?
- Fallen dir noch andere Möglichkeiten ein, wie man der Problematik entgegenwirken könnte?

Der **Leserbrief** ist formal ein **sachlicher Brief** und enthält deshalb Absender, Empfänger, Ort und Datum, Betreff, angemessene Anrede, Einleitung, Hauptteil und Schluss sowie eine Grußformel mit Unterschrift. In einem Leserbrief stellt man seine **persönliche Meinung zu einem Artikel** höflich, nachvollziehbar und begründet dar.

2 Überprüfe den folgenden Ausschnitt aus einem Leserbrief und kreuze an, warum man einen Leserbrief so nicht schreiben sollte:

VORSICHT FEHLER!

Hallo Frau Dinklage,

Mensch, was soll denn das? Ich verzichte ungern auf meine T-Shirts in allen Farben und sehe auch nicht ein, warum ich das tun soll. Wenn Sie das so machen, ist das Ihre Sache. Mich bringen aber keine zehn Pferde dazu, weniger einzukaufen. ...

- ☐ Briefkopf und Betreff fehlen
- ☐ unpassende Anrede
- ☐ unklare Aussage
- ☐ Bezug zum Artikel fehlt
- ☐ flapsiger Stil
- ☐ der Autorin wird widersprochen
- ☐ Behauptung ohne Begründung
- ☐ persönliche Meinung kommt zum Ausdruck

3 Verfasse in deinem Heft einen vollständigen Leserbrief zu dem Artikel „Meine kleine Revolte".

4 Ein Schüler hat sich für den Aufruf in der Schülerzeitung als weiterführende Aufgabe entschieden. Arbeite seine Notizen (▶ S. 41) in deinem Heft aus.

a Formuliere eine Überschrift, die Aufmerksamkeit weckt und der appellativen Absicht entspricht.
b Die ersten fünf Zeilen kannst du übernehmen.
c Wandle die Stichpunkte in Aufforderungssätze um. Vermeide Wiederholungen, achte auf abwechslungsreiche Formulierungen und ergänze Begründungen. Behalte die übersichtliche Liste bei.
d Schreibe einen wirkungsvollen Appell als Schlusssatz für den Aufruf.

Wenn du dich für den **Aufruf** entschieden hast, musst du Verhaltensregeln aufschreiben. Dazu eignet sich besonders der **Imperativ**, weil er eine Aufforderung am besten vermittelt. Um zu **überzeugen**, muss man aber auch **begründen**, warum man eine Verhaltensänderung für nötig hält. Wende dich direkt an deine Mitschüler.

...
Wisst ihr eigentlich, unter welchen menschenunwürdigen Bedingungen unsere modische Kleidung hergestellt wird? Jeder von uns trägt Sachen, die unfair produziert wurden! Dokumentationen im Fernsehen oder in der Zeitung zeigen das menschenverachtende System der Bekleidungsindustrie. Aber wir sind dem nicht hilflos ausgeliefert!
Es gibt auch für dich Möglichkeiten, Einfluss zu nehmen:

- ☐ Secondhand-Kleidung kaufen
- ☐ weniger Kleidung kaufen
- ☐ keine Billigkleidung kaufen
- ☐ nur Kleidung kaufen, die man auch wirklich anzieht
- ☐ Spontankäufe vermeiden
- ☐ Kleidung pfleglich behandeln
- ☐ Kleidung auftragen
- ☐ Kleidung upcyceln
- ☐ selbst nähen
- ☐ Protestschreiben an Textilfirmen richten
- ☐ in Geschäften und bei Herstellern nach Produktionsbedingungen fragen
- ☐ Politiker auffordern, schärfere Gesetze zu machen

...

Den Schluss verfassen

Im **Schluss** kannst du deine persönliche **Meinung** ausdrücken. Wenn du allerdings den Leserbrief als weiterführende Aufgabe gewählt hast, würdest du dich wiederholen. Dann ist es sinnvoll, zusätzliche Informationen zu liefern, zum Beispiel über einen Textilhersteller, der für faire Bezahlung bürgt. Achte darauf, dass du beim Thema bleibst und nachvollziehbar formulierst.

1 Schreibe einen Schluss, der zu deinem Aufsatz passt und ihn abrundet.

D Den eigenen Text überprüfen und überarbeiten

1 Wenn du alle Aufgaben in der vorgegebenen Reihenfolge erledigt hast, hast du bereits den kompletten TGA zu der Aufgabenstellung auf S. 32 in dein Heft geschrieben. Lies deinen Aufsatz noch einmal sorgfältig durch und überprüfe ihn mit Hilfe der Checkliste. Einen Beispielaufsatz zum Vergleichen findest du im Lösungsheft.

Checkliste

	Ja	Nein
• Ist die **Gliederung** vollständig, gibt sie die Aufgabenstellung wieder?	☐	☐
• Enthält die **Einleitung** alle nötigen Angaben: Autor/-in, Titel, Quelle (Erscheinungsort und -jahr) sowie die Kernaussage?	☐	☐
• Wurden im **Hauptteil** alle verlangten Aufgaben bearbeitet?	☐	☐
• Wird der **Inhalt** knapp und sachlich zusammengefasst? Wird die Struktur des Textes deutlich?	☐	☐
• Sind wichtige **Merkmale der Textsorte** und mögliche **Absichten der Autorin** begründet dargestellt und am Text belegt?	☐	☐
• Ist bei den **sprachlichen Besonderheiten** auch die Wirkung beschrieben worden?	☐	☐
• Berücksichtigt der **Leserbrief** in der weiterführenden Aufgabe die formalen Vorgaben und bezieht er sich inhaltlich auf den Artikel?	☐	☐
• Werden im **Aufruf für die Schülerzeitung** die Forderungen auch begründet?	☐	☐
• Rundet der **Schluss** den Aufsatz ab? Gibt er deinen Standpunkt wieder?	☐	☐
• Wurden **Rechtschreibung** und **Grammatik** überprüft?	☐	☐

5 „Gimme a job!“
Einen TGA zu einer Glosse schreiben

Die Schulaufgabe

Schreiben Sie einen textgebundenen Aufsatz (TGA) zu dem Text „Gimme a job!“ von Christiane Barth:

- Erstellen Sie eine Gliederung.
- Fassen Sie den Inhalt des Textes unter Berücksichtigung seiner Struktur zusammen.
- Untersuchen Sie die verwendeten sprachlichen Gestaltungsmittel und deren Wirkung.
- Begründen Sie mit Hilfe geeigneter Merkmale, warum es sich bei diesem Text um eine Glosse handelt.
- Erläutern Sie, an welche Zielgruppe sich der Text richtet und mit welcher Absicht er verfasst wurde.
- Bearbeiten Sie eine der weiterführenden Aufgaben:
  – Schreiben Sie einen Brief des Sohnes an seinen Vater, der auf einer Bohrinsel arbeitet und deshalb wiederholt für längere Zeit getrennt von der Familie lebt. In dem Brief geht der Sohn rückblickend auf sein Verhalten in der Zeit der Ferienjobs ein.
  – Erörtern Sie: Warum ist es sinnvoll, dass Jugendliche Ferienjobs ausüben?

Christiane Barth

Gimme a job!

Wie sich der Ernst des Lebens auf ihren 15-jährigen Sohn auswirken würde, hat Christiane Barth überrascht – und begeistert.

Arbeit ist anstrengend – diese Erfahrung musste mein Sohn schon im zarten Alter von 15 Jahren machen. Ich hatte ihm kurzerhand gleich zwei Ferienjobs verschafft. Dass ich damit einen Richtungswechsel enormen Ausmaßes, einen Meilenstein, geschaffen hatte, war mir keineswegs bewusst. Zunächst fiel mir nur auf, dass er nach der Arbeit für mehrere Stunden in seinem Zimmer verschwand, anstatt wie nach der Schule erst das Telefon zu belagern und dann den Rest des Tages irgendwo abzuhängen. Einmal trat ich unaufgefordert in sein Zimmer und sah, dass er wie ein leerer Sack zwischen seinen Sesseln hing und schlief.

Es spielte sich ein gewisser Rhythmus ein im allabendlichen Ablauf: Ich fuhr zum Supermarkt, kaufte Brezeln und Buttermilch und holte ihn von der Arbeit ab. Er grüßte nicht, lächelte nicht, beschwerte sich aber auch nicht, sondern trank wortlos seine Milch und verschlang seine Brezeln wie ein Gefangener von Alcatraz[1] nach seiner Freilassung. Noch während des Kauens fielen ihm die Augen zu. Die Schilderungen seines Arbeitstages waren dürftig. Sie beschränkten sich auf: zehn Stunden Kabel verlegt, acht Stunden Schlitze geklopft, neun Stunden gehämmert. Ich schloss daraus, dass er grundsätzlich beschäftigt war, und ließ ihn zu Hause weitgehend in Ruhe. Er mich übrigens auch. Wir stritten nicht wie sonst, wenn er vor Langeweile aus Müll Bomben bastelte oder seiner Tapete mit Dartpfeilen eine neue Struktur verlieh. Wir gerieten kaum aneinander, seine Bereitschaft zur Konfrontation war stark geschwächt. Er räumte sogar sein Zimmer auf, wenn ich ihn dazu aufforderte. Mechanisch, schlafwandlerisch, ohne großen Widerstand schleppte er Müll und schmutzige Wäsche und ward danach nicht mehr gesichtet. Man hörte ihn nur noch schnarchen.

Am nächsten Tag das gleiche Spiel, Buttermilch und Brezeln, Dämmerzustand und Füttern mit Instruktionen, die er widerstandslos umsetzte wie nach einer Gehirnwäsche. Er war nicht frech, aufmüpfig oder gar rebellisch wie sonst, sondern zahm wie ein Lamm, stand morgens pünktlich um halb sechs auf und ging um zehn ins Bett (sonst ist es eher umgekehrt). Keine Moralpredigt, kein gutes Zureden, nicht alle Sanktionen der Welt haben es bisher vermocht, was durch einen simplen Ferienjob Wirklichkeit wurde: Er hat gecheckt, worauf es im Leben ankommt.

Oder ist es vielleicht vielmehr so, dass er einfach auf Automatikbetrieb umgeschaltet hat, um nicht durch massive Überlastung tot umzufallen? Ich weiß es nicht, aber ich wünschte, dieser Ferienjob würde ewig dauern. Wir verstehen uns so gut, so ganz ohne Worte. Doch heute ist sein letzter Arbeitstag, und ich fürchte, er wird dann morgen wieder sein Wort an mich richten. Ich nehme an, gleich nach dem Aufstehen, so gegen 18 Uhr. Und es wird lauten: „Was gibt es heute zu essen?" Ich könnte ihm ja vorschlagen, sich ein Essen selbst zuzubereiten, da ich gerade etwas erschöpft sei von der Arbeit, die mich acht Stunden am Tag auf den Beinen hält. Und das nicht nur drei Wochen im Jahr, sondern IMMER. Doch er wird wohl kein Verständnis dafür haben, wie immer. Und andererseits, ich bin auch froh, meinen Job zu haben. Wie würde es mich auf die Palme bringen, ständig mit ansehen zu müssen, wie er vorsätzlich den Tag totschlägt. Wir ergänzen uns also perfekt und wenn ich künftig Urlaub mache, sorge ich vorher dafür, dass er einen Job hat.

(Aus: Brigitte, Heft 15/2004)

1 **Alcatraz:** Gefängnisinsel in der Bucht von San Francisco

A Was wird von dir verlangt?

1 Lies die Aufgabenstellung genau und kreuze an, welche Aussagen zutreffen und welche nicht.

	trifft zu	trifft nicht zu
A Ich überfliege den Text oberflächlich, Fragen an den Text zu stellen, ist überflüssig.	☐	☐
B In der Einleitung muss ich Autor/-in, Titel, Textsorte sowie die Quelle des Textes angeben und die Kernaussage formulieren.	☐	☐
C Die Aufgabenstellung gibt eine grobe Gliederung meines Aufsatzes vor.	☐	☐
D Die Inhaltszusammenfassung muss auch auf die Struktur des vorliegenden Textes eingehen.	☐	☐
E Die Textsortenbestimmung muss sich deutlich auf den vorliegenden Text beziehen.	☐	☐
F Ich muss beide weiterführenden Aufgaben bearbeiten.	☐	☐
G Im Schluss gebe ich eine persönliche Stellungnahme zum Thema ab.	☐	☐

B Den Text erschließen

Um einen TGA schreiben zu können, musst du dich gründlich **mit dem Text auseinandersetzen. Lies** den Text genau, markiere **Schlüsselwörter**, unterstreiche **unbekannte Begriffe** und notiere **erste Ideen** am Rand.

1 Lies den Text aufmerksam durch und berücksichtige dabei den Tipp.

2 Beantworte in Stichworten die W-Fragen, um sicherzustellen, dass du den Text verstanden hast.

A Welche Personen kommen vor? ______

B Wann findet das Geschehen statt? ______

C Was ist das Thema? ______

D Wie verhalten sich die beiden Hauptpersonen? ______

______

E Was ist mit dem Satz „Wir ergänzen uns also perfekt, und wenn ich künftig Urlaub mache, sorge ich vorher dafür, dass er einen Job hat" (Z. 70–72) gemeint? ______

______

Versuche, **unbekannte Begriffe und Wendungen** aus dem Textzusammenhang zu erklären. Falls das nicht gelingt, schlage im Wörterbuch nach.

3 Streiche bei den folgenden Begriffen aus dem Text jeweils die unpassenden Umschreibungen durch.

- **Rhythmus** (Z. 15) ist ein Tanz/ein Spiel/ein gleichmäßiger Wechsel.
- **Konfrontation** (Z. 33) ist ein Fremdwort für Zusammenarbeit/Bequemlichkeit/Auseinandersetzung.
- **Schlafwandlerisch** (Z. 35) bedeutet, dass ein Mensch im Schlaf vom Reisen träumt/während des Schlafens umherwandert, ohne es zu merken/nicht schlafen kann.
- **Instruktionen** (Z. 41) sind gesellschaftliche Einrichtungen/Anweisungen/feine Werkzeuge.
- **Sanktionen** (Z. 47) bezeichnen bestimmte Handlungen in der Kirche/Maßnahmen, um ein Verhalten zu ändern/bestimmte Aktionen im Berufsleben.

Als **Ironie** bezeichnet man Aussagen, die erkennen lassen, dass eigentlich etwas anderes, oft das Gegenteil dessen, was sie vordergründig bedeuten, gemeint ist, z. B.: *Er verzierte sein Buch mit Eselsohren.* In manchen Texten, z. B. in der **Glosse** und der **Satire**, ist die Ironie ein typisches Stilmittel.

4 Lies den Tipp zur Ironie und umschreibe die ironischen Wendungen in Stichworten.

A „im zarten Alter von 15 Jahren" (Z. 2):

____

B „zehn Stunden Kabel verlegt, acht Stunden Schlitze geklopft, neun Stunden gehämmert. Ich schloss daraus, dass er grundsätzlich beschäftigt war, und ließ ihn zu Hause weitgehend in Ruhe." (Z. 24–28)

____

____

C „Oder ist es vielleicht vielmehr so, dass er einfach auf Automatikbetrieb umgeschaltet hat, um nicht durch massive Überlastung tot umzufallen?" (Z. 51–53)

____

____

5 Kreuze an: Welcher der folgenden Sätze fasst den Inhalt der Glosse am besten zusammen?

- ☐ A Es geht um einen Sohn, der nicht gerne redet, und seine berufstätige Mutter.
- ☐ B In dem Text wird sachlich beschrieben, wie sich das Zusammenleben von Mutter und Sohn ändert, als der Sohn nach dem Schulabschluss zu arbeiten beginnt.
- ☐ C Der Text stellt humorvoll dar, wie das Zusammenleben von Mutter und Sohn weniger konfliktreich verläuft, als der Junge zwei Ferienjobs zeitgleich bewältigen muss und von dieser ungewohnten harten körperlichen Arbeit völlig erschöpft ist.
- ☐ D Der Text thematisiert das schwierige Zusammenleben von Eltern und Kindern.
- ☐ E Die Glosse behandelt ein lustiges Alltagsthema.

C Einen TGA zu einem journalistischen Text verfassen – Übungen

Die Einleitung schreiben

Die **Einleitung** nennt **Autor/-in, Titel, Textsorte** sowie die genaue **Quelle** und informiert in der **Kernaussage** kurz über das Thema des Textes.

1 a Unterstreiche die Fehler in der folgenden Einleitung.
b Schreibe eine verbesserte Fassung in dein Heft.

VORSICHT FEHLER!

Die Reportage mit dem Titel „Give me a job!" von Christina Barth erschien im Jahr 2006 in Nr. 15 der Zeitschrift „Birgit". Der Text stellt auf komische Weise dar, wie sich das Verhältnis von Mutter und Sohn verändert, als der Junge nach Abschluss der Schule körperlich hart arbeiten muss.

Den Inhalt des Textes unter Berücksichtigung seiner Struktur zusammenfassen

Zur Vorbereitung einer **Inhaltszusammenfassung** kannst du den Text in **Sinnabschnitte** einteilen und für jeden Abschnitt eine Überschrift formulieren oder Schlüsselwörter notieren. Die Sinnabschnitte gliedern den Inhalt des Textes und bilden seinen **Aufbau** ab. Bei der Inhaltszusammenfassung von Sachtexten musst du den **Inhalt** und die **Struktur** des Textes wiedergeben.

1 a Lies den Text (▸ S. 42–43) noch einmal sorgfältig durch. Vervollständige dann die folgende Inhaltszusammenfassung, die den Aufbau des Textes berücksichtigt. Vermeide Wiederholungen.

Die Glosse beginnt mit den nicht ganz ernst gemeinten Beobachtungen der Autorin, die ihrem 15-jährigen ________ gleich zwei ________________ verschafft hat (Z. ______). Dieser verhält sich nun völlig anders als zuvor, da er erstmals die Erfahrung macht, wie anstrengend ________________________________ ist. Im Folgenden (Z. ______) beschreibt die ________________ das ________________ Zusammenleben: Sie stellt fest, dass ihr Sohn sehr ________________ geworden ist und großen ________________ hat, während des ________________ schläft er meist schon ein. Über seinen Arbeitsalltag, der wohl von harter, eintöniger körperlicher ________________ bestimmt ist, erfährt sie ________________. Christiane ________________ bemerkt, dass ihr Sohn weniger Unsinn macht als während der Schulzeit. Auch die alltäglichen Streitereien zwischen Mutter und ________________ kommen nicht mehr vor. Im dritten Sinnabschnitt (Z. ______) wundert sich die Autorin, dass ihr Sohn so ________ ist, dass er sogar ohne Widerspruch im Haushalt hilft. Durch den Ferienjob verändert sich also das Verhalten des ______________________________. Er erfüllt seine Pflichten, ist brav, steht ______________ auf und geht zeitig ______________. Die Verfasserin konstatiert anschließend, dass ihr Sohn wohl verstanden ______, worauf es im Leben ankomme. Zweifel an dieser Aussage werden im nachfolgenden Sinnabschnitt (Z. ______) deutlich, wenn Christiane Barth ironisch anmerkt, dass der übermüdete Junge nur noch funktioniere wie ein ______________. Sie fürchtet das baldige Ende ____________________ und den bevorstehenden Alltag. Denn dann wird der Fünfzehnjährige wieder abends zu lange ________________ und von seiner Mutter, die ______________ von der Arbeit nach Hause kommt, ohne Verständnis für deren Bedürfnisse Dinge einfordern, die er auch selbst erledigen könnte. Letztendlich (Z. ______) gelangt ________________ zu der Erkenntnis, dass sie froh ______________ zu arbeiten, denn dies trage dazu bei, Konflikte im alltäglichen Miteinander zu verringern. Mit einem Augenzwinkern fügt sie hinzu, dass sie künftig ________________

____

b Markiere in der Inhaltszusammenfassung in Gelb die Formulierungen, die darauf hinweisen, dass ein neuer Sinnabschnitt beginnt. Ein Beispiel ist vorgegeben.

c In einer Inhaltszusammenfassung muss man deutlich machen, dass man ironische Aussagen erkannt und deren eigentliche Bedeutung verstanden hat. Unterstreiche in Blau die Sätze, in denen ironisch (nicht ganz ernst) gemeinte Textstellen wiedergegeben werden.

Die Sprache untersuchen

In einem TGA beschreibst du **auffällige sprachliche Besonderheiten** des Textes, z. B. bei der **Wortwahl** (Fremdwörter, Fachbegriffe, Umgangs- oder Jugendsprache usw.), beim **Satzbau** (u. a. einfache Aussagesätze, komplexe Satzgefüge, Ellipsen) und bei der Verwendung bestimmter **Stilmittel** (▸ hintere Umschlaginnenseite). Beziehe deine Ergebnisse immer auf den **Inhalt des Textes** und gehe auf die **Wirkung** ein. Belege deine Aussagen mit **Zitaten** und Zeilennummern. Beachte: Die sprachlichen Mittel geben oft Auskunft über die Textsorte und die Absicht des Autors.

1 **a** Untersuche zunächst die **Wortwahl**. Notiere jeweils ein Beispiel aus dem Text mit Zeilenangabe.

b Ergänze darunter jeweils eine passende Wirkung aus dem Wortspeicher.

A Die Verfasserin verwendet umgangssprachliche Ausdrücke, etwa: ________________

Wirkung: ________________

B Außerdem nutzt C. Barth gelegentlich Jugendsprache, z. B.: ________________

Wirkung: ________________

C Schließlich verwendet die Autorin auch Redewendungen, etwa: ________________

Wirkung: ________________

Wortspeicher

Diese anschaulichen Redensarten zeigen dem Leser unterhaltsam die Sichtweise der Mutter, die sich tagtäglich mit ihrem pubertierenden Sohn auseinandersetzen muss. – Der Text wirkt dadurch sachlich, interessant und fachkundig. – Der Artikel wirkt durch die Alltagssprache wirklichkeitsnah. – Der Text wirkt durch die unangemessene Sprache albern. – Indem sich die Autorin gelegentlich dem Sprachstil ihres Sohns anpasst, vermittelt sie glaubhaft, einen Einblick in das alltägliche Familienleben zu geben.

2 Untersuche den **Satzbau**: Ordne Satzarten, Textbelege und Funktionen/Wirkungen einander zu, indem du die zusammengehörenden Bausteine in derselben Farbe markierst.

Satzarten	Textbelege	Funktion/Wirkung
einfache Aussagesätze und Satzreihen	„Ich könnte ihm ja vorschlagen, sich sein Essen selbst zuzubereiten, da ich gerade etwas erschöpft sei von der Arbeit, die mich acht Stunden am Tag auf den Beinen hält." (Z. 60–64)	wirken besonders prägnant, betonen den Inhalt
	„Er mich übrigens auch." (Z. 28 f.)	beschreiben die äußere Situation, das handlungsarme Geschehen
(komplexe) Satzgefüge	„Noch während des Kauens fielen ihm die Augen zu. Die Schilderungen seines Arbeitstages waren dürftig." (Z. 22–24)	
	„Und das nicht nur drei Wochen im Jahr, sondern IMMER." (Z. 64 f.)	geben Gedanken und Überlegungen der Verfasserin wieder
Ellipsen	„Man hörte ihn nur noch schnarchen." (Z. 38)	

3 Unter den **rhetorischen Mitteln** fallen in diesem Text viele Aufzählungen auf.

a Ergänze bei den folgenden beiden Belegen die Zeilennummern.
b Notiere dahinter den Buchstaben der passenden Wirkung aus dem Wortspeicher.
c Finde weitere Beispiele im Text und notiere unter „Vgl. auch ..." die Zeilennummern und Wirkungen.

Wortspeicher

a zeigt, wie bunt das Leben des Jungen ist – b führt dem Leser die Eintönigkeit der Ferienjobs vor Augen – c verdeutlicht, wie abwechslungsreich die Ferienjobs sind – d zeigt anschaulich den gleichförmigen, monotonen Alltag des Sohns auch nach Feierabend – e betont die Freude, mit der der Junge nun im Haushalt mithilft

A „zehn Stunden Kabel verlegt, acht Stunden Schlitze geklopft, neun Stunden gehämmert" (Z. ___) Wirkung: ___

B „mechanisch, schlafwandlerisch, ohne großen Widerstand" (Z. ___) Wirkung: ___

Vgl. auch Zeile ______. Wirkung: ___

4 Überprüfe, welches **Stilmittel** im Text besonders häufig genutzt wird, um den Sohn zu charakterisieren.

a Markiere in dem unten stehenden Satz die passende Bezeichnung.
b Notiere mindestens zwei aussagekräftige Beispiele aus dem Text mit Zeilennummer.
c Ordne deinen Zitaten Aussagen zur Wirkung aus dem Wortspeicher zu, indem du dahinter die passenden Buchstaben notierst. Es können auch mehrere oder mehrmals die gleichen sein.

Wortspeicher

a Dadurch wirkt der Text seriös, dem Leser wird der Ernst des Arbeitslebens vor Augen geführt. – b Dadurch wirkt der Text witzig und unterhaltsam. – c Das Stilmittel zeigt anschaulich, wie erschöpft der Sohn nach seinem Arbeitstag ist. – d Darüber hinaus verdeutlicht dies die Fachkenntnis der Verfasserin. – e Dadurch wird deutlich, wie sehr sich der Junge verändert hat. – f Das hebt hervor, wie hungrig der Sohn nach der körperlichen Arbeit ist.

Der Junge wird in dieser Glosse durch Metaphern/Personifikationen/Vergleiche charakterisiert.

Beispiele und ihre Wirkungen: ______________________________

____

____

5 In Glossen werden besonders oft die folgenden Stilmittel genutzt.

a Kreuze an, ob sie im vorliegenden Text vorkommen.

b Wenn ja, schreibe dahinter jeweils ein Beispiel aus dem Text mit Zeilennummer.

c Notiere, wie der Text dadurch wirkt.

☐ A Hyperbel (starke Übertreibung), z. B.: ____________________

Wirkung: ____________________

☐ B Neologismus (Wortneuschöpfung), z. B.: ____________________

Wirkung: ____________________

☐ C Euphemismus (Beschönigung), z. B.: ____________________

Wirkung: ____________________

Die Textsorte bestimmen und begründen

1 a Streiche im Cluster Merkmale, die nicht zur Glosse passen.

b Ergänze bei den zutreffenden Merkmalen passende Textbelege (nur die Zeilenangaben).

Glosse

- übertriebene/überspitzte Darstellung eines Themas, z. B. Z. ____________
- enthält Ironie, z. B. Z. ____________
- Bezug auf alltägliches Geschehen, z. B. Z. ____________
- gibt einen Sachverhalt der Lächerlichkeit preis, z. B. Z. ____________
- übt Kritik an einem gesellschaftlichen Problem, z. B. Z. ____________
- will unterhalten, z. B. Z. ____________
- kann als Illustration Karikaturen enthalten
- lässt die persönliche Meinung des Autors erkennen, z. B. Z. ____________
- verschiedene Personen kommen zu Wort und äußern sich zu einem Problem, z. B. Z. ____________
- nennt viele Zahlen, Fakten und Fachbegriffe, z. B. Z. ____________

Wähle für die **Bestimmung der Textsorte** besonders **treffende Merkmale** und **belege** sie immer in ausformulierten Sätzen am Text. Beginne deine Textsortenbestimmung mit einem **einleitenden Satz**, z. B.: *Dass es sich bei dem Text um eine Glosse handelt, erkennt man zum Beispiel daran, dass ...*

Zielgruppe und Absichten der Autorin darstellen

Verknüpfe stets die einzelnen Teilaufgaben – etwa die Untersuchung der sprachlichen Gestaltungsmittel, die Textsortenbestimmung und die Darstellung der Zielgruppe sowie der Autorenabsicht – miteinander.

1 Bereits die Untersuchung der sprachlichen Auffälligkeiten und der Textsorte erlaubt Rückschlüsse auf die Zielgruppe(n) der Glosse. Auch erneutes Lesen des Textes hilft dir dabei. Streiche danach Unpassendes in dem folgenden Auszug aus einem TGA und fülle die Lücken.

Der Text richtet sich, wie bereits die Untersuchung der ____________________ Gestaltungsmittel zeigt, an eine breite Leserschaft/ein Fachpublikum. Denn er ist in einer sehr gehobenen/eher alltäglichen/fachwissenschaftlichen Sprache geschrieben und enthält __________________ wie „den Tag totschlagen" (vgl. Z. ____), Ausdrücke aus der __________________ (z.B. „gerieten [...] aneinander ", Z. ____) und aus der __________________, die auch Eltern geläufig sind (z.B. „gecheckt", Z. ____). Die Tatsache, dass ein ________________ Thema überspitzt dargestellt wird, nämlich das schwierige Zusammenleben von ______________________________________, deutet ebenfalls darauf hin, dass hier ein allgemeines Publikum mit ähnlichen Erfahrungen angesprochen wird, also Teenager und Eltern. Da die Glosse die Erlebnisse aus der Perspektive ______________________ darstellt, kommen als Zielgruppe insbesondere ______________________________ in Frage. Das wird gestützt durch die Tatsache, dass der Text in einer Frauenzeitschrift/Jugendzeitschrift („______________________") erschienen ist.

2 Überlege, welche Absichten die Autorin mit ihrem Text verfolgt. Kreuze zutreffende Aussagen an.

- ☐ A Die Verfasserin möchte eine lustige Geschichte erzählen.
- ☐ B Christiane Barth möchte mit ihrem humorvollen und ironischen Text die Leser unterhalten, etwa wenn sie beschreibt, dass ihr Sohn abends so entkräftet ist, dass er schon beim Essen einschläft.
- ☐ C Außerdem ist es ein Anliegen der Autorin, die Leser darauf aufmerksam zu machen, dass ihr Sohn sehr faul ist.
- ☐ D Die Autorin will möglicherweise Kritik an der Tatsache üben, dass viele Jugendliche, wie auch ihr Sohn, nicht mehr an körperliche Arbeit gewöhnt sind.
- ☐ E Christiane Barth will wohl andere Eltern zum Handeln anregen.
- ☐ F Zugleich will die Verfasserin auf Konflikte aufmerksam machen, die in jeder Familie zwischen Heranwachsenden und ihren Eltern auftreten.
- ☐ G Die Autorin will zeigen, dass jugendliche Schüler oft gelangweilt sind und zu viel von ihren Eltern verlangen.

Eine weiterführende Aufgabe bearbeiten

Du musst im TGA **nur eine** der **weiterführenden Aufgaben** bearbeiten. Beachte jedoch genau die **Aufgabenstellung** und beziehe dich immer auf den **zugrunde liegenden Text**.

1 Lies die Aufgabenstellungen für die weiterführende Aufgabe (▶ S. 42) nochmals genau durch und unterstreiche jeweils, was von dir verlangt wird.

2 Ein Schüler hat die erste weiterführende Aufgabe gewählt, den persönlichen Brief des Sohnes an seinen Vater, in dem der Junge rückblickend auf sein Verhalten während des dreiwöchigen Ferienjobs eingeht.

- **a** Unterstreiche die Fehler, die der Brief enthält. Benenne sie am Rand.
- **b** Schreibe eine verbesserte Fassung in dein Heft.

Denke beim **persönlichen Brief** an eine geeignete **Anredeformel** und einen passenden **Abschiedsgruß**, notiere das **Datum** und stelle **Fragen** an den Empfänger. Die **Anredepronomen** *du, dir, ihr* usw. kannst du im persönlichen Brief groß- oder kleinschreiben, aber du musst einheitlich vorgehen. Die Höflichkeitsanrede *Sie, Ihr* usw. wird immer großgeschrieben.

VORSICHT FEHLER!

Nürnberg, 15. September

Hi Papa,

Wie geht es dir? Toben schon die ersten Stürme auf Eurer Bohrinsel?
Nun ist es schon Mitte September und ich gehe wieder jeden Tag in die Schule, Mama fährt jeden Tag zur Arbeit. Alles ist wieder wie immer.
Du weißt ja, dass ich mich zuerst sehr darüber gefreut habe, dass ich durch Mamas Hilfe so viel Geld während der Sommerferien verdienen konnte. Dass ich mit der ungewohnten körperlichen Arbeit solche Probleme haben würde, hätte ich allerdings nicht gedacht. Echt der Hammer, voll krass! Aber mir ist bei der Arbeit auch bewusst geworden, wie wunderbar es ist, wenn man noch die Schule besuchen kann. Auch ein Schultag und das Lernen auf Prüfungen sind anstrengend. Doch das ist etwas ganz was anderes wie ein langer Arbeitstag im Berufsleben. Das war mir nicht bewusst.
Ich weiß, dass ich Mama in den letzten Wochen oft wortlos stehen gelassen habe, ich hatte einfach keinen Bock auf lange Gespräche. Ich hoffe, dass sie mich verstehen kann. Das hatte nichts mit ihr zu tun, aber ich war völlig erledigt. Könntest du ihr bitte einmal sagen, dass es mir leidtut?
Aber einen Vorteil hatte der Ferienjob – von der Kohle einmal abgesehen: Ich und Mama haben uns in dieser Zeit kaum gestritten. Und das passiert doch sonst ziemlich oft. Manchmal weiß ich gar nicht so genau warum, aber wir beide zoffen uns wegen den kleinsten Alltagskleinigkeiten. Dieses entspannte Leben mit ihr, so ganz ohne Krach, fand ich eigentlich ganz schön. Vielleicht schaffen wir das ja weiterhin so – mir würde es gefallen. Hat Mama mit dir über diese Zeit gesprochen? Wie fand Mama denn unser Zusammenleben in dieser Zeit?
Es wäre wirklich schön, wenn sie mir nächstes Jahr wieder bei der Jobsuche helfen würde. Aber ich werde sie bitten, mir dann einen angenehmeren Job zu organisieren. Und: Ein Job reicht völlig aus!
Wann sehen wir uns wieder? Kommst du vor Weihnachten noch einmal nach Haus?

Dein Max

3
- **a** Übe nun die Erörterung als weiterführende Aufgabe: Sammle zunächst in einem Cluster Ideen zu der Themafrage „Warum ist es sinnvoll, dass Jugendliche Ferienjobs ausüben?“. Schreibe in dein Heft.
- **b** Wähle zwei aussagekräftige und überzeugende Punkte aus, zu denen du später die Erörterung schreiben möchtest, und markiere sie.

Jede **Argumentation** besteht aus **Behauptung**, **Begründung** und **Beispiel**. Wie du eine Erörterung aufbauen musst, kannst du auf den Seiten 3 bis 9 nachlesen.

Die eigene Meinung im Schluss begründet darlegen

1 Der Schluss rundet den Aufsatz ab. Darin nimmt man zum Text oder zu dessen Thema Stellung. Allerdings muss man seine Meinung auch begründen. Kreuze an, welche Satzanfänge für einen gelungenen Schluss geeignet sind. Beachte: Der Schluss besteht nicht nur aus ein oder zwei Sätzen!

- ☐ A Zusammenfassend kann man sagen: Der Text ist völlig daneben. Die Mutter hat ja keine Ahnung. Arbeitet selbst bestimmt im Büro.
- ☐ B Ich fand die Glosse interessant/nicht so interessant, denn das darin behandelte Thema ...
- ☐ C Mich hat das Thema der Glosse angesprochen/eher weniger angesprochen, weil ...
- ☐ D Ich fand den Text nicht gelungen, weil er nicht argumentiert, sondern unsachlich und ironisch ...
- ☐ E Allerdings meine ich, dass die Autorin etwas übertrieben hat, denn ...
- ☐ F Dass die Verfasserin, hoffentlich nicht ganz ernst gemeint, die Auffassung vertritt, es sei gut, wenn Mutter und Sohn die Ferien nicht gemeinsam zu Hause verbringen, finde ich ...
- ☐ G Der Text ist absolut unrealistisch. Das sieht man schon daran, dass keiner 27 Stunden am Tag arbeiten kann.
- ☐ H Die Darstellung des Themas in einer Glosse halte ich für ..., denn ...
- ☐ I Abschließend meine ich, dass eine Glosse weder Ironie noch Umgangssprache enthalten sollte, denn ...
- ☐ J Zusammenfassend kann man sagen, dass der Zeitschriftenbeitrag zum Nachdenken über ... anregt, denn ...

D Den eigenen Text schreiben und überarbeiten

1 Fertige entsprechend der Aufgabenstellung in deinem Heft eine Gliederung an (▸ vordere Umschlaginnenseite).

2 a Verfasse anhand der Gliederung einen vollständigen textgebundenen Aufsatz. Du kannst deine Vorarbeiten aus diesem Kapitel nutzen. Schreibe in dein Heft.

b Überprüfe deinen Aufsatz anschließend mit Hilfe der Checkliste. Überarbeite ihn, wenn nötig. Einen Beispielaufsatz zum Vergleichen findest du im Lösungsheft.

Checkliste

	Ja	Nein
• Ist die **Gliederung** vollständig?	☐	☐
• Enthält die **Einleitung** alle nötigen Angaben?	☐	☐
• Wurden im **Hauptteil** alle Aufgabenbereiche entsprechend der Gliederung bearbeitet?	☐	☐
• Gibt die **Inhaltszusammenfassung** den Text treffend, knapp und sachlich wieder?	☐	☐
• Erläutert die **Sprachanalyse** Auffälligkeiten aus den Bereichen Wortwahl, Satzbau und Stilmittel? Belegt sie diese mit Zitaten und Zeilennummern? Geht sie auf deren Wirkung ein?	☐	☐
• Wird die **Textsorte** mit sinnvollen Merkmalen am Text belegt?	☐	☐
• Werden **Zielgruppen** benannt und die **Autorenabsicht** erläutert und belegt?	☐	☐
• Wurde eine der **weiterführenden Aufgaben** bearbeitet?	☐	☐
• Entspricht der **Brief** der Aufgabenstellung? Berücksichtigt er Figuren und Situation der Textvorlage?	☐	☐
• Wurden in der **Erörterungsaufgabe** zwei Argumentationen umfassend ausgeführt?	☐	☐
• Gibt der **Schluss** deinen Standpunkt zum Text und/oder seiner Thematik wieder?	☐	☐
• Wurden **Rechtschreibung** und **Grammatik** überprüft?	☐	☐

6 „Die Aussage“
Einen TGA zu einer Kurzgeschichte schreiben

Die Schulaufgabe

Lesen Sie die Kurzgeschichte „Die Aussage“ von Günther Weisenborn sorgfältig durch und bearbeiten Sie dann folgende Aufgaben in einem TGA:

- Erstellen Sie eine Gliederung.
- Fassen Sie den Inhalt des Textes mit eigenen Worten zusammen.
- Begründen und belegen Sie, weshalb es sich bei diesem Text um eine Kurzgeschichte handelt.
- Beschreiben Sie auffallende sprachliche Gestaltungsmittel und deren Wirkung.
- Erläutern Sie, welche Absichten der Autor mit seinem Text möglicherweise verfolgt.
- Bearbeiten Sie eine der weiterführenden Aufgaben:
  - Was empfindet der Zellennachbar, als es zu einer Kontaktaufnahme mit Hilfe von Klopfzeichen kommt? Verfassen Sie einen inneren Monolog.
  - Der Schluss der Kurzgeschichte ist offen. Schreiben Sie eine Fortsetzung im selben sprachlichen Stil, die ebenfalls offen sein kann.

Günther Weisenborn

Die Aussage

Als ich abends gegen zehn Uhr um mein Leben klopfte, lag ich auf der Pritsche und schlug mit dem Bleistiftende unter der Wolldecke an die Mauer. Jeden Augenblick flammte das Licht in der Zelle auf, und der Posten blickte durch das Guckloch.

Dann lag ich still.

Ich begann als Eröffnung mit gleichmäßigen Takten. Er erwiderte genauso. Die Töne waren fein und leise wie sehr entfernt. Ich klopfte einmal – a, zweimal – b, dreimal – c.

Er klopfte unregelmäßig zurück. Er verstand nicht.

Ich wiederholte, er verstand nicht.

Ich wiederholte hundertmal, er verstand nicht. Ich wischte mir den Schweiß ab, um meine Verzweiflung zu bezwingen.

Er klopfte Zeichen, die ich nicht verstand, ich klopfte Zeichen, die er nicht verstand.

Ratlosigkeit.

Er betonte einige Töne, denen leisere folgten. Ob es Morse war? Ich kannte nicht Morse. Das Alphabet hat 26 Buchstaben. Ich klopfte für jeden Buchstaben die Zahl, die er im Alphabet einnahm: für h achtmal, für p sechzehnmal.

Es tickten andere Takte herüber, die ich nicht begriff. Es schlug zwei Uhr. Wir mussten uns unbedingt verständigen.

Ich klopfte:

.= a, ..= b, ...= c

Ganz leise und fern die Antwort:

-.-.-..

Keine Verständigung. In der nächsten Nacht jedoch kam es plötzlich herüber, ganz leise und sicher:

., .., ...

Dann die entscheidenden Zeichen: zweiundzwanzig gleiche Klopftöne. Ich zählte mit, das musste der Buchstabe V sein. Dann fünf Töne. Es folgte ein R, das ich mit atemlos kalter Präzision auszählte. Danach ein S, ein T, ein E, ein H, ein E.

... verstehe ...

Ich lag starr und glücklich unter der Wolldecke. Wir hatten Kontakt von Hirn zu Hirn, nicht durch den Mund, sondern durch die Hand.

Unser Verstand hatte die schwere Zellenmauer des Gestapokellers überwunden. Ich war nass vor Schweiß, überwältigt vom Kontakt. Der erste Mensch hatte sich gemeldet. Ich klopfte nichts als:

... gut ...

Informationen zum Autor

Der deutsche Schriftsteller Günther Weisenborn (1902–1969) war während der nationalsozialistischen Herrschaft in der Widerstandsorganisation „Rote Kapelle“ aktiv. Er wurde 1942 verhaftet und wegen Hochverrats zum Tode verurteilt. Auf Grund der entlastenden Aussage eines Zellengenossen wurde das Urteil in zehn Jahre Festungshaft umgewandelt. Daraus haben ihn im April 1945 die Alliierten befreit.

Es war entsetzlich kalt, ich ging den Tag etwa 20 Kilometer in der Zelle auf und ab, machte im Monat 600, in neun Monaten 5400 Kilometer, von Paris bis Moskau etwa, wartende Kilometer, fröstelnd, auf mein Schicksal wartend, das der Tod sein musste. Ich wusste es, und der Kommissar hatte gesagt, dass bei mir „der Kopf nicht dran" bleiben würde.

Die zweite Aussage lag eben vor, daran war nichts zu ändern. Es war nur eine Hoffnung, wenn K. diese Aussage zurücknehmen würde. In der Nacht klopfte ich ihn an:

„Du ... musst ... deine ... Aussage ... zurücknehmen ..."

Er klopfte zurück:

„Warum?"

Ich: „Ist ... zweite ... Aussage ... gegen ... mich ... bedeutet ... Todesurteil ..."

Er: „Wusste ... ich ... nicht ..."

Ich: „Wir ... sind ... nicht ... hier ... um ... Wahrheit ... zu ... sagen ..."

Er: „Nehme ... zurück ..."

Ich: „Danke ..."

Er: „Morgen ..."

Ich: „Was ... brauchst ... du ...?"

Er: „Bleistift ..."

Ich: „Morgen ... Spaziergang ..."

Es wurde plötzlich hell. Das Auge der SS blickte herein. Ich lag still unter der Decke. Es wurde wieder dunkel. Ich hatte Tränen in den Augen. „Nehme zurück." Das werde ich nie vergessen. Es kam ganz fein und leise taktiert durch die Wand. Eine Reihe von kaum wahrnehmbaren Tönen, und es bedeutete, dass für mich die Rettung unterwegs war. Sie bestand diese Nacht nur im Gehirn eines Todeskandidaten, drüben in Zelle acht, unsichtbar, winzig. Morgen würden es oben Worte werden, dann würde es ein unterschriebenes Protokoll im Büro sein, und eines Tages würde dies alles dem Gericht vorliegen.

„Dank in die Ewigkeit, K.!"

Ich brach von meinem Bleistift die lange Graphitspitze ab und trug sie während des Spaziergangs bei mir. Es gingen ständig sechs Mann, immer dieselben, die ich nicht kannte, im Kreis um den engen Gestapohof.

Zurückgekehrt standen wir auf unserem Flur zu drei Mann, weit voneinander entfernt, und warteten einige Sekunden, bis der Posten uns nachkam. Ich eilte heimlich auf Zelle acht zu, riss die Klappe auf, warf die Bleistiftspitze hinein, schloss die Klappe lautlos und stellte mich eilig an meinen Platz. Ich werde nie das erstaunte Aufblicken seiner sehr blauen Augen, sein bleiches Gesicht, die Hände, die gefesselt vor ihm auf dem Tisch lagen, vergessen. Der Posten kam um die Ecke. Das Herz schlug mir bis in den Hals. Wir wurden eingeschlossen.

Später klopfte es: „Danke ... habe ... Aussage ... zurückgenommen."

Ich war gerettet.

Vielleicht.

(Aus: Günther Weisenborn: Memorial. Kurt Desch Verlag, Wien/München 1947)

A Was wird von dir verlangt?

1 Lies die Aufgabenstellung genau durch und kreuze an, welche Aussagen zutreffen.

- ☐ A Die Gliederung soll der Reihenfolge der gestellten Aufgaben entsprechen.
- ☐ B In der Einleitung verwende ich auch die Angaben zum Autor.
- ☐ C Bei der Wiedergabe des Inhalts muss ich den Text im Präteritum nacherzählen.
- ☐ D Die Textsorte belege ich, indem ich mehrere typische Merkmale des vorliegenden Textes beschreibe.
- ☐ E Ich soll sämtliche sprachlichen Mittel herausfinden.
- ☐ F Die Erläuterung der Autorenabsicht kann ich auch weglassen, wenn sie mir nicht klar ist.
- ☐ G Ich muss nur eine der weiterführenden Aufgaben bearbeiten.
- ☐ H Im Schlussteil darf ich keine eigene Meinung anführen.

2 Erstelle in deinem Heft eine Gliederung (▸ vordere Umschlaginnenseite). Orientiere dich an den einzelnen Punkten der Aufgabenstellung und berücksichtige deine Ergebnisse aus Aufgabe 1.

B Den Text verstehen

Nur wenn du den Text gut kennst, kannst du ihn bearbeiten. **Lies** ihn deshalb genau durch, markiere **Schlüsselwörter**, unterstreiche, was du nicht verstehst, und mache dir am Rand **Notizen**. Mit Hilfe der **W-Fragen** kannst du dir einen ersten Überblick über die Geschichte verschaffen.

1 Lies den Text sorgfältig und kreuze dann die richtigen Antworten an.

A Wann spielt die Geschichte?

- ☐ in den 1960er Jahren
- ☐ im Nachkriegsdeutschland
- ☐ während der nationalsozialistischen Herrschaft (1933–1945)

B Wer erzählt die Kurzgeschichte?

- ☐ ein Ich-Erzähler, der des Mordes angeklagt ist
- ☐ ein Ich-Erzähler, der als Widerstandskämpfer inhaftiert ist
- ☐ ein Er-Erzähler, der als Widerstandskämpfer vom Tod bedroht ist

C Wo spielt die Geschichte?

- ☐ in einem Verlies
- ☐ in einem Gestapogefängnis
- ☐ auf einem Polizeirevier

D Worum geht es?

- ☐ geplanter Ausbruchsversuch zweier Insassen aus Todeszellen
- ☐ möglicherweise lebensrettende Rücknahme einer belastenden Aussage
- ☐ Nichtbefolgen der Gefängnisordnung

2 Kläre die Bedeutung der folgenden Begriffe: Finde sie im Text, ergänze die Zeilennummer und markiere den Begriff sowie die passenden Worterklärungen jeweils in der gleichen Farbe. Es treffen stets mehrere Erklärungen zu, einige Begriffe sind nicht geeignet!

Präzision (Z. ___) | taktiert (Z. ___) | SS (Z. ___) | Graphitspitze (Z. ___) | Morse (Z. ___) | Gestapo (Z. ___)

Wortspeicher

Organisation der NSDAP, maßgeblich an Kriegsverbrechen und am Holocaust beteiligt – nach dem Erfinder Samuel Morse benanntes Alphabet zur Nachrichtenübermittlung – „Geheime Staatspolizei" – Bleistiftspitze – Shortstory – Bleistiftkappe – „Schutzstaffel" – Gesetz für Staat und Politik – Genauigkeit – Sorgfalt – Zeichenschrift aus Strichen und Punkten – in Lichtsignale oder Töne umgewandelte Buchstaben – Exaktheit – Selbstschussanlage – als Schreibmaterial verwendeter Kohlenstoff – Vorausahnung – in bestimmten Abständen – in einem bestimmten Rhythmus – politische Polizei in der Zeit der nationalsozialistischen Diktatur, vor allem zur Bekämpfung politischer Gegner eingesetzt

3 Beantworte die folgenden Fragen in Stichpunkten.

A Wer ist „K."? ____________________

B In welcher Beziehung stehen K. und der Ich-Erzähler zueinander? ____________________

____

C Wodurch wird die Verständigung zwischen den beiden Figuren erschwert? Nenne zwei Gründe.

____

____

4 a Wo liegt der erste Wendepunkt der Kurzgeschichte? Notiere die Stelle mit Zeilenangabe.

b An welchen Stellen könnte man auch noch von einem Wendepunkt sprechen?

5 Erläutere: Was bedeutet die Aussage in Z. 69 f.: „Wir sind nicht hier um Wahrheit zu sagen"?

6 Erkläre, was das Wort „Vielleicht" (Z. 111) am Ende des Textes bedeutet.

C Einen TGA zu der Kurzgeschichte verfassen

Die Einleitung schreiben

Die Einleitung eines TGA zu einem literarischen Text nennt **Autor/-in** (evtl. mit weiteren Angaben zur Person), **Titel**, **Textsorte** sowie die **Quelle** und informiert in der **Kernaussage** kurz über Ort, Zeit und Figuren der Handlung.

1 Unterstreiche die notwendigen Bestandteile einer Einleitung zu einem TGA in unterschiedlichen Farben und benenne sie in diesen Farben am Rand.

Die Kurzgeschichte „Die Aussage" von Günther Weisenborn (1902–1969) erschien 1947 in dem Band „Memorial" im Kurt Desch Verlag in München und Wien. Darin stellt ein Ich-Erzähler dar, wie er während der NS-Diktatur im Gestapogefängnis nur mit großer Mühe durch Klopfzeichen Kontakt zu seinem Zellennachbarn bekommt und diesen um Widerruf einer belastenden Aussage bittet, wodurch der Erzähler möglicherweise der Todesstrafe entgehen wird. Der deutsche Autor war selbst während der nationalsozialistischen Herrschaft im politischen Widerstand aktiv und wurde 1942 wegen Hochverrats zum Tode verurteilt. Die Strafe wurde auf Grund der entlastenden Aussage eines Zellengenossen in zehn Jahre Festungshaft umgewandelt, aus der Weisenborn 1945 von den Alliierten befreit wurde. Vermutlich hat er diese Erfahrungen in der Kurzgeschichte verarbeitet.

2 Schreibe eine eigene Einleitung zu dem TGA über die Kurzgeschichte „Die Aussage" in dein Heft. Du kannst auch die Einleitung aus Aufgabe 1 in dein Heft übernehmen und sie ggf. abwandeln.

Den Inhalt der Kurzgeschichte zusammenfassen

Die **Inhaltszusammenfassung** eines **literarischen Textes** gibt die wichtigsten **Handlungsschritte** mit eigenen Worten **knapp** und **sachlich** im **Präsens** (bei Vorzeitigkeit im Perfekt) wieder. Achte auf sinnvolle **Überleitungen** und **Satzverknüpfungen**. Zusammenhänge kann man u.a. mit **Adverbien, Konjunktionen** und **Pronomen** herstellen, z.B. *aber, auf Grund, bevor, da, dann, deshalb, diese, jedoch, nachdem, wegen, zuvor.*

1 Nummeriere die Handlungsschritte der Geschichte in der richtigen Reihenfolge.

☐ Warten auf das Todesurteil und Hoffen auf die Rücknahme der Aussage durch den Zellennachbarn

☐ Erfolgloser Versuch der Verständigung durch Klopfzeichen: verschiedene Zeichensprachen

☐ Übergabe einer Bleistiftspitze an den Zellennachbarn und Angst vor den Wachtposten

☐ Zusage des Widerrufs und Bitte um einen Bleistift

☐ Erfolgreiche Verständigung

☐ Widerruf durch den Zellennachbarn und mögliche Rettung

☐ Dankbarkeit des Ich-Erzählers

2 Die folgende Inhaltszusammenfassung gibt die Handlungsschritte wieder, aber es fehlen sinnvolle Überleitungen und Verknüpfungen. Überarbeite den Text in deinem Heft. Nutze den Wortspeicher.

Wortspeicher

aber – als – am folgenden Tag – da – danach – daraufhin – denn – doch – in der nächsten Nacht – in dieser Nacht – obwohl – so – und – während – was – wie – wobei – zu Beginn der Geschichte

VORSICHT FEHLER!

Der Ich-Erzähler stellt Folgendes dar: Er versucht am späten Abend, durch Klopfzeichen heimlich Kontakt zu seinem Zellennachbarn K. aufzunehmen. Das muss er vor dem häufig kontrollierenden Wachtposten verbergen. Aus der angrenzenden Zelle antworten Klopfzeichen. Die beiden verstehen einander nicht. Der Ich-Erzähler klopft für jeden Buchstaben seine Stelle im Alphabet. Der andere verwendet möglicherweise Morsezeichen. Es vergehen etliche Stunden ohne erfolgreiche Verständigung. Dann gelingt die Kommunikation. Der Ich-Erzähler schildert das Warten auf das Todesurteil und seine Hoffnung, dass der Zellennachbar seine belastende Aussage widerruft. Er bittet K. per Klopfzeichen um Rücknahme seiner Aussage. Diese bedeute für ihn den sicheren Tod. Der Zellennachbar verspricht, zu widerrufen. Er bittet als Gegenleistung um einen Bleistift. Den Ich-Erzähler überwältigt ein Gefühl der Dankbarkeit. Er wirft nach dem Hofgang K. eine Bleistiftspitze in die Nachbarzelle. Er hat große Angst vor dem Wachtposten. Er ist wieder in seiner Zelle eingeschlossen. Der Nachbar klopft. Er hat seine Aussage zurückgenommen. Der Ich-Erzähler glaubt sich gerettet. Er zieht das im letzten Satz wieder in Zweifel.

Merkmale der Textsorte erkennen und belegen

Die **Kurzgeschichte** ist eine **knappe, moderne Erzählung**, die meist folgende Merkmale besitzt:

- ausschnitthafte **Momentaufnahme** einer **alltäglichen Situation**
- **prägendes Erlebnis** oder **(innerer) Konflikt** der Hauptfigur
- die **Figuren** werden **nicht näher charakterisiert** und sind häufig Alltagsmenschen
- **unmittelbarer Beginn** und häufig **offener Schluss**, meist mit einer unerwarteten **Wende (Pointe)**
- **zielstrebiger Handlungsverlauf**, oft mit Zuspitzung auf einen Höhe- oder Wendepunkt
- meist in leicht **verständlicher, einfacher Sprache** verfasst

1 Lies den Tipp und markiere darin die Merkmale, die für die Kurzgeschichte „Die Aussage“ zutreffen.

2 Notiere zu folgenden Merkmalen der Kurzgeschichte geeignete Belege aus dem Text (mit Zeilenangabe).

unmittelbarer Beginn: ______

Wendepunkt(e): ______

______

offener Schluss: ______

3 Ordne den Merkmalen passende Zitate oder Aussagen zum Text zu, indem du sie durch Linien miteinander verbindest. Beachte: Drei Merkmale treffen nicht auf die Kurzgeschichte zu!

- Rückblende
- prägendes Erlebnis der Hauptfigur
- ausschnitthafte Momentaufnahme
- ausführliche Darstellung der Zeitgeschichte
- einfache, leicht verständliche Sprache
- satirische Entlarvung gesellschaftlicher Missstände
- nicht näher charakterisierte Figuren

- Versuch, Kontakt zum Zellennachbarn K. zu bekommen und ihn zur Rücknahme seiner Aussage zu bewegen, um der drohenden Todesstrafe zu entgehen
- „Dann lag ich still." (Z. 7), „Ich wiederholte, er verstand nicht." (Z. 13), „Es wurde plötzlich hell." (Z. 77)
- Häftlinge in einem Gestapo-Gefängnis: der Ich-Erzähler und sein Zellennachbar, von dessen Namen nur der Anfangsbuchstabe „K." bekannt ist
- Die Handlung erstreckt sich nur über drei Tage und spielt ausschließlich im Gestapogefängnis.

4 Schreibe auf der Grundlage deiner Arbeitsergebnisse eine vollständige Textsortenbestimmung in dein Heft. Denke daran, deine Aussagen am Text zu belegen.

Auffallende sprachliche Mittel und ihre Wirkung beschreiben

1 Beginne die Untersuchung der sprachlichen Besonderheiten in der Kurzgeschichte mit der **Wortwahl**. Dabei fallen anschauliche Adjektive/Partizipien und lebendige Verben auf. Notiere jeweils einige Beispiele mit Zeilennummer und vermerke dahinter die Wirkung. Ein Beispiel ist vorgegeben.

anschauliche Adjektive/Partizipien und ihre Wirkung: *„fein und leise" (Z. 9 f., 81) → verdeutlicht, wie vorsichtig die beiden klopfen, um nicht ertappt zu werden, und wie dick die Gefängnismauern sind;*

______

______

lebendige Verben und ihre Wirkung: ______

______

______

2 In dieser Kurzgeschichte stehen oft einzelne Wörter zwischen drei Punkten. Notiere zwei Beispiele (mit Zeilenangabe) und kreuze an, was dieses Gestaltungsmittel ausdrückt.

Beispiele: ______________________________

Bedeutung/Wirkung:

☐ die Situation erfordert Knappheit ☐ Spielerei ☐ Eindringlichkeit ☐ Zeichen von Müdigkeit

Zu den **Besonderheiten im Satzbau** zählen Satzreihen und komplexe Satzgefüge, kurze Aussagesätze, Ellipsen, Fragen und Ausrufesätze.

3 Hier findest du einige Beispiele für den bewusst gestalteten **Satzbau**. Benenne jeweils die Besonderheit (▸ Tipp) und notiere Stichworte zur Wirkung. Der Wortspeicher kann dir dabei helfen. Denke daran, die Wirkung immer auf den vorliegenden Text zu beziehen.

Wortspeicher

hebt große Freude hervor – stellt die Situation vor, bietet Informationen und Zusammenhänge – betonen den Inhalt ganz besonders, heben die Verunsicherung und Verzweiflung des Ich-Erzählers hervor – beschreiben knapp das Geschehen, das in diesem Moment zum Stillstand kommt – verdeutlicht die Abfolge der ersehnten Ereignisse, Ausdruck der Hoffnung – betont Unsicherheit

A „Als ich abends gegen zehn Uhr um mein Leben klopfte, lag ich auf einer Pritsche und schlug mit dem Bleistiftende unter der Wolldecke an die Mauer.“ (Z. 1–4)

____

____

B „Dann lag ich still.“ (Z. 7), „Er verstand nicht.“ (Z. 12)

____

____

C „Ratlosigkeit.“ (Z. 19), „Keine Verständigung.“ (Z. 32)

____

____

D „Ob es Morse war?“ (Z. 20 f.)

____

E „Morgen würden es oben Worte werden, dann würde es ein unterschriebenes Protokoll im Büro sein, und eines Tages würde dies alles dem Gericht vorliegen.“ (Z. 86–89)

____

____

F „Dank in die Ewigkeit, K.!“ (Z. 90)

____

4 Untersuche nun die **rhetorischen Mittel**.

a Die folgende Textstelle vereint gleich zwei Stilmittel. Benenne sie auf der Linie und kreuze an, welche Wirkungen damit erzielt werden sollen.

b Notiere ein weiteres Beispiel aus dem Text, in dem diese beiden Stilmittel mit ähnlicher Wirkung verwendet werden.

„Er verstand nicht. Ich wiederholte, er verstand nicht. Ich wiederholte hundertmal, er verstand nicht." (Z. 12–14)

Die beiden Stilmittel: ____________________

Wirkungen:

- ☐ heben die Begriffsstutzigkeit des Zellennachbarn hervor
- ☐ verdeutlichen das Kommunikationsproblem
- ☐ machen die Verzweiflung des Ich-Erzählers über die misslingende Verständigung anschaulich
- ☐ zeigen die Geduld des Ich-Erzählers

Weiteres Beispiel: ____________________

____

c Ordne die folgenden Stilmittel, Belege aus dem Text und Wirkungen einander zu, indem du Zusammengehörendes mit der gleichen Farbe markierst.

Stilmittel	**Beispiel (Zeile)**	**Wirkung**
Aufzählung	„tickten [...] Takte" (Z. 25)	Nicht der Mensch steht hier im Vordergrund, sondern seine Aufgabe, den Gefängnisinsassen zu überwachen.
Alliteration	„Ich eilte heimlich auf Zelle acht zu, riss die Klappe auf, warf die Bleistiftspitze hinein, schloss die Klappe lautlos und stellte mich eilig an meinen Platz." (Z. 99–102)	erinnert daran, dass die Zeit abläuft, in der eine Verständigung erreicht werden muss
Redewendung	„Das Auge der SS blickte herein" (Z. 77 f.)	verdeutlicht die zunehmende Ausweglosigkeit der Situation und das angespannte Warten
Klimax	„um mein Leben klopfte" (Z. 1 f.)	gibt das hektische Geschehen anschaulich wieder
Personifikation	„ich ging den Tag etwa 20 Kilometer in der Zelle auf und ab, machte im Monat 600, in neun Monaten 5400 Kilometer, von Paris bis Moskau etwa" (Z. 50–53)	macht deutlich, wie brisant und lebensbedrohend die Lage des Ich-Erzählers ist

5 Schreibe eine vollständige Untersuchung der sprachlichen Besonderheiten und ihrer Wirkungen in dein Heft. Nutze deine Vorarbeiten.

Die Absichten des Autors ermitteln

1 Man kann die Absichten eines Autors nie eindeutig bestimmen, aber jeder Text bietet Anhaltspunkte, welche Ziele und Wirkungen der Verfasser wahrscheinlich erreichen wollte.

a Kreuze die Absichten an, die für die vorliegende Kurzgeschichte am ehesten zutreffen.

b Notiere Begründungen für deine Entscheidung auf den Linien.

Mögliche **Absichten** des Autors:

- ☐ A Darstellung eines allgemeingültigen Problems
- ☐ B Auseinandersetzung mit der Zeitgeschichte
- ☐ C Erzeugen von Betroffenheit durch Anteilnahme
- ☐ D Unterhaltung
- ☐ E Herausfordern einer Stellungnahme des Lesers
- ☐ F Hervorrufen von Nachdenklichkeit
- ☐ G Verarbeitung der eigenen Lebensgeschichte

Begründung: ______________________________

____

2 Formuliere einen Abschnitt für den TGA, in dem du die Autorenabsicht darstellst und begründest.

Eine weiterführende Aufgabe verfassen

Ein **innerer Monolog** gibt **Gedanken und Gefühle** einer Figur in der **Ich-Form** im **Präsens** wieder. Er kann **Gedankensprünge**, **Ausrufe** und **Einschübe** enthalten und **Fragen** stellen. In einer weiterführenden Aufgabe muss er inhaltlich und sprachlich zum Text und zur Figur passen.

1 **a** Lies die Aufgabenstellung auf S. 52 und den Tipp oben und vergleiche dann die Anfänge der beiden Schülerarbeiten zur ersten weiterführenden Aufgabe. Begründe, warum nur einer der Texte gelungen ist.

b Setze den geeigneten Text in deinem Heft fort. Übernimm auch den passenden Anfang.

A Höre ich recht? Was war das? Ich muss mein Ohr an die Wand drücken. Tatsächlich, jemand klopft von der anderen Seite an meine Zellenwand! Da: eins, zwei, drei. Ob er hört, dass ich mit dem Knöchel des Zeigefingers antworte? Wie mein Herz pocht! Da sucht einer Kontakt! Wieder: eins, zwei, drei ...

B Er hörte ein seltsames, gleichmäßiges Ticken, es kam aus seiner Zellenwand. K. drehte sich auf seiner Pritsche um und lauschte. Es klopfte tatsächlich dreimal. Das konnte kein Zufall sein. Er stand auf, holte den Löffel und begann, eine Antwort zu klopfen. Was sein Nachbar mitteilen wollte, blieb ihm ein Rätsel ...

Begründung: ______________________________

____

2 **a** Wenn du dich für die zweite weiterführende Aufgabe entscheidest, solltest du genau überlegen, welche Erzählform (Er-Erzähler oder Ich-Erzähler) zu verwenden ist und wie die Geschichte weitergehen könnte. Streiche die Ideen, die nicht passen. Tipp: Denke daran, wer die Geschichte erzählt.

Ideen für die Fortsetzung der Geschichte
sofortige Freilassung – Verbleib in der Haft mit ungewissem Ausgang – Hinrichtung durch das Fallbeil – dem Widerruf wird kein Glauben geschenkt – Änderung des Todesurteils in lange Haftstrafe – K. nimmt den Widerruf zurück, um sein eigenes Leben zu retten

b Schreibe eine Fortsetzung der Geschichte in dein Heft. Nutze deine Vorarbeiten.

Den Schluss gestalten

Der **Schluss** rundet den Aufsatz ab. Darin kann man begründet zum Text **Stellung nehmen**, auf das Verhalten der **Figuren** eingehen und/oder sich mit der **Wirkung** des Textes auf den Leser auseinandersetzen.

1 Kreuze an, welche der folgenden Satzanfänge für einen gelungenen Schluss des TGA zu der vorliegenden Kurzgeschichte geeignet sind. Beachte: Der Schluss besteht nicht nur aus ein oder zwei Sätzen!

- ☐ A Ich finde es sehr beeindruckend, wie ...
- ☐ B Ich verstehe nicht, warum der Ich-Erzähler nicht das direkte Gespräch mit K. gesucht hat, sondern ...
- ☐ C Dass sich der Zellennachbar zur Rücknahme seiner Aussage bereit erklärt, ist ebenso beeindruckend, denn ...
- ☐ D Wie bei anderen Kurzgeschichten hätte ich mir zu Beginn einen ausführlichen Überblick über Figuren, Zeit und Umstände der Handlung gewünscht, um ...
- ☐ E Die sprachliche Gestaltung der Gespräche halte ich für misslungen, weil ...
- ☐ F Die Spannung beim Lesen des geklopften „Dialogs“ wird durch das Schriftbild erhöht: ...
- ☐ G Auf Grund der Informationen zu dem Autor Günther Weisenborn gehe ich davon aus, dass ...
- ☐ H Die Kurzgeschichte regt zum Nachdenken an, weil sie einen persönlichen Blick auf die politischen Verhältnisse ...
- ☐ I Eine Kurzgeschichte sollte nicht offen enden, weil der Leser dann ratlos zurückgelassen wird und ...

2 Schreibe nun einen eigenen Schluss in dein Heft.

D Den eigenen Text überprüfen und überarbeiten

1 Wenn du alle Aufgaben in der vorgegebenen Reihenfolge erledigt hast, hast du bereits den kompletten TGA zu der Aufgabenstellung auf S. 52 in dein Heft geschrieben. Lies deinen Aufsatz noch einmal sorgfältig durch und überprüfe ihn mit Hilfe der Checkliste. Einen Beispielaufsatz zum Vergleichen findest du im Lösungsheft.

Checkliste

	Ja	Nein
• Ist die **Gliederung** vollständig, gibt sie die Aufgabenstellung wieder?	☐	☐
• Enthält die **Einleitung** alle nötigen Angaben?	☐	☐
• Wurden im **Hauptteil** alle gestellten Aufgaben erledigt?	☐	☐
• Gibt die **Inhaltszusammenfassung** den Text treffend, knapp und sachlich im Präsens wieder?	☐	☐
• Werden die **Merkmale der Textsorte** richtig benannt und am Text belegt?	☐	☐
• Bist du auf alle wichtigen **sprachlichen Gestaltungsmittel** (Wortwahl, Satzbau, rhetorische Mittel) und ihre **Wirkung** eingegangen? Hast du richtig zitiert und die **Zitate** mit Zeilenangaben belegt?	☐	☐
• Hast du die möglichen **Absichten des Autors** dargestellt und begründet?	☐	☐
• Wurde eine der **weiterführenden Aufgaben** bearbeitet?	☐	☐
• Passt deine Lösung der weiterführenden Aufgabe inhaltlich und sprachlich zu der Kurzgeschichte?	☐	☐
• Gibt der **Schluss** deine Meinung zum Text und/oder seiner Thematik begründet wieder?	☐	☐
• Hast du auf einen sachlichen und abwechslungsreichen **Stil** geachtet?	☐	☐
• Wurden **Rechtschreibung** und **Grammatik** überprüft?	☐	☐

7 „Extrem laut und unglaublich nah“
Einen TGA zu einem Romanauszug verfassen

Die Schulaufgabe

Schreiben Sie einen textgebundenen Aufsatz (TGA) zu dem Auszug „Gugolplex“ aus dem Roman „Extrem laut und unglaublich nah“ von Jonathan Safran Foer:

- Erstellen Sie eine Gliederung.
- Fassen Sie den Inhalt des Textes mit eigenen Worten zusammen.
- Charakterisieren Sie den neunjährigen Jungen und gehen Sie dabei auf sein Verhältnis zur Mutter und zum verstorbenen Vater ein.
- Untersuchen Sie auffällige sprachliche Mittel und ihre Wirkung.
- Erläutern Sie, welche Absicht des Autors in dem Romanausschnitt erkennbar ist.
- Bearbeiten Sie eine der weiterführenden Aufgaben:
  - Versetzen Sie sich in Oskars Mutter und schreiben Sie an ihrer Stelle einen Brief an ihre Mutter, in dem sie von sich und von ihrem Sohn berichtet.
  - Was macht Oskar mit dem Schlüssel? Erzählen Sie die Geschichte in der Er-Erzählform weiter, wobei das Ende weiterhin offen bleiben kann.

Jonathan Safran Foer

Gugolplex (aus: Extrem laut und unglaublich nah)

Der neunjährige Oskar Schell aus New York hat seinen Vater bei den Terroranschlägen des 11. September 2001 verloren. Die Trauer und den Schock kann er nicht überwinden. Bei dem Attentat hatten islamistische Terroristen mit entführten Passagierflugzeugen die beiden Wolkenkratzer des World Trade Center in New York zum Einsturz gebracht. Fast zeitgleich wurden in den USA zwei weitere terroristische Anschläge verübt. Insgesamt forderten die Attentate des 11. September 2001 mehr als 3000 Todesopfer.

Was das Armband angeht, das Mom bei der Beerdigung trug, so hatte ich Dads letzte Nachricht in Morsecode übertragen. Für die Pausen benutzte ich himmelblaue Perlen, lila Perlen für die Abstände zwischen den Buchstaben, und zwischen die Perlen flocht ich lange und kurze Bänder, die die langen und kurzen Piepse darstellten, die eigentlich Blips heißen, glaube ich, jedenfalls so ähnlich. Dad hätte es bestimmt gewusst. Ich brauchte neun Stunden dafür, und ich hatte erst überlegt, es Sonny zu schenken, dem Obdachlosen, der manchmal vor der Alliance Française steht und von dessen Anblick ich Bleifüße bekomme, oder vielleicht Lindy, der schicken alten Dame, die ehrenamtlich Führungen im Museum of Natural History macht, weil ich dann ein besonderer Mensch für sie gewesen wäre, oder vielleicht einfach jemandem, der im Rollstuhl sitzt. Stattdessen schenkte ich es Mom. Sie meinte, es sei das schönste Geschenk, das sie je bekommen habe. […]

Ich machte ihr noch mehr Morsecodeschmuck mit Dads Nachrichten – eine Halskette, einen Fußring, ein Paar lange Ohrringe, ein Diadem –, aber das Armband war eindeutig am schönsten, vielleicht, weil es sich dabei um die letzte Nachricht handelte. Dadurch war es am kostbarsten. „Mom?“ „Ja?“ „Nichts.“

Selbst nach einem Jahr hatte ich noch große Schwierigkeiten mit ganz einfachen Dingen, Du-

Informationen zum Autor

Der US-amerikanische Schriftsteller Jonathan Safran Foer wurde 1977 in Washington, D.C., geboren und studierte in Princeton Philosophie und Literatur. Sein erster Roman „Alles ist erleuchtet“ (2002) machte ihn international bekannt. Auch sein zweiter Roman „Extrem laut und unglaublich nah“ (2005), aus dem dieser Auszug stammt, wurde mehrfach ausgezeichnet. Er wurde in 36 Sprachen übersetzt und verfilmt.

schen zum Beispiel, aus unerfindlichen Gründen, und Fahrstuhlfahren, versteht sich von selbst. Es gab jede Menge Sachen, bei denen ich panisch wurde, etwa Hängebrücken, Bazillen, Flugzeuge, Feuerwerke, Araber in der U-Bahn (obwohl ich kein Rassist bin), Araber in Restaurants und Coffee-Shops und an anderen öffentlichen Orten, Baugerüste, Gullydeckel und die Gitter in den U-Bahn-Stationen, herrenlose Taschen, Schuhe, Leute mit Schnurrbart, Rauch, Haarknoten, hohe Gebäude, Turbane. Die meiste Zeit hatte ich das unangenehme Gefühl, mich mitten in einem riesigen, schwarzen Ozean oder in einem tiefen Raum zu befinden. Ich hatte eher das Gefühl, als wäre alles unglaublich weit weg. Nachts war es am schlimmsten. Ich fing an, mir Sachen auszudenken, und dann konnte ich nicht mehr damit aufhören. [...]

Eines Nachts, als ich das Gefühl hatte, mir gugolplexviele Sachen ausgedacht zu haben, ging ich in Dads Kleiderkammer. Dort hatten wir immer im griechisch-römischen Stil miteinander gerungen und uns die irrsten Witze erzählt, und einmal hatten wir unter der Decke ein Pendel aufgehängt und Dominosteine im Kreis aufgestellt, um zu beweisen, dass sich die Erde dreht. Seit seinem Tod hatte ich die Kammer nicht mehr betreten. Mom war mit Ron[1] im Wohnzimmer, sie hörten zu laut Musik und spielten irgendwelche Brettspiele. Sie vermisste Dad nicht. Bevor ich eintrat, behielt ich eine ganze Weile den Türknauf in der Hand.

Dads Sarg mochte leer sein,[2] aber seine Kammer war voll. Und selbst nach mehr als einem Jahr roch sie immer noch nach Rasieren. Ich berührte alle seine weißen T-Shirts. Ich berührte die protzige Armbanduhr, die er nie getragen hatte, und die Ersatzschnürbänder seiner Sneaker, die nie wieder um das Reservoir laufen würden. Ich fasste in die Taschen all seiner Jacken (ich fand eine Taxiquittung, das Einwickelpapier eines Schokoriegels und die Visitenkarte eines Diamantenhändlers). Ich schlüpfte in seine Hausschuhe. Ich betrachtete mich in seinem Schuhlöffel aus Metall. Im Durchschnitt schlafen die Menschen innerhalb von sieben Minuten ein, aber ich konnte nicht einschlafen, selbst nach Stunden nicht, und meine Bleifüße wurden leichter, als ich zwischen seinen Sachen stand und die Dinge berührte, die er berührt hatte, und die Kleiderbügel noch ein bisschen gerader rückte, obwohl ich wusste, dass es Unsinn war.

Sein Smoking hing über dem Stuhl, auf dem er immer gesessen hatte, um sich die Schuhe zuzubinden, und ich dachte: Krass. [...]

Auf dem obersten Regal stand eine hübsche, blaue Vase. Was hatte eine hübsche, blaue Vase dort oben zu suchen? Ich kam nicht dran, versteht sich von selbst, also schob ich den Stuhl mit dem Smoking vor das Regal, und dann ging ich in mein Zimmer, um *Shakespeares Gesammelte Werke* zu holen, die mir Oma gekauft hatte, als sie hörte, dass ich Yorick[3] spielen sollte, und ich schleppte die Bücher hinüber, immer vier Tragödien auf einmal, bis der Stapel hoch genug war. Ich kletterte darauf, und eine Sekunde stand ich auch. Aber als ich die Vase mit den Fingerspitzen berührte, begannen die Tragödien zu schwanken, und der Smoking lenkte mich unglaublich ab, und im nächsten Moment lag alles auf dem Fußboden, auch ich und die in Scherben gegangene Vase. „Das war ich nicht!", brüllte ich, aber sie hörten mich gar nicht, weil die Musik zu laut war und weil sie zu laut lachten. Ich kroch in meinen inneren Schlafsack und zog den Reißverschluss bis ganz oben zu, nicht, weil ich verletzt gewesen wäre, und nicht, weil ich etwas zerbrochen hatte, sondern weil sie lachten. Obwohl ich wusste, dass es falsch war, verpasste ich mir selbst einen Schlag und hatte gleich einen blauen Fleck.

Als ich dann alles aufräumte, fiel mir noch etwas auf. Mitten zwischen Glasscherben lag ein kleiner Umschlag, er hatte ungefähr die Größe einer drahtlosen Internet-Karte. *Was zum?* Ich öffnete ihn, und er enthielt einen Schlüssel. *Was zum? Was zum?* Der Schlüssel sah krass aus, offenbar war er für etwas extrem Wichtiges, denn er war kürzer und gedrungener als ein normaler Schlüssel. Ich stand vor einem Rätsel: ein kurzer und gedrungener Schlüssel in einem kleinen Umschlag in einer blauen Vase oben auf dem höchsten Regal dieser Kammer.

(Aus: Jonathan Safran Foer: Extrem laut und unglaublich nah. Übersetzt von Henning Ahrens. Kiepenheuer & Witsch, Köln 2005)

1 **Ron:** ein Freund der Mutter

2 **Dads Sarg mochte leer sein:** Der Vater wurde symbolisch beerdigt, da in der Asche und den Trümmern der Wolkenkratzer von vielen Menschen keine sterblichen Überreste aufzufinden waren.

3 **Yorick:** der verstorbene Hofnarr des Königs in Shakespeares Tragödie „Hamlet", die Oskars Klasse aufführt; in dem Drama erscheint nur Yoricks Totenschädel

A Die Aufgabe verstehen

1 Lies die Aufgabenstellung genau und markiere unten, was beim vorliegenden TGA verlangt wird.

Ich muss
A den Inhalt des Romanauszugs auf höchstens die Hälfte kürzen
B den Inhalt des Romanauszugs so zusammenfassen, dass der Leser die wichtigsten Informationen erhält.
C eine Charakterisierung des Vaters erstellen.
D eine Charakterisierung des Jungen erstellen.
E alle auffälligen sprachlichen Mittel nennen, kann dabei aber auf die Wirkung verzichten.
F Belege für die Textsorte suchen und erläutern.
G auffällige sprachliche Mittel und ihre Wirkung untersuchen.
H mögliche Absichten des Autors darstellen und am Text belegen.
I einen Brief der Mutter und eine Fortsetzung des Textes schreiben.
J einen Brief der Mutter oder eine Fortsetzung des Textes schreiben.

2 Erstelle in deinem Heft eine Gliederung (▸ vordere Umschlaginnenseite). Orientiere dich an den einzelnen Punkten der Aufgabenstellung (▸ S. 62) und an deinen Ergebnissen aus Aufgabe 1.

B Das Textverständnis sichern

Um einen TGA schreiben zu können, musst du den Text **sorgfältig lesen** und gut verstehen. Markiere **Schlüsselwörter**, unterstreiche **unbekannte Begriffe** und mache dir am Rand **Notizen**.

1 Lies den Romanauszug genau (▸ Tipp) und beantworte die Fragen. Nutze auch den kursiv gedruckten Vorspann.

A Wer ist in diesem Text der Erzähler?

____

B Nenne drei Textstellen, die belegen, dass es sich dabei um ein Kind handelt.

____

____

____

C Wann spielt sich das Geschehen ab? Zeile 29 gibt einen kleinen Hinweis.

____

D Wo findet die Handlung statt?

____

E Was wird in dem Text erzählt?

____

____

F Warum geht Oskar in die Kleiderkammer des Vaters?

____

2 Manche Sätze sind tiefgründig und erschließen sich erst durch Nachdenken. Überlege, was der Autor mit den folgenden Sätzen ausdrücken will. Streiche jeweils die Erklärung, die dir falsch erscheint.

A „weil ich dann ein besonderer Mensch für sie gewesen wäre" (Z. 16 f.)
- Der Junge möchte in Wirklichkeit von der schicken alten Dame etwas Geld bekommen.
- Der Junge hat das Bedürfnis, für einen anderen Menschen wichtig zu sein.

B „Bevor ich eintrat, behielt ich eine ganze Weile den Türknauf in der Hand." (Z. 60–62)
- Oskar hat Mühe, die Tür zu öffnen, denn diese klemmt, weil sie so lange nicht benutzt wurde.
- Oskar betritt das erste Mal seit dem Tod seines Vaters dessen Kleiderkammer und weiß nicht, welcher Gefühlsansturm ihn erwartet, deshalb ist er etwas ängstlich.

C „sondern weil sie lachten" (Z. 108)
- Der Neunjährige hat den Eindruck, seine Mutter habe den Tod ihres Mannes sehr leicht überwunden.
- Der Neunjährige glaubt, seine Mutter und Ron würden ihn auslachen.

3 Beim Lesen sind dir vielleicht einige Wörter aufgefallen, deren Bedeutung geklärt werden muss. Ergänze jeweils die Zeilenangabe, versuche, die Bedeutung aus dem Text zu erschließen, und kreuze die richtige Antwort an.

Gugolplex (in: gugolplexviele, Z. ___):
- ☐ astronomisches Gerät
- ☐ eine Supersuchmaschine
- ☐ unvorstellbar große Zahl (eine 1 mit 10^{100} Nullen)

Diadem (Z. ___):
- ☐ Halskette
- ☐ Rundbau
- ☐ Stirnreif

Turban (Z. ___):
- ☐ schnelles Auto
- ☐ Kopfbedeckung, die auch manche Muslime tragen
- ☐ islamisches Gericht

Alliance Française (Z. ___):
- ☐ Vereinigung zur Verbreitung der französischen Sprache
- ☐ französisches Nationalgericht
- ☐ Bündnis zwischen Frankreich und Deutschland

Reservoir (Z. ___):
- ☐ Sammelbecken, Wasserspeicher
- ☐ Geldkassette
- ☐ Bereithaltung eines Platzes

Smoking (Z. ___):
- ☐ längliche Pfeife
- ☐ Gesellschaftsanzug
- ☐ Seidenschal

Rassist (Z. ___):
- ☐ Angehöriger einer Minderheit
- ☐ jemand, der Angehörige bestimmter Bevölkerungsgruppen oder Völker diskriminiert
- ☐ Gefängnisinsasse

C Einen TGA zu einem Romanauszug verfassen

Die Einleitung schreiben

1 Notiere einen „allgemeinen Tipp", was alles in eine Einleitung zu einem TGA gehört. Die Informationen für die Einleitung zum vorliegenden Romanauszug findest du im Wortspeicher.

Wortspeicher

„Extrem laut und unglaublich nah" – 2005 – US-amerikanischer Schriftsteller – Jonathan Safran Foer – Roman – Köln – In dem Romanausschnitt geht es um ... – „Gugolplex"

TIPP: In die Einleitung eines TGA zu einem literarischen Text gehören ____________

____

2 Die folgende Einleitung für den TGA zu dem Text „Gugolplex“ enthält elf Fehler. Markiere sie und schreibe eine korrigierte Fassung in dein Heft.

Bei der Kurzgeschichte „Gugolplex“ handelt es sich um einen Auszug aus dem ersten Roman „Extrem laut und unglaublich fern“ des britischen Schriftstellers Jonathan Samuel Foer, der 1957 geboren wurde. Das Buch erschien in deutscher Übersetzung im Jahr 2007 in Berlin. Im dem Ausschnitt erzählt der elfjährige Ich-Erzähler Oskar, dessen Vater bei den Attentaten vom 11. September 2001 in Washington ums Leben gekommen ist, von seinen Gefühlen und Ängsten und davon, wie er in der Kleiderkammer seiner Mutter einen rätselhaften Schlüssel findet.

Den Inhalt des Textes zusammenfassen

Die **Inhaltszusammenfassung** eines literarischen Textes gibt die wichtigsten **Handlungsschritte** mit eigenen Worten **knapp** und **sachlich** im **Präsens**, bei Vorzeitigkeit im Perfekt, wieder. Achte auf sinnvolle **Verknüpfungen**.

1 Füge als Vorarbeit für die Inhaltszusammenfassung die (Teil-)Sätze zu sechs Handlungsschritten zusammen und bringe sie in die richtige Reihenfolge. Ergänze Satzzeichen und Zeilenangaben. Schreibe in dein Heft.

Wortspeicher

- Mehr als ein Jahr nach dem Attentat quälen Oskar noch immer Ängste und schlimme Gefühle
- In den Scherben findet er einen seltsamen Schlüssel
- und ist sich unsicher, wem er den Schmuck schenken soll
- Der neunjährige Ich-Erzähler Oskar hat die letzte Nachricht seines Vaters als Morsecode in ein selbst gebasteltes Perlenarmband eingebaut
- wo dessen persönliche Gegenstände viele Erinnerungen an die schöne gemeinsame Zeit in dem Jungen wecken
- Er schenkt das Perlenarmband und weiteren Schmuck seiner Mutter
- und er leidet darunter, dass seine Mutter davon nichts mitbekommt
- In einer schlaflosen Nacht betritt er die Kleiderkammer des Vaters
- Er stürzt beim Versuch, eine blaue Vase von einem Regal zu holen, die Vase zerbricht
- doch trotz ihrer Freude darüber bricht der Junge den Versuch eines vertraulichen Gesprächs gleich wieder ab
- besonders nachts macht er sich viele Gedanken

2 Formuliere auf der Grundlage der Handlungsschritte eine Inhaltszusammenfassung. Denke an sinnvolle Verknüpfungen und ergänze, wenn nötig, wichtige Einzelheiten. Dabei können dir die Schlüsselwörter, die du markiert hast, helfen. Schreibe in dein Heft.

Eine Figur charakterisieren

Stelle zu Beginn einer **Charakterisierung** die Figur vor (Wer ist sie?). Gehe dann – falls darüber etwas im Text steht – auf ihr **Äußeres** und die **Lebensumstände** ein. Beschreibe anschließend die **Persönlichkeit** und das **Verhalten** (auch im Zusammenhang mit den anderen Figuren) und begründe deine Aussagen. Überlege, welche Charaktereigenschaften du aus der Handlung ablesen kannst.

1 Lies den Romanausschnitt (► S. 62–63) noch einmal durch und kennzeichne mit einer Wellenlinie, welche Textstellen für eine Charakterisierung des Ich-Erzählers Oskar besonders hilfreich sein könnten.

2 Gehe systematisch die Aspekte einer Charakterisierung durch (▶ Tipp S. 66). Sammle Hinweise aus dem Romanauszug in Stichpunkten, die später einen fortlaufenden Text ergeben sollen. Vermerke auch die Zeilenangaben, denn du sollst alles belegen, was du schreibst. Ergänze die Mind-Map.

Äußeres

- ______________________

Verhältnis zum Vater

- innig, z. B. ______________________
  ____

Lebensumstände

- ______ jähriger Junge
- lebt in ______________________
  bei ______________________
- verlor vor einem Jahr bei ______________________
  ____
  seinen ______________ (Z. ___)

Oskar Schell
Ich-Erzähler des Romans

Eigenschaften und Verhalten

- verstört durch ______________________
- nachts ______________________
- hat große ________, z. B. vor ______________
  Flugzeugen, ______________________
  ____
- ___gierig (Mantelasche, Z. ___, ________, Z. ___)
- sehr klug (______________________)
- interessiert an ______________________
- ______________________
- ______________________

Verhältnis zur Mutter

- weniger eng, weil ______________________
  ____
- mag sie trotzdem (Geschenke, Z. ___)

3 Hier findest du den letzten Punkt einer Charakterisierung des Ich-Erzählers Oskar. Ergänze ihn.

Oskar mag seine Mutter zwar und macht ihr Geschenke, wie etwa das Armband (Z. _____), doch schafft er es nicht, sich ihr anzuvertrauen, was in dem kurzen Dialog: „Mom?“ „Ja?“ „Nichts.“ (Z. _____) deutlich wird. Sein Verhältnis zur Mutter ist gestört, weil ______________________
____

4 Schreibe eine vollständige Charakterisierung von Oskar Schell in dein Heft.

Die Sprache untersuchen

In einem TGA musst du **auffällige sprachliche Besonderheiten** des Textes beschreiben, z. B. bei der **Wortwahl** (Fremdwörter, Umgangs- oder Jugendsprache usw.), beim **Satzbau** (u. a. einfache Aussagesätze, komplexe Satzgefüge, Ellipsen) und bei der Verwendung bestimmter **Stilmittel** (▸ hintere Umschlaginnenseite). Beziehe deine Ergebnisse immer auf den **Inhalt des Textes** und gehe auf die **Wirkung** ein. Belege deine Aussagen mit **Zitaten** und Zeilennummern.

1 a Betrachte die **Wortwahl** in dem Romanauszug. Ordne die Beispiele den passenden Begriffen zu, ergänze die Zeilenangaben und notiere jeweils ein weiteres Beispiel.

„Morsecode" (Z. ___), „Reservoir" (Z. ___), ______________	anschauliche Adjektive
„verpasste ich mir" (Z. ___), „Dad" (Z. ___), ______________	Fremdwörter
„riesigen, schwarzen Ozean" (Z. ___), ______________	jugend- bzw. umgangssprachliche Wendungen

b Wahrscheinlich ist dir aufgefallen, dass der Wortschatz für einen neunjährigen Ich-Erzähler sehr umfangreich ist. Es ist die Freiheit des Autors, ihn damit auszustatten und auch zu charakterisieren. Beachte: Bei der Untersuchung der sprachlichen Besonderheiten und ihrer Wirkungen kann es hilfreich sein, den Charakter der Figur zu berücksichtigen. Ergänze den Lückentext.

Auffällig ist die wiederholte __________ sprachliche Bezeichnung „krass" (Z. ___ und ___) für etwas ganz Besonderes, die verdeutlicht, dass hier kein erwachsener Ich-Erzähler spricht. Die gleiche Wirkung erzielt beispielsweise auch die umgangssprachliche Koseform ________ (Z. ___) für den Vater, die zudem das liebevolle Verhältnis zwischen Vater und Sohn verdeutlicht. Auch durch umgangssprachliche Wendungen wie ______________ ______________________________ (Z. ___) wirkt die Darstellung des Jungen glaubwürdig. Fremdwörter, etwa ______________________ und ______________________, weisen darauf hin, dass der neunjährige Ich-Erzähler ein ______________________________________ Junge ist.

2 Ergänze in der folgenden Untersuchung des **Satzbaus** Begriffe aus dem Wortspeicher und füge in den Klammern Zeilenangaben und/oder Beispiele aus dem Romanauszug ein.

Wortspeicher

kurze Aussagesätze – Fragesatz – Frage – Ellipsen – Ellipse – komplexe Satzgefüge

Beim Satzbau fällt auf, dass der kindliche Ich-Erzähler viele ______________________________ aneinanderreiht (etwa im ersten Absatz), was unterstreicht, dass Oskar ein kluger und nachdenklicher Junge ist. ______________________________________ gibt es nur dort, wo er für ihn sehr bedeutsame Aussagen trifft, etwa: „Dad hätte es bestimmt gewusst." (Z. ___) oder „Sie vermisste ______________________" (Z. ___). Eine ______________________, die nur aus einem Wort besteht („Krass.", Z. ___), zieht die Aufmerksamkeit des

Lesers besonders auf sich und fasst Oskars Gefühle in der Kleiderkammer zusammen. Spannung weckt eine ________________________, als der Neunjährige die Vase entdeckt (vgl. Z. ___). Ein wiederholter unvollständiger ______________________________ verdeutlicht seine Neugier, als er schließlich den Schlüssel in der Hand hält (________________________, Z. ___). Der einzige Dialog in dem gesamten Text macht mit extrem kurzen __________________________ klar, dass Oskar mit seiner Mutter noch nicht über den Vater sprechen will oder kann (____, Z. ___). In den Ein-Wort-Sätzen kommen die Sprachlosigkeit und das gestörte Verhältnis zwischen Sohn und Mutter zum Ausdruck.

3 a Untersuche nun die **besonderen Stilmittel**. Ergänze bei den Zitaten jeweils die Zeilenangabe, benenne für die unterstrichene Stelle das Stilmittel und notiere die Wirkung.

A „Es gab jede Menge Sachen, bei denen ich panisch wurde, etwa <u>Hängebrücken, Bazillen, Flugzeuge, Feuerwerke, Araber in der U-Bahn (obwohl ich kein Rassist bin), Araber in Restaurants und Coffee-Shops und an anderen öffentlichen Orten, Baugerüste, Gullydeckel und die Gitter in den U-Bahn-Stationen, herrenlose Taschen, Schuhe, Leute mit Schnurrbart, Rauch, Haarknoten, hohe Gebäude, Turbane</u>.“ (Z. ______)

Stilmittel: ______________________________

Wirkung: ______________________________

____

____

____

B „Eines Nachts, als ich das Gefühl hatte, mir <u>gugolplexviele</u> Sachen ausgedacht zu haben“ (Z. ______)

Stilmittel: ______________________________

Wirkung: ______________________________

____

C „meine <u>Bleifüße</u> wurden leichter, als ich zwischen seinen Sachen stand“ (Z. ______)

Stilmittel: ______________________________

Wirkung: ______________________________

____

b Du findest im Text auch die folgenden Metaphern. Wähle eines dieser sprachlichen Bilder aus, markiere es und erläutere, was es über den Ich-Erzähler Oskar ausdrückt.

A „Die meiste Zeit hatte ich das unangenehme Gefühl, mich mitten in einem riesigen, schwarzen Ozean oder in einem tiefen Raum zu befinden.“ (Z. 41–44)

B „Ich kroch in meinen inneren Schlafsack und zog den Reißverschluss bis ganz oben zu“ (Z. 104–106).

____

____

____

4 Schreibe eine vollständige Untersuchung der sprachlichen Besonderheiten und ihrer Wirkungen in dein Heft. Nutze deine Vorarbeiten.

Die Autorenabsicht ergründen

1 Obwohl hier nur ein kurzer Ausschnitt aus dem Roman vorliegt, wird die Absicht des Autors deutlich. Kreuze an, welche du am wahrscheinlichsten findest, und begründe deine Entscheidung (mit Textbelegen).

- [ ] A In dem Text werden die politischen Auswirkungen des Anschlags vom 11. September 2001 beschrieben.
- [ ] B Der Autor möchte über einen verhaltensauffälligen Jungen informieren.
- [ ] C Der Schriftsteller will mit der kleinen Episode über den neunjährigen Oskar ausschließlich unterhalten.
- [ ] D Der Autor stellt in einer Art Reportageroman die Ereignisse des 11. September 2001 dar.
- [ ] E Der Autor möchte darstellen, welche anhaltenden Auswirkungen die Attentate des 11. September 2001 auf einen neunjährigen Jungen haben, der bei dem Terroranschlag in New York seinen geliebten Vater verloren hat.

Begründung: ____

____

2 Verfasse eine vollständige Erläuterung, welche Absicht des Autors in dem Romanausschnitt erkennbar ist. Schreibe in dein Heft.

Eine weiterführende Aufgabe bearbeiten

Meistens hast du die **Wahl** zwischen zwei weiterführenden Aufgaben. Überlege genau, **welche dir mehr liegt**, und beachte die **Aufgabenstellung**. Beziehe dich immer auf den **zugrunde liegenden Text**.

1 Setze den nebenstehenden Brief der Mutter an Oskars Großmutter fort. Übernimm den Anfang in dein Heft und schreibe dort weiter.

New York, 16.10.2002

Liebe Mama,
heute muss ich dir einmal von meinen Sorgen erzählen.
Über ein Jahr sind Oskar und ich nun schon alleine, trotzdem verfolgen mich diese furchtbaren Anschläge noch immer bei Tag und bei Nacht. Genauso wie der Junge habe ich den Schock über ... s plötzlichen Tod noch nicht überwunden, aber ich lasse mir nach außen wenig anmerken – vor allem, um Oskar ein Gefühl von Normalität zu geben. Ron versucht, mich abzulenken, doch wirklich helfen kann er mir auch nicht. Ganz schlimm ist immer noch Oskar dran. Er ...

2 Eine Schülerin hatte eine gute Idee für die zweite weiterführende Aufgabe, in ihrer Fortsetzung des Textes fehlen allerdings ausdrucksstarke Adjektive und treffende Verben sowie weitere sprachliche Gestaltungsmittel, die einen Text abwechslungsreich und lebendig machen. Schreibe den Text in dein Heft und ersetze dabei die unterstrichenen Wörter und die ? durch anschauliche Ausdrücke.

VORSICHT FEHLER!

Oskar war eine halbe Stunde später immer noch in der Kammer, guckte den ? Schlüssel an und dachte, was er machen sollte. Ganz klar: Das war der Schlüssel zu einem Schließfach! Und wo sind Schließfächer? Genau: auf Bahnhöfen, Postämtern, Banken, Flughäfen! Genau an den Orten, die er mied wie ?. Vor nichts fürchtete er sich mehr als vor Menschenansammlungen in ? Gebäuden. Außerdem kann man die nur mit der U-Bahn oder dem Bus erreichen, mit vollen Verkehrsmitteln also, deren ? Anblick sein Herz schon schneller machte. Oskar sah ? auf den Schlüssel. Würde seine Neugier ?? Würde ihm womöglich der ? Schlüssel seines Vaters helfen, seine Ängste zu ??
Am nächsten Morgen begann er, den Stadtplan zu ?, und suchte die Wege zu allen Bahnhöfen und Flughäfen.

Den Schluss schreiben

1 Der folgende Schluss enthält zwar gute Gedanken, aber auch viele Wiederholungen. Außerdem fehlen Verknüpfungen, die Zusammenhänge deutlich machen. Verbessere den Text in deinem Heft.

Du kannst **Zusammenhänge verdeutlichen**, indem du Adverbialsätze mit passenden Konjunktionen oder Relativsätze, Infinitivsätze bzw. dass-Sätze bildest. **Wortwiederholungen vermeidest** du mit Hilfe von Pronomen oder Synonymen.

VORSICHT FEHLER!

Der Text stellt nur einen kurzen Ausschnitt aus dem Roman vor. Er vermittelt einen Eindruck von dem Anliegen des Autors. Der Autor schreibt über einen kleinen Jungen. Der kleine Junge hat bei den Terrorattentaten am 11. September 2001 seinen Vater verloren. Er kommt darüber nicht hinweg. Der Autor hat eine geniale Möglichkeit gefunden, die Gefühle des Jungen lebensnah und überzeugend zu vermitteln. Er lässt den Jungen selbst die Geschichte erzählen. Der Ich-Erzähler verwendet angemessene sprachliche Mittel. Dadurch erscheint die Figur glaubwürdig. Ich finde das Buch überzeugend. Mich berührt die Verbindung von Zeitgeschichte mit einem menschlichen Schicksal. Das Schicksal ist mir in dem Text sehr nahegegangen. Der Auszug hat mich auf das Buch neugierig gemacht. Ich werde mir das Buch ausleihen oder kaufen.

D Den eigenen Text überprüfen und überarbeiten

1 Wenn du alle Aufgaben in der vorgegebenen Reihenfolge erledigt hast, hast du bereits den kompletten TGA zu der Aufgabenstellung auf S. 62 in dein Heft geschrieben.
Lies deinen TGA noch einmal sorgfältig durch und überprüfe ihn mit Hilfe der Checkliste.
Einen Beispielaufsatz zum Vergleichen findest du im Lösungsheft.

Checkliste

	Ja	Nein
• Ist die **Gliederung** vollständig, gibt sie die Aufgabenstellung wieder und entspricht sie den formalen Vorgaben?	☐	☐
• Enthält die **Einleitung** alle nötigen Angaben: Autor/-in, Titel, Quelle (Erscheinungsort und -jahr) des Textes sowie die Kernaussage (Kurzzusammenfassung des Inhalts)?	☐	☐
• Wurden im **Hauptteil** alle gestellten Aufgaben erledigt?	☐	☐
• Gibt die **Inhaltszusammenfassung** den Text treffend, knapp und sachlich im Präsens (bei Vorzeitigkeit im Perfekt) wieder?	☐	☐
• Wurden in der **Charakteristik** die ersichtlichen Persönlichkeitsmerkmale erarbeitet und mit Textstellen belegt?	☐	☐
• Werden in der **Sprachanalyse** Auffälligkeiten aus den Bereichen Wortwahl, Satzbau und Stilmittel benannt und passende Textbelege angegeben? Wird auch die Wirkung der sprachlichen Mittel beschrieben?	☐	☐
• Hast du die mögliche **Absicht des Autors** dargestellt und begründet?	☐	☐
• Hast du eine der **weiterführenden Aufgaben** bearbeitet? Passt deine Lösung inhaltlich und sprachlich zum Romanausschnitt?	☐	☐
• Gibt der **Schluss** deine Meinung zum Text und/oder seiner Thematik wieder?	☐	☐
• Hast du auf einen sachlichen und abwechslungsreichen **Stil** geachtet?	☐	☐
• Wurden **Rechtschreibung** und **Grammatik** überprüft?	☐	☐

8 „Mein kleines gelbes Schicksal“
Einen TGA zu einem satirischen Text verfassen

Die Schulaufgabe

Lesen Sie den satirischen Text „Mein kleines gelbes Schicksal“ von Axel Hacke sorgfältig durch und bearbeiten Sie dann folgende Aufgaben in einem TGA:

- Erstellen Sie eine Gliederung.
- Fassen Sie den Inhalt in eigenen Worten zusammen.
- Weisen Sie Merkmale der Satire an dem Text nach. Denken Sie dabei auch an die Absicht des Autors.
- Untersuchen Sie auffällige sprachliche Mittel und ihre Wirkung.
- Bearbeiten Sie eine der weiterführenden Aufgaben:
  - Schreiben Sie einen inneren Monolog zu folgender Situation: Sie kaufen sich ein Los und öffnen es gleich.
  - Verfassen Sie eine Erörterung mit zwei Argumentationen zum Thema: Was spricht gegen Glücksspiele?

Axel Hacke

Mein kleines gelbes Schicksal

Es war ein sonniger Herbstmorgen, die Luft kalt und klar wie aus Glas.

Wir waren früh aufgestanden. Der Stau auf dem Weg zum Kindergarten hatte sich noch nicht entwickelt, Luis und ich rauschten frei durch die Straßen wie kleine Könige. Als ich später den Zeitungsladen betrat, der sich unten im Haus mit meinem Büro befindet, sagte ich zum Zeitungsladenbesitzer:

„Geben Sie mir ein gelbes Los von der Staatslotterie! Heute scheint ein guter Tag zu sein.“

Im selben Moment dachte ich: Willst du den Tag schon auf die Probe stellen? Willst du die Hoffnung bereits töten? Brauchst du nicht den klaren, kalten Herbstmorgenoptimismus für die Arbeit? Wirst du eine Niete aushalten? Kannst du ein „Leider nicht“ ertragen?

Andererseits: Wenn du gewinnst, brauchst du den Optimismus nicht mehr. Weil du die Arbeit nicht mehr brauchst.

„Alles Gute!“, sagte der Zeitungsladenbesitzer.

Im Bürobriefkasten fand ich den Brief eines Lotterieeinnehmers. „Verehrter Gewinn-Anwärter“ nannte er mich und teilte mir mit, dass er mir mit diesem Brief „die goldene Privileg-Karte“ überreiche, weil ich zu einem „streng ausgesuchten Kreis von Personen“ gehörte. Wenn ich den beigefügten Umschlag, schrieb der Lotterieeinnehmer, mit dem „persönlichen Sicherungs-Siegel“ öffnete, dann die Zahl auf dem Siegel mit der Zahl auf der Privileg-Karte vergliche, dann deren Übereinstimmung feststellte, dann das Siegel auf die Privileg-Karte klebte, dann das anliegende „Gewinn-Zertifikat“ zur Hand nähme, dann die Privileg-Karte in die vorbereitete Folientasche auf dem Gewinn-Zertifikat steckte, dann das Gewinn-Zertifikat ausfüllte und abschickte – könnte ich an der „weltweit einzigartigen Ausspielung“ von

Informationen zum Autor

Axel Hacke, geboren 1956 in Braunschweig, war von 1991 bis 2000 Redakteur bei der „Süddeutschen Zeitung“ und arbeitet seit 2000 als freiberuflicher Kolumnist und Schriftsteller; er veröffentlichte zahlreiche Bücher für Kinder und Erwachsene, darunter „Der kleine Erziehungsberater“ mit witzigen und satirischen Geschichten über das Leben mit Kindern.

„sage und schreibe" 760.378.350 Euro teilnehmen.

Alles liege in meinen Händen.

„O ja!", dachte ich und spürte das kleine, gelbe, noch verschlossene Los aus dem Zeitungsladen in meiner Hand. Ich stellte mir vor, wie der Lotterieeinnehmer mich „streng ausgesucht" hatte. Wie er in seinem goldenen Lotterieeinnehmer-Schloss saß und ein Sekretär mit goldenen Lippen ihm Kärtchen mit Namen reichte. Wie der Lottereieinnehmer sie angewidert betrachtete und dann in die Flamme seines goldenen Feuerzeugs hielt. Wie etwas von dem Gold auf seinen Fingernägeln schmolz, zu Boden tropfte. Wie er dann aber das Kärtchen mit meinem Namen auf seinen Schreibtisch legte, mit goldener Tinte ein goldenes Häkchen hinter meinem Namen machte. Wie der Sekretär das Kärtchen daraufhin auf goldenem Tablett ins Vorzimmer trug, einer Vorzimmerfee mit goldenen Haaren überreichte und ihr zwischen seinen goldenen Lippen zuflüsterte: „Herr Hacke ist vom Lotterieeinnehmer streng ausgesucht worden."

„Dann werde ich ihm sofort unsere goldene Privileg-Karte sowie das persönliche Sicherungs-Siegel und das Gewinn-Zertifikat mit der Folientasche schicken!", hauchte die Vorzimmerfee.

„Wo sage und schreibe 760.378.350 Euro zu gewinnen sind", flüsterte der Sekretär goldlippig.

„Ist sie nicht weltweit einzigartig, unsere Ausspielung!", jauchzte die Vorzimmerfee leise.

Ich nahm mein kleines gelbes Los. Wag es! Dachte ich. Ich öffnete das Los. Leider nicht. Leidernicht. Leidernie. Immerleidernie.

Ich nahm eine Schere und schnitt die Worte „Leider nicht" aus. Nahm den Brief des Lotterieeinnehmers, öffnete den Umschlag mit dem persönlichen Sicherungs-Siegel, verglich die Zahl auf dem Siegel mit der Zahl auf der Privileg-Karte, stellte deren Übereinstimmung fest, klebte aber nicht das Siegel auf die Privileg-Karte, sondern – mit etwas Uhu – die Worte „Leider nicht". Nahm das Gewinn-Zertifikat zur Hand, steckte die Privileg-Karte in die Folientasche, schloss den Umschlag, ging hinunter, warf ihn in den Briefkasten.

Dann stieg ich hinauf und begann zu arbeiten.

(Aus: Axel Hacke: Das Beste aus meinem Leben. Verlag Antje Kunstmann, München 2006, S. 225–227)

A Die Aufgabe verstehen

1 Lies die Aufgabenstellung (► S. 72) genau durch und stelle dann aus den Bausteinen stichwortartig zusammen, welche Aufgaben im Hauptteil dieses TGA zu erledigen sind. Notiere sie auf den Linien. TIPP: Die kursiv gedruckten Wörter stehen jeweils am Beginn.

- *Text*
- erledigen
- *auffällige*
- und
- darstellen
- Aufgabe
- des Autors
- dabei
- Wirkung
- ihre
- der Satire
- und
- zusammenfassen
- untersuchen
- *Merkmale*
- *weiterführende*
- Absicht
- nachweisen
- sprachliche
- Mittel

2 Erstelle in deinem Heft eine Gliederung für deinen Aufsatz. Orientiere dich an den einzelnen Punkten der Aufgabenstellung (► S. 72) und an deinen Ergebnissen aus Aufgabe 1. Achte darauf, keine der geforderten Aufgaben zu vergessen. Ein Muster findest du auf der vorderen Umschlaginnenseite.

B Das Textverständnis sichern

1 Lies den Text genau, markiere Schlüsselwörter und unterstreiche schwer verständliche Begriffe.

2 Erschließe die Bedeutung unbekannter Wörter aus dem Zusammenhang. Ergänze bei den folgenden Begriffen jeweils die Zeilenangabe und kreuze die passende Erklärung an.

Lotterieeinnehmer (Z. ___)

☐ Loskäufer, der in einer Lotterie gewonnen hat

☐ Kaufmann, der mit staatlicher Genehmigung Lotterielose vertreibt

☐ Angestellter, der die Gewinner einer Lotterie aussucht

Optimismus (Z. ___)

☐ schlechte Laune

☐ Besserwisserei

☐ lebensbejahende Grundeinstellung

Privileg (Z. ___)

☐ Prüfung

☐ Vorrecht

☐ Vorfrühling

Zertifikat (Z. ___)

☐ Bescheinigung

☐ Versicherung

☐ feierliche Handlung

3 Überlege, was das Thema des satirischen Textes ist, und unterstreiche die zutreffende Aussage.

Der Autor informiert kritisch über Lotterien. – Hacke berichtet über seinen Versuch mit Glücksspielen. –

Der Schriftsteller schildert, wie er den Vormittag verbringt. – Der Verfasser warnt vor Glücksspielen. –

Der Autor macht sich über Lotteriespiele und deren übertriebene Versprechen lustig.

4 Mit Hilfe von W-Fragen kannst du dir einen ersten Überblick über einen Text verschaffen. Beantworte die folgenden Fragen in Stichworten:

A Wer steht im Mittelpunkt der Geschichte?

____

B Nur ein Teil der Geschichte handelt in der Alltagswirklichkeit, ein anderer Teil spielt sich bloß in der Fantasie des Ich-Erzählers ab. Was passiert in der Realität? Notiere Stichworte und die entsprechenden Zeilenangaben.

____

____

C Was stellt sich der Erzähler nur in seiner Fantasie vor? Notiere auch hierzu Stichworte und Zeilenangaben.

____

____

D Wie wirken diese Fantasievorstellungen?

☐ realistisch ☐ übertrieben ☐ sachlich ☐ witzig ☐ anrührend ☐ glaubhaft

E Wie endet die Geschichte?

____

____

C Einen TGA zu einem satirischen Text verfassen

Die Einleitung schreiben

1 Lies den nebenstehenden Tipp und die Autoreninformation (► S. 72) und schreibe den Anfang der Einleitung in dein Heft. Vergiss nicht, die Quellenangabe zu berücksichtigen.

Die Einleitung eines TGA nennt **Autor/-in** (evtl. mit weiteren Angaben zur Person), **Titel**, **Textsorte** sowie die **Quelle** des Textes und informiert in der **Kernaussage** kurz über den Inhalt.

2 a Kreuze an, welcher Satz dir als Kernaussage geeignet erscheint.
b Ergänze bei deiner Einleitung im Heft die Kernaussage. Du kannst eine eigene formulieren oder die zutreffende übernehmen und passend anschließen.

- ☐ A Die Geschichte schildert glaubhaft die märchenhaften Gewinne, die man in Lotterien erzielen kann.
- ☐ B Der vorliegende Text setzt sich auf witzige Weise mit Lotteriespielen und Glückslosen auseinander.
- ☐ C Der Text berichtet über die falschen Versprechungen und Risiken von Lotteriespielen und Glückslosen.

Den Inhalt zusammenfassen

1 Verbinde mit einem dicken roten Stift die einzelnen Handlungsschritte des Textes, sodass der „rote Faden" des Ablaufs sichtbar wird. Ergänze die Zeilenangaben.

- Fahrt am Morgen über den Kindergarten zum Büro (Z. ____)
- Basteln eines Briefs an den Lotterieeinnehmer (Z. ____)
- Arbeitsbeginn (Z. ____)
- Auffinden und Lesen eines Briefs einer Lotterie (Z. ____)
- Betreten des Zeitungsladens und Kauf eines gelben Loses (Z. ____)
- Vorstellung des Ich-Erzählers von der sorgfältigen Auswahl seiner Person durch den Lotterieeinnehmer (Z. ____)
- Öffnen des gelben Loses, das sich als Niete erweist (Z. ____)

2 Schreibe eine vollständige Inhaltszusammenfassung in dein Heft. Übernimm dazu den folgenden Text, ersetze die **?** durch passende Begriffe und ergänze statt der drei aufeinanderfolgenden **?** zwei bis drei Sätze.

Die **Inhaltszusammenfassung** eines literarischen Textes gibt die wichtigsten **Handlungsschritte** mit eigenen Worten **knapp** und **sachlich** im **Präsens** wieder. Achte auf sinnvolle **Satzverknüpfungen**.

In dem satirischen Text berichtet der Ich-Erzähler zunächst, wie er am frühen Morgen seinen Sohn **?** absetzt und dann auf dem Weg ins Büro in **?** ein gelbes Los der **?** kauft, weil es ihm ein guter Tag zu sein scheint. Allerdings fragt er sich, ob er wohl eine Niete ertragen kann. Im **?** findet er ein Werbeschreiben eines Lotterieeinnehmers. Genau gibt der Erzähler nun wieder, wie laut Absender mit diesem Brief umzugehen sei, um angeblich einen riesigen Gewinn zu erhalten. Da in dem Werbebrief behauptet wird, die Adressaten würden **?** ausgesucht, malt sich der Erzähler aus, **? ? ?** Anschließend an seine Fantasien nimmt der Ich-Erzähler sein gelbes Los zur Hand, das sich beim Öffnen als **?** erweist. Die Formulierung **?** schneidet er aus und klebt sie auf die **?** des Werbeschreibens. Diese schickt er an den Lotterieeinnehmer zurück. Dann beginnt er zu **?**.

Merkmale der Satire erkennen und belegen

Als **Satire** bezeichnet man eine **Spottdichtung**, die **Kritik** an menschlichen Schwächen und Lastern oder an gesellschaftlichen Missständen übt. Der Autor gibt eine Person oder einen Sachverhalt der Lächerlichkeit preis und möchte Entrüstung und/oder Nachdenken bewirken. Der Leser soll das Dargestellte aus kritischer Distanz beurteilen. Deshalb zählen zu den Darstellungsverfahren der Satire Übertreibung, Verzerrung, Ironie oder Rollenwechsel und sie nutzt besondere sprachliche Mittel (vgl. Aufgabe 3).

1 Die Satire verfolgt immer eine bestimmte Absicht, die in der Regel nicht ausdrücklich genannt wird. Kreuze an, welches Ziel in diesem Text zum Ausdruck kommt.

- [ ] A Der Autor möchte unterhaltsam über Lotterien und Gewinnmöglichkeiten informieren.
- [ ] B Axel Hacke macht sich über Lotteriespiele lustig. Er möchte unterhalten und zum Nachdenken über die Tricks und Traumwelten der Lotteriebetreiber anregen.
- [ ] C Der Autor möchte kritisch über seinen eigenen Versuch mit Glücksspielen berichten.

2 Überlege, welche Reaktionen der Text beim Leser hervorruft. Markiere Zutreffendes.

ZORN
Ärger
Entrüstung
Ernst
Mitleid
Kopfschütteln
Schmunzeln
Nachdenken
Lachen

3 Um Kritik wirkungsvoll zu gestalten, werden in Satiren bestimmte Darstellungsverfahren und sprachliche Mittel genutzt. Markiere, welche das sind, streiche unpassende Aspekte. Unterstreiche Merkmale, die für den vorliegenden Text zutreffen, und ergänze dahinter einen Textbeleg (nur die Zeilenangabe).

Satire

informativer Vorspann (Lead)
innerer Konflikt der Hauptfigur
Zitate von Experten
Verzerrung
Mehrdeutigkeit
Situationskomik
Neologismen
Metaphern
wechselnde Zeitstufen
auffälliger Satzbau
Ironie
Rollenwechsel
Übertreibung
Vergleiche
Untertreibung

4 Formuliere in deinem Heft einen Abschnitt, in dem du an dem Text von Hacke Merkmale der Satire nachweist.

Sprachliche Besonderheiten untersuchen

1 a Die **Wortwahl** des Textes gibt Hinweise auf seine satirische Absicht. So werden zusammengesetzte Wörter aus dem Werbebrief (▸ Z. 23–40) wiedergegeben, die typisch für die Werbesprache sind. Schreibe drei mit Zeilenangabe auf.

____

b Kreuze an, worauf die Wiedergabe dieser Begriffe in der vorliegenden Geschichte abzielt. Denke daran, dass eine Satire immer eine bestimmte Absicht verfolgt, die nicht offen genannt wird.

- [ ] A die Seriosität bestimmter exklusiver Lotterien hervorheben
- [ ] B die Methoden von Lotterien zeigen, nämlich Loskäufer durch vermeintliche Besonderheit anzulocken
- [ ] C Unterschiede zwischen den billigen Losen der Staatslotterie und exklusiven Angeboten aufzeigen
- [ ] D ironisch über die angebliche Exklusivität und die falschen Versprechungen vieler Lotterien aufklären

2 a In der Geschichte fallen außerdem Begriffe auf, die normalerweise in Märchen vorkommen. Notiere drei mit Zeilenangabe.

____

b Kreuze an, wie diese Märchenelemente wirken.

☐ langweilig ☐ übertrieben ☐ überspitzt ☐ spannend ☐ witzig ☐ informativ

c Notiere, was der Autor dieser Satire damit wahrscheinlich bewirken will. Denke daran, dass das Werbeschreiben der Lotterie „märchenhafte“ Gewinnsummen in Aussicht stellt.

____

3 Ordne Besonderheiten im **Satzbau**, Belege aus dem Text und Wirkungen richtig zu, indem du Zusammengehörendes in der gleichen Farbe markierst. Ergänze bei den Zitaten die Zeilenangaben.

Besonderheiten	Belege	Wirkungen
Fragen	„O ja!“ (Z. ____), „Wag es!“ (Z. ____)	verdeutlicht die vielen Voraussetzungen, die einer Teilnahme vorausgehen, und macht so klar, dass es vermutlich gar nichts zu gewinnen gibt; wirkt ironisch-distanziert
komplexes Satzgefüge mit Wiederholungen im Satzbau	„Willst du den Tag schon auf die Probe stellen? Willst du die Hoffnung bereits töten? [...] Kannst du ein ‚Leider nicht‘ ertragen?“ (Z. ____)	zeigen Einfluss des suggestiven Werbeschreibens; wirken lebendig
Ausrufe	„Ich stellte mir vor, wie der Lotterieeinnehmer mich ‚streng ausgesucht‘ hatte. Wie er in seinem goldenen Lotterieeinnehmer-Schloss [...]. Wie der Lottereieinnehmer [...]. Wie etwas von dem Gold [...]. Wie er dann aber [...]. Wie der Sekretär [...].“ (Z. ____)	verdeutlichen Unsicherheit über den Sinn des Loskaufs; wirken nachdenklich und zweifelnd, aber auch übertrieben
Ellipsen/ Wiederholungen im Satzbau	„Wenn ich den beigefügten Umschlag, schrieb der Lotterieeinnehmer, mit dem ‚persönlichen Sicherungs-Siegel‘ öffnete, dann [...], dann [...], dann [...], dann [...], dann [...], dann [...] – könnte ich [...] teilnehmen.“ (Z. ____)	betonen, dass sich der Ich-Erzähler das Ganze nur vorstellt, und zeigen, wie unrealistisch durch Werbeschreiben hervorgerufene Vorstellungen generell sind; wirken witzig

4 a Eine Passage des Textes ist in indirekter Rede verfasst.
Schreibe die Zeilennummern auf die Linie. ______________________

b Kreuze an, welche Wirkung der Erzähler damit hervorrufen will.

☐ seine grammatischen Kenntnisse hervorheben
☐ den Leser direkt ansprechen
☐ seine Distanzierung ironisch verdeutlichen
☐ sein gesteigertes Interesse betonen

5 Bei den **rhetorischen Mitteln** fällt in den Zeilen 46 bis 67 eines besonders auf: Benenne es, notiere Belege mit Zeilenangaben und ergänze Notizen zur Wirkung.

____

____

6 Ergänze beim folgenden Zitat die Zeilenangabe, benenne die Stilmittel (es sind mehrere, finde zumindest das wichtigste heraus) und notiere Stichpunkte zur Wirkung.

„Leidernicht. Leidernie. Immerleidernie." (Z. ____). Stilmittel: ____________________

Wirkung: ____________________

7 Schreibe die ausformulierte Untersuchung der auffälligen sprachlichen Mittel in dein Heft.

Eine weiterführende Aufgabe bearbeiten

Auch wenn bei der **weiterführenden Aufgabe** Fantasie und Kreativität gefordert sind (z. B. beim Verfassen eines inneren Monologs), musst du dich an die **Aufgabenstellung** halten und darfst nicht vom **Thema** abweichen.

1 Lies die Aufgabenstellung für die erste weiterführende Aufgabe (► S. 72) ganz genau. Beurteile dann die folgenden inneren Monologe und begründe, warum A oder B besser gelungen ist.

A Ah, jetzt hätte ich es fast vergessen, ich wollte mir doch noch da vorne am Kiosk ein Los kaufen. Schnell, bevor die Straßenbahn kommt. Hier stecken sie ja, die Lose. Nehme ich dieses – nee, das ist schon etwas verknüllt, sicher eine Niete. Ich nehme – ja, was nehme ich denn? Nicht ungeduldig werden, Herr Losverkäufer, ich hole mir – ha – genau das! Hm, teuer, aber wer weiß? Und jetzt – dreimal schwarzer Kater – mache ich es auf. Ratsch! Und – oh ... oh ... oh gewonnen! Na, viel ist es nicht – 10 Euro. Davon könnte ich mir ... Auweia, jetzt ist mir auch noch die Straßenbahn weggefahren.

B Nachher gehe ich noch einmal zum Losstand und probiere mein Glück. Letztes Mal hat es ja nicht geklappt. Zu dumm. Da hatte ich mir vom letzten Taschengeld ein Los gekauft. Und was war es? Eine Niete, natürlich ... Ich habe das Los erst zu Hause aufgemacht und während der ganzen Busfahrt geträumt: von einem silbrigen Smartphone, von dieser tollen Daunenjacke, die ich schon seit Wochen jeden Tag im Schaufenster betrachte, von einer Party für die ganze Klasse ...
Hey, heute klappt's! Einmal muss ich doch Glück haben!

Ich finde ____ besser geeignet, weil ____________________

____

2 Schreibe einen eigenen, etwas längeren inneren Monolog zu der Aufgabenstellung in dein Heft.

3 a In der zweiten weiterführenden Aufgabe werden zwei Argumentationen verlangt. Achte genau auf die Themafrage (► S. 72) und kreuze unten an, welche Gesichtspunkte sich eignen.
b Wähle zwei davon aus, markiere sie, überlege dir passende Begründungen und notiere Stichpunkte für zwei Argumentationen auf den Linien.
c Schreibe dazu zwei ausgearbeitete Argumentationen (► Tipps S. 6 und 7) in dein Heft.

- ☐ A Man kann reich werden.
- ☐ B Glücksspiele können süchtig machen.
- ☐ C Man kann viel Geld verlieren.
- ☐ D Mit dem Gewinn kann man Gutes tun.
- ☐ E Man kommt vielleicht in schlechte Gesellschaft.
- ☐ F Man wird oft enttäuscht.

____

____

____

Den Schluss schreiben

> Der **Schluss** rundet den TGA ab. Hier kannst du deine **Meinung** zum Text oder zum Thema äußern, du solltest sie aber auch begründen.

1 Markiere den Schlussgedanken, der einen guten und sinnvollen Abschluss des TGA bildet, und begründe deine Entscheidung.

A Die Satire ist ziemlich komisch und hat mich zum Lachen gebracht, deshalb werde ich noch weitere Texte von Hacke lesen.

B Axel Hacke stellt in seiner Satire witzig dar, wie die Lotteriewerbung mit überzogenen Versprechungen Menschen dazu bringt, Lose zu erwerben. Der Ich-Erzähler nimmt sich dabei als Konsument nicht aus, deshalb gefällt mir diese Art zu schreiben sehr gut.

C Der Autor berichtet ausführlich, was passiert, wenn man Werbebriefe einer Lotterie öffnet und dann von einem Gewinn träumt. Die Satire ist einfach zu lesen und gefällt mir sehr gut.

Schluss _____ eignet sich am besten, denn ______________________________

____

____

2 Schreibe einen Schluss in dein Heft. Du kannst den Gedanken aus Aufgabe 1 übernehmen, solltest aber eigene Ideen ergänzen.

D Den eigenen Text überprüfen und überarbeiten

1 Wenn du alle Aufgaben in der vorgegebenen Reihenfolge erledigt hast, hast du bereits den kompletten TGA zu der Aufgabenstellung auf S. 72 in dein Heft geschrieben. Lies deinen Aufsatz noch einmal sorgfältig durch und überprüfe ihn mit Hilfe der Checkliste. Überarbeite ihn, wenn es nötig ist. Einen Beispielaufsatz zum Vergleichen findest du im Lösungsheft.

Checkliste

	Ja	Nein
• Ist die **Gliederung** vollständig, gibt sie die Aufgabenstellung wieder und entspricht sie den formalen Vorgaben?	☐	☐
• Enthält die **Einleitung** alle nötigen Informationen?	☐	☐
• Wurden im **Hauptteil** alle gestellten Aufgaben erledigt?	☐	☐
• Gibt die **Inhaltszusammenfassung** den wesentlichen Inhalt treffend, knapp und sachlich im Präsens wieder?	☐	☐
• Werden **Merkmale der Satire** richtig benannt und am Text belegt? Wird dabei die Absicht des Autors dargestellt?	☐	☐
• Bist du auf wichtige **sprachliche Gestaltungsmittel** (Wortwahl, Satzbau, rhetorische Mittel) und ihre **Wirkung** eingegangen? Hast du richtig zitiert und die **Zitate** mit Zeilenangaben belegt?	☐	☐
• Wurde eine der **weiterführenden Aufgaben** bearbeitet? Hast du dabei die Aufgabenstellung berücksichtigt?	☐	☐
• Gibt der **Schluss** deine Meinung zum Text und/oder seiner Thematik begründet wieder?	☐	☐
• Hast du auf einen sachlichen und abwechslungsreichen **Stil** geachtet?	☐	☐
• Wurden **Rechtschreibung** und **Grammatik** überprüft?	☐	☐

Textquellen

S. 11: Immer mehr Jugendliche verschuldet. Quelle: Pressemiteilung des BDIU (Bundesverband deutscher Inkasso-Unternehmen). http://www.inkasso.de/presse/frhjahrsumfrage/jugendverschuldung/index.html, Stand 01.08.2014 (gekürzt und leicht verändert)

S. 12: Der interaktive Budgetplaner. Quelle: checked4you. Das Online-Jugendmagazin der Verbraucherzentrale Nordrhein-Westfalen, http://www.checked4you.de/planer, Stand 01.08.2014 (Auszug)

S. 22f.: Gudrun Bayer: Klick – und ab geht die Post. Die Päckchenflut durch Onlinebestellungen wächst und wächst. Aus: Nordbayerische Zeitung, Magazin am Wochenende, 4./5. Mai 2013 (gekürzt)

S. 32f.: Meike Dinklage: Meine kleine Revolte. Aus: Brigitte Heft 18/2013, S. 117 (leicht gekürzt)

S. 42f.: Christiane Barth: Gimme a job! Aus: Brigitte Heft 15/2004

S. 52f.: Günther Weisenborn: Die Aussage. Aus: Günther Weisenborn: Memorial. Kurt Desch Verlag, Wien/München 1947

S. 62f.: Jonathan Safran Foer: Gugolplex. Aus: Jonathan Safran Foer: Extrem laut und unglaublich nah. Roman. Übersetzt von Henning Ahrens. Kiepenheuer & Witsch, Köln 2005

S. 72f.: Axel Hacke: Mein kleines gelbes Schicksal. Aus: Axel Hacke: Das Beste aus meinem Leben. Verlag Antje Kunstmann, München 2006, S. 225–227

Bildquellen

Umschlagfoto: © Shutterstock/Edyta Pawlowska
S. 2, 22: © Shutterstock/donvictorio
S. 3: © Fotolia/Sabphoto #71253181
S. 10 oben: © picture-alliance/dpa-Infografik
S. 10 unten, S. 15: © picture-alliance/dpa-Infografik
S. 11: © picture-alliance/dpa-Infografik
S. 32 links oben: © Visum
S. 32 links unten: © Corbis
S. 32 rechts: © picture alliance/ZB

Impressum

Redaktion: Dagmar Arioli, Berlin/Christa Jordan, Eltville

Illustrationen:
Nils Fliegner, Hamburg: S. 2, 4, 42, 49
Christiane Grauert, Milwaukee/USA: S. 52, 62, 67
Peter Menne, Potsdam: S. 21, 72, 74

Layoutkonzept und Umschlaggestaltung: werkstatt für gebrauchsgrafik, Berlin

Technische Umsetzung: L101 Mediengestaltung, Berlin

www.cornelsen.de

1. Auflage, 1. Druck 2015

Alle Drucke dieser Auflage sind inhaltlich unverändert und können im Unterricht nebeneinander verwendet werden.

Druck: Himmer AG, Augsburg

ISBN 978-3-06-062442-3

PEFC zertifiziert
Dieses Produkt stammt aus nachhaltig bewirtschafteten Wäldern und kontrollierten Quellen.
www.pefc.de
PEFC/04-31-1549

Realschule Bayern

Schulaufgabentrainer Deutsch 10

Lösungen

1 Mitglied in einem Sportverein – ja oder nein?

Eine zweigliedrige Erörterung schreiben

Seite 3

A Was wird von dir verlangt?

1 Anzukreuzen sind: A — B — D — E — F — G — I

2 a Folgende Aussagen treffen zu: B — C — D — F
b Begriff, der die Aufgabenstellung einschränkt: Jugendliche (zu markieren in D und F)

Seite 4

B Den Aufsatz planen

Stoff sammeln und sinnvoll ordnen

1 a/b Bindung an feste Trainingszeiten (Nachteil) – Steigerung der Teamfähigkeit (Vorteil) – Vernachlässigung von Freunden außerhalb des Vereins (Nachteil)

2 a Unpassende Ideen: A — C — D — F — G *(gelten für Sport allgemein und für alle Menschen, nicht nur für eine Mitgliedschaft Jugendlicher in einem Sportverein.)*
b Vorteile einer Mitgliedschaft im Sportverein: B — E — Nachteil: H

Seite 5

3 Beispiellösung für die Stoffsammlung: **Vorteile einer Mitgliedschaft im Sportverein:** Steigerung der Teamfähigkeit, Erleben eines Gemeinschaftsgefühls, Kennenlernen Gleichaltriger mit ähnlichen Interessen; weitere Ideen: Erlernen oder Stärken von Vertrauen, Gewinn oder Stärkung von Selbstvertrauen ... – **Nachteile einer Mitgliedschaft im Sportverein:** Bindung an feste Trainingszeiten, Vernachlässigung von Freunden außerhalb des Vereins, hohe Mitgliedsbeiträge; weitere Ideen: Entstehen von Gruppenzwang, mögliches Konkurrenzverhalten, großer Leistungsdruck ...

Eine Gliederung anfertigen

1 Beispiel für die vervollständigte Gliederung *(Hinweis: Die Sätze für die Einleitung (A) und den Schluss (C) passen zu dem Beispielaufsatz auf S. 3 f. in diesem Lösungsheft)*:

A) In unserer Lokalzeitung wird diskutiert, ob der Sportverein unseres Stadtteils höhere Zuschüsse von der Stadt fordern soll, um mehr Trainer für den Jugendsport bezahlen zu können.
B) Welche Gründe veranlassen Jugendliche, Mitglied in einem Sportverein zu werden? Was spricht dagegen, einem solchen Verein beizutreten?
   I. Gründe für die Mitgliedschaft Jugendlicher in einem Sportverein
      1. Kennenlernen Gleichaltriger mit ähnlichen Interessen
      2. Ansporn durch andere Vereinsmitglieder

3. Gewinn oder Stärkung von Selbstvertrauen
4. Steigerung der Teamfähigkeit

II. Nachteile einer Mitgliedschaft Jugendlicher im Sportverein
1. Hohe Mitgliedsbeiträge
2. Bindung an feste Trainingszeiten
3. Hoher Leistungsdruck
4. Vernachlässigung von Freunden außerhalb des Vereins

C) Für mich überwiegen die Vorteile, deshalb treibe ich Sport im Verein.

Seite 6

C Eine zweigliedrige Erörterung verfassen – Übungen

Die Einleitung schreiben

1 **a/b** A Ausgangspunkt: aktuelles Ereignis – Überleitung: Es stellt sich aber die Frage, ... – Themafrage: ... welche Gründe Jugendliche haben, Mitglied in einem Sportverein zu werden, und welche Nachteile sie davon abhalten könnten. – B Ausgangspunkt: persönliche Erfahrung – Überleitung: ... und muss mich nun entscheiden, ob ich Mitglied in dem Verein werde. – Themafrage: Einerseits gibt es zwar viele Gründe, in einen Sportverein einzutreten, aber es sind auch Nachteile damit verbunden.

2 Beispiele: A Der Sportverein in unserem Stadtteil ist von der Schließung bedroht. – B Seit dem Umzug raten mir meine Eltern, einem Sportverein beizutreten.

Argumentationen für den Hauptteil ausgestalten und überarbeiten

1 Die Behauptung ist markiert, die Begründung ist doppelt, das Beispiel einfach und die Rückführung mit Punktlinie unterstrichen:
Jugendliche steigern durch die Mitgliedschaft in einem Sportverein ihre Teamfähigkeit, denn dort sind sie häufig zusammen mit Gleichaltrigen sportlich aktiv. [...] kann man ebenfalls im Sportverein lernen. Wenn eine Schülerin beispielsweise [...] Torchancen zu erreichen. Man sieht also, dass junge Menschen durch ihre Mitgliedschaft in einem Sportverein ihre Teamfähigkeit steigern.

Seite 7

2 **a** Die Behauptung ist markiert, die Begründung doppelt unterstrichen:
Außerdem bereitet es vielen Jugendlichen Freude, zusammen mit Gleichaltrigen Sport zu treiben. Denn das Training macht viel mehr Spaß, wenn [...] Spaß haben werden.

b/c In der Argumentation fehlt das Beispiel. Es könnte etwa so formuliert werden:
Dies belegt eine Reportage, die vor einigen Tagen im Fernsehen gezeigt wurde. Darin ging es um den Spaßfaktor in einem Sportverein. Viele junge Menschen bestätigten, dass ihnen Sport, bei dem sie mit vielen Gleichaltrigen trainieren, viel mehr Freude bereitet, als zum Beispiel alleine joggen zu gehen. Da würden sie lieber zu Hause vor dem Fernseher oder dem PC sitzen bleiben. Auch die Trainer sahen ausschließlich Vorteile einer Sportgruppe, denn wenn sie sich gemeinsam verausgaben, haben die jungen Leute mehr Spaß am Training und größere Lust weiterzumachen, weil keine Langeweile aufkommt.

3 **a** Mögliche weitere Begründungen: B — C — E — G

b Beispiellösung für eine zusammenhängende Argumentation einschließlich Beispiel:
Durch die Mitgliedschaft in einem Sportverein lernen Jugendliche Gleichaltrige mit ähnlichen Interessen kennen. Denn wenn sich ein Teenager in einem Verein anmeldet, kann er oft unter verschiedenen Sportarten und Trainingsmöglichkeiten auswählen. Der junge Mensch entscheidet sich dann für den Kurs, der ihm am besten gefällt und seinen Interessen am ehesten entspricht. Oder er tritt gleich einem spezialisierten Sportverein bei, etwa einem Fußballclub. So finden in jeder Gruppe am Ende die zusammen, die sich für eine bestimmte Sportart begeistern. Das gemeinsame Hobby bietet ihnen Anlass für Gespräche, zu deren Themen alle etwas beitragen können, beispielsweise wenn es um Spiele der Bundesliga oder der Champions League geht. Auch die regelmäßigen Treffen beim Training fördern das Kennenlernen, was oft zu Freundschaften führt, die sogar außerhalb des Vereins gepflegt werden. Beispielsweise werden Jugendliche, die in der Halle klettern, ihre Künste auch gerne in den Bergen ausprobieren und in der Klettersektion ihres Sportvereins sicher Gleichgesinnte für ein Wochenende in den Alpen finden. Wenn sie gemeinsam einen Klettersteig gemeistert haben, bietet das eine gute Basis für eine Freundschaft. (*Als Beispiel passt auch:* Beispielsweise können sich Schwimmer, Segler oder Surfer bei einem gemeinsamen Ausflug an einen See noch besser kennen lernen.)

Seite 8

4 **a/b** Richtige Zuordnung: A 2 b — C 1 f — B (Begründung fehlt) e

5 Mögliche Ausformulierung einer vollständigen Argumentation zu Behauptung B:
Durch die Mitgliedschaft in einem Sportverein entstehen oft hohe Kosten. Denn nicht selten müssen Vereinsmitglieder erhebliche monatliche Beiträge bezahlen. Da Jugendliche meistens nur über ein schmales Budget verfügen, ist es für sie schwer, die Gebühren zu tragen. Viele müssen deshalb einen Nebenjob übernehmen, was sich aber nicht immer mit den

schulischen Verpflichtungen vereinbaren lässt. Zum Beispiel liegt der Mitgliedsbeitrag für Schüler, Studenten und Auszubildende im Sportverein unserer Gemeinde nur 30 Prozent unter dem für erwachsene Berufstätige, sodass das Taschengeld vieler Jugendlicher dafür nicht reicht und manche Eltern die Ausgaben für mehrere Kinder nicht aufbringen können. Dies zeigt, dass die Kosten ein weiterer Nachteil einer Mitgliedschaft im Sportverein sind.

6 Beispiellösungen: Zunächst ist zu bedenken, dass für die Mitgliedschaft in einem Sportverein oft hohe Mitgliedsbeiträge zu bezahlen sind. [...] – Neben den erheblichen Kosten muss man als Mitglied in einem Sportverein auch feste Trainingszeiten einplanen. [...] – Schließlich darf nicht vergessen werden, dass durch die Zugehörigkeit zu einem Verein auch großer Leistungsdruck entstehen kann. [...]

Seite 9

Den Schluss formulieren

1 A ist gelungen. Begründung: Es wird eine Argumentation aus dem Hauptteil aufgegriffen, das Fazit (die Schlussfolgerung) geht schlüssig daraus hervor. — B ist unpassend formuliert. Begründung: Die Überleitung „Zuletzt" rundet den Aufsatz nicht ab, sondern lässt eine weitere Argumentation erwarten. Außerdem wird eine neue Behauptung (Stärkung des Immunsystems) aufgestellt. Diese passt zudem nicht zur Aufgabenstellung „Mitgliedschaft in einem Sportverein", denn sie bezieht sich auf Sport im Allgemeinen. Darüber hinaus wird hier stark übertrieben („alle Menschen").

2 Beispiel für einen zu Schluss A (und zum Aufsatz unten) passenden Satz in der Gliederung:
Für mich überwiegen die Vorteile, deshalb treibe ich Sport im Verein.

D Eine eigene zweigliedrige Erörterung verfassen

1 Eine Gliederung, die zu dem folgenden Aufsatz passt, findest du auf S. 1 f. in diesem Lösungsheft:

2 Beispiellösung für eine vollständige Erörterung (sinnvolle Überleitungen, auf die du in deinen Erörterungen immer achten solltest, sind hier unterstrichen):

Welche Gründe veranlassen Jugendliche, Mitglied in einem Sportverein zu werden? Was spricht dagegen, einem solchen Verein beizutreten?
(Einleitung) In unserer Lokalzeitung wird diskutiert, ob der Sportverein in unserem Stadtteil höhere Zuschüsse von der Stadt fordern soll, um mehr Trainer für den Jugendsport bezahlen zu können. Damit möchte man mehr junge Leute in den Verein locken. Aber welche Gründe veranlassen Jugendliche, einem Sportverein beizutreten, und was spricht dagegen, Sport in einem Verein auszuüben?
(Hauptteil) Zunächst gibt es für Jugendliche eine Vielzahl von Motiven, Mitglied in einem Sportverein zu werden.
Als Erstes gilt es zu erwähnen, dass junge Menschen in einem Verein viele Gleichaltrige mit ähnlichen Interessen kennen lernen. Denn wenn sich ein Teenager in einem Verein anmeldet, wählt er unter verschiedenen Sportarten und Trainingsmöglichkeiten den Kurs, der ihm am besten gefällt. Oder er tritt gleich einem spezialisierten Sportverein bei, etwa einem Fußballclub. So finden in jeder Gruppe am Ende die Jugendlichen zusammen, die sich für eine bestimmte Sportart begeistern. Das gemeinsame Hobby bietet ihnen Anlass für Gespräche, zu deren Themen alle etwas beitragen können, beispielsweise wenn es um Spiele der Bundesliga oder der Champions League geht. Die regelmäßigen Treffen beim Training fördern ebenfalls das Kennenlernen, was oft zu Freundschaften auch außerhalb des Vereins führt.
Außerdem spricht der Ansporn durch die anderen Sportler für eine Mitgliedschaft in einem Sportverein. Oft haben junge Menschen nämlich wenig Lust, sich zu bewegen. Nicht selten schrecken Jugendliche auch davor zurück, alleine Sport zu treiben. Durch die Zugehörigkeit zu einem Verein fühlen sie sich jedoch verpflichtet, regelmäßig am Training teilzunehmen. Des Weiteren versuchen die jungen Vereinsmitglieder, sich und die anderen zu motivieren, damit der Spaß nicht verloren geht. Überdies bieten fitte Kameraden, die schon länger trainiert oder mehr erreicht haben, vielen einen Anreiz, selbst härter zu trainieren, um genauso gut zu werden. Der Wunsch, sich mit anderen zu messen, kann jugendliche Sportler zu Höchstleistungen reizen. Die Erfahrung in unserem Verein zeigt, dass junge Menschen, die zusammen mit anderen Sportbegeisterten aktiv sind, erfolgreicher sind als Teenager, die alleine Sport treiben.
Darüber hinaus können Jugendliche durch die Mitgliedschaft in einem Sportverein Selbstvertrauen gewinnen bzw. ihr Selbstbewusstsein stärken. Denn sie werden in der Gruppe oder Mannschaft gefordert und gefördert. Dabei erfahren sie Anerkennung und Bestätigung, etwa beim Erkämpfen einer bestimmten Spielerposition oder bei einem Spielzug, der das Team voranbringt. Der feste Zusammenhalt und die gemeinsamen sportlichen Ziele fördern das Selbstvertrauen wie auch das gegenseitige Vertrauen. Außerdem lernen junge Menschen im Sportverein, Herausforderungen anzunehmen, ihre Grenzen zu erproben und Angst, etwa vor einem Sturz oder einer Verletzung, zu überwinden. So erfährt man beispielsweise in der Klettergruppe unseres Sportvereins, welche Schwierigkeiten man meistern kann, wenn man anderen und sich selbst vertraut. Kehrt man nach einer erfolgreichen Klettersteigtour aus den Bergen zurück, sieht man auch anderen Aufgaben mit gewachsenem Selbstvertrauen entgegen.
Schließlich steigern Jugendliche durch die Mitgliedschaft in einem Sportverein ihre Teamfähigkeit – ein Aspekt, der weit über den Sport hinaus wichtig ist. Im Sportverein sind sie nämlich zusammen mit anderen aktiv und trainieren gemeinsam in einer Gruppe oder Mannschaft. Dadurch lernen sie, sich in ein Team einzugliedern und darin angemessen zu verhalten. Dies ist sehr wichtig, weil einem harmonischen Miteinander und der gemeinsamen Arbeit in der Schule wie auch im späteren Berufsleben große Bedeutung zukommen. Dazu gehört auch, Kompromisse einzugehen, was man ebenfalls im Sportverein lernen kann. Wenn beispielsweise ein Ruderer im Achter trainiert, merkt er rasch, dass es nicht darauf ankommt, in seinem Rhythmus so schnell wie möglich zu rudern, sondern darauf, zusammen mit den anderen das Boot im gleichen Takt voranzubringen. Damit bietet dieser Wassersport im Verein ein perfektes Beispiel dafür, dass teamfähige Menschen ein gemeinsames Ziel am schnellsten erreichen.

Jedoch dürfen auch die Nachteile, die sich für junge Menschen aus einer Mitgliedschaft in einem Sportverein ergeben können, nicht außer Acht gelassen werden.
So sollte nicht vergessen werden, dass oft hohe Kosten entstehen. Jugendliche müssen für die Mitgliedschaft viel Geld ausgeben, weil die Trainingseinheiten von fachkundigen Trainern betreut werden und entsprechende Räume oder Plätze sowie teure Geräte erfordern. Daher werden nicht selten für die Zugehörigkeit zu einem Verein hohe monatliche Beiträge verlangt, die Teenager von ihrem schmalen Taschengeld kaum bestreiten können. Deshalb müssen viele einen Nebenjob ausüben, was sich aber nicht immer mit den schulischen Verpflichtungen vereinbaren lässt. Auch Eltern, die mehrere Kinder haben, können die Ausgaben für teure Sportvereine oft nicht aufbringen. Der Kampfsportverein in unserem Stadtteil beschäftigt beispielsweise einen ausgebildeten Karatetrainer, der den jungen Teilnehmern eine professionelle Ausbildung ermöglicht. Doch der hochqualifizierte Karatemeister treibt den Jahresbeitrag in die Höhe, sodass immer mehr Jugendliche den Verein verlassen. Dieses Beispiel zeigt, dass hohe Mitgliedsbeiträge für einen Verein zwar gute Gründe haben können, aber trotzdem einen Nachteil für viele junge Menschen darstellen.
Ein weiterer negativer Aspekt ist die Bindung an feste Trainingszeiten. Denn wenn man sich bei einem Verein anmeldet, bekommt man sofort feste Termine, an denen der ausgewählte Sport stattfindet. Da Jugendliche aber auch schulische und private Verpflichtungen haben, die mit den Trainingszeiten kollidieren können, ist es für sie oft schwer, regelmäßig zu erscheinen oder die anderen Verabredungen einzuhalten. Schlimmstenfalls leiden sogar die schulischen Leistungen unter dem Termindruck durch den Sportverein. Ähnliche Erfahrungen haben zwei meiner Mitschülerinnen gemacht. Im letzten Schuljahr war plötzlich die Versetzung meiner Banknachbarin bedroht, weil ihr Verein der hervorragenden Badmintonspielerin immer mehr Trainingstermine verordnete. Meine Freundin hingegen flog aus ihrer geliebten Hip-Hop-Gruppe, weil sie jeden zweiten Donnerstag ihren kleinen Bruder betreuen musste und keine Zeit fürs Training hatte. Diese sehr unterschiedlichen Beispiele verdeutlichen, dass feste Trainingszeiten im Verein sowohl den schulischen Erfolg als auch die Freude am Sport beeinträchtigen können.
Hinzu kommt, dass durch die Mitgliedschaft in einem Sportverein häufig enormer Leistungsdruck auf den Einzelnen entsteht. Die jungen Sportler werden nämlich oft mit dem Ziel trainiert, unter Wettkampfbedingungen möglichst erfolgreich zu sein und für den Verein Siege zu erringen. Viele Jugendliche entwickeln deshalb großen Ehrgeiz, der sich auch negativ auswirken und zu Konkurrenzdenken und -verhalten sowie zur Vernachlässigung der Schule führen kann. Andere Vereinsmitglieder wiederum fühlen sich durch die hohen Anforderungen ausgegrenzt. Der Leistungsdruck kann zur Folge haben, dass weniger durchtrainierte Jugendliche, die nur zum Spaß Sport treiben wollen, regelrecht gemobbt werden und beispielsweise im Volleyballverein immer auf der Ersatzbank sitzen bleiben, bei Tennisturnieren stets nur die Bälle aufheben dürfen oder im Schwimmclub einsam am Beckenrand vor sich hin paddeln.
Schließlich ist anzumerken, dass Vereinssportler ihre Freunde außerhalb des Vereins oft vernachlässigen. Gründe dafür sind nicht nur die regelmäßig stattfindenden Trainingseinheiten und Wettkämpfe, sondern auch eine Vielzahl anderer Veranstaltungen des Vereins, an denen Mitglieder teilnehmen müssen oder möchten, etwa Sitzungen, Feiern oder Ausflüge. Außerdem bleibt man oft nach dem Training noch eine Weile zusammen. Insgesamt bedeutet dies, dass man auf Grund der Mitgliedschaft in einem Sportverein viel Zeit mit den anderen Sportlern verbringt. Daher bleibt weniger Zeit für weitere soziale Kontakte oder Interessen. Meine Freunde aus der Leichtathletikgruppe bieten ein anschauliches Beispiel dafür: Sie können sich kaum mit anderen Leuten treffen, denn neben dem Training am Dienstag und Freitag finden an den Wochenenden häufig Wettkämpfe statt, für die sie oft auch noch lange Anreisezeiten einplanen müssen. So bleibt ihnen immer weniger Zeit für Freunde, die dem Sprinten, Springen und Werfen nichts abgewinnen können. Man muss also folgern, dass die Mitgliedschaft in einem Sportverein dazu führt, dass alte Freundschaften wenig gepflegt und oft ganz aufgegeben werden.
(Schluss) Zusammenfassend kann man feststellen, dass es für und gegen die Mitgliedschaft in einem Sportverein stichhaltige Gründe gibt. Die oben erörterten Vorteile überwiegen jedoch meiner Meinung. Ich selbst profitiere sehr davon, Mitglied in einem Sportverein zu sein, weil ich dort viele andere Jugendliche mit ähnlichen Interessen kennen lerne und weil ich im Vereinssport Teamfähigkeit üben kann, die ich für eine wichtige Eigenschaft halte. Außerdem macht Sport in der Gemeinschaft viel mehr Spaß. Deshalb werde ich weiterhin in der Halle und in den Bergen zusammen mit meinen Vereinsfreunden klettern. Aus den genannten Gründen halte ich auch höhere Zuschüsse der Stadt für die Förderung des Jugendsports in unserem Sportverein für eine sinnvolle Investition.

2 Jugendliche in der Schuldenfalle

Eine materialgestützte Erörterung verfassen

Seite 13

A Was wird von dir verlangt?

1 Die folgenden unpassenden Formulierungen müssen **durchgestrichen** werden: A kann — B dürfen — C muss nicht — D dürfen nicht — E können — F darf nicht — G gelten nicht — H müssen — I muss nicht — J Keinesfalls sind

2 a Die richtige Definition ist B.
b Beispiel für die Ergänzungen: das Problem der Verschuldung – junge Menschen – zweigliedrig – Gründe – gegen

3 Die beiden bei der Bearbeitung des Themas relevanten Fragen: D und E

Seite 14

B Den Aufsatz planen

Das Material auswerten, Stoff sammeln

1 a Beispiel: A Aus einer Umfrage des Bankenverbands, wiedergegeben in einer Globus-Grafik — B 14- bis 24-Jährige — C 22% — D Telefonanbieter, Händler, Eltern, Freunde, Bank — E 2003, 2006, 2009, 2012

b Die Angaben links unten in Material 1 sind für die Einleitung und den Hauptteil der Erörterung nicht geeignet, [C] weil sie zeigen, dass die Zahl der verschuldeten Jugendlichen seit 2003 abgenommen hat.

2 a Stellen, die sich als Behauptungen eignen, sind in der Grafik rot markiert; Stellen, die sich als Begründungen eignen, sind rot unterstrichen. Die passenden Randnotizen sind ergänzt.

Seite 15

2 b Die Notizen gehören in dieser Reihenfolge (von oben nach unten) in die Kästchen: aufheben für Lösungsmöglichkeiten (Themafrage II) *(zu: zu wenig Aufklärung in der Schule)* – Begründungen für die Behauptung „zu niedriges Einkommen" *(zu: Arbeitslosigkeit, keine Lehrstelle)* – zu allgemein → besser nicht verwenden *(zu: schlechte Zukunftsperspektiven)*

3 a Beispiel für die Bearbeitung von Material 3 im Hinblick auf die Themafrage I (mögliche Behauptungen sind markiert, Begründungen einfach und Beispiele mit Punktlinie unterstrichen sowie Randnotizen ergänzt):

A [...] etwa um sich eine neue Jeans, neue Schuhe oder z.B. ein neues Handy zu leisten. — Beispiele für Konsumausgaben

B [...] – dieser soziale Druck führt dann zu unüberlegtem Konsum. — Grund, warum Jugendliche zu viel konsumieren

C Häufig führt mangelndes Finanzwissen dazu, dass man leichtfertig mit Geld umgeht. Zu wenige Kenntnisse über vertragliche Verpflichtungen, z.B. bei Internetgeschäften, sind der Grund [...]. — vollständige Argumentation mit Behauptung, Begründung, Beispiel

D Wenn die eigenen Eltern Konsum auf Pump vorleben und die Kinder es für normal halten, dass regelmäßig Mahnungen ins Haus kommen, ist ihre Hemmschwelle, selbst Schulden aufzunehmen, viel niedriger. — Begründung, inwiefern Eltern ein schlechtes Vorbild sein können

b Beispiellösung: A Beispiele, wofür junge Leute Geld ausgeben: Jeans, Schuhe, Handy. Passt zur Behauptung: Jugendliche haben zu hohe Konsumausgaben (vgl. Material 2). — B Jugendliche geben deshalb so viel Geld aus, weil sie dem sozialen Druck nachgeben und „cool" sein wollen. — C Eignet sich als Behauptung: „mangelndes Finanzwissen" + Begründung: zu wenige Kenntnisse über vertragliche Verpflichtungen + Beispiel: Internetgeschäfte — D Begründung für die Behauptung „schlechtes Vorbild der Eltern": Es ist bedenklich, wenn Eltern selbst „auf Pump" konsumieren und Kinder dieses Verhalten als „normal" erleben.

Seite 16

4 a **Material 4:** Mögliche Randnotizen, linke Seite der Grafik: Aussagen eignen sich für die Einleitung – rechte Seite: konkrete Beispiele, wofür Schulden gemacht werden

b Zutreffende Aussage: C, nicht zutreffende Aussagen: A, B, D

c Die rechte Spalte von Material 4 enthält ähnliche Aussagen wie Material 1 und 3.

5 a Beispiel für die Auswertung von Material 3, 5 und 6 im Hinblick auf die Themafrage 2:

Material 3: E Randnotiz: Behauptung für den 2. Hauptgliederungspunkt — F Randnotiz: Beispiel für Lösungsmöglichkeiten vonseiten der Schule

Material 5: unterstreichen: Überschrift „Der interaktive Budgetplaner" sowie „Ausgaben und Einnahmen mal aufzuschreiben"; Randnotiz: Beispiel für Lösungsmöglichkeiten vonseiten der Betroffenen selbst

Material 6:

Thunder05 Junge Leute werden so lange Schulden machen, wie es erlaubt ist, Jugendlichen und Azubis Dispokredite, Kreditkarten und alle möglichen Verträge anzudrehen, sobald sie 18 sind. Da müssen schlichtweg strengere Gesetze her, die vor allem die Banken in ihre Grenzen verweisen. — Behauptung: strengere Gesetze + Begründungen + Beispiel (Banken)

Weisheit4 Liebe Eltern, bringt den Kindern bei, wie man mit Geld umgeht! [...] Wenn das Taschengeld schon am 10. des Monats alle ist, dann ist es eben weg. Bloß nicht nachgeben. Ich musste das auch lernen und im Nachhinein bin ich meinen Eltern dankbar. — Behauptung: Maßnahmen vonseiten der Eltern + Begründungen: nicht nachgeben + Beispiel: Blogger Weisheit4

Najas Heute war schon wieder ein Prospekt für Handys in der Post und auch nach mehrmaligem Lesen habe ich nicht verstanden, was mich die Anschaffung denn nun kosten würde. Klar war nur: Der fett gedruckte Preis ist nie das, was man am Ende bezahlt. Außerdem verpflichtet man sich oft jahrelang. Solche Lockangebote, auf die vor allem Jugendliche hereinfallen, sollten verboten werden. — Behauptung: strengere Gesetze gegen Lockangebote, Begründung: Preise und Laufzeiten müssen klar ersichtlich sein, damit Jugendliche nicht darauf reinfallen.

HansimGlück Ich hatte als junger Mensch auch Schulden. Und alleine wäre ich da nie herausgekommen. Meine Rettung war die Schuldnerberatungsstelle. Mir wurde ein Berater zur Seite gestellt, der mit mir alle meine Einnahmen und Ausgaben geprüft und mit mir zusammen einen Plan erstellt hat, wie ich schrittweise wieder von den Schulden herunterkomme. Ohne ihn hätte ich es nicht geschafft!

Behauptung: Schuldnerberatungsstellen als Lösungsansatz + Begründung: gemeinsame Prüfung und Plan + Beispiel: Blogger HansimGlück

b In die Lücken gehören: (Punkt) E – (Material) 3 – Wirtschaftsleben – verantwortungsvollen Umgang mit Geld – das „Projekt Schulschwein" – (Punkt) F – (Material) 5 – Beispiel – Auch der Einzelne hat Möglichkeiten, Schulden zu vermeiden. – (Material) 6 – Dispokredite und Kreditkarten sowie alle möglichen Verträge – (Najas) – Weisheit4 – konsequent den Umgang mit Geld beizubringen – Schuldnerberatungsstellen – Berater – schrittweise – Schulden

Seite 17

Den Stoff ordnen, die Gliederung erstellen

1 **a** Für die Einleitung sind besonders gut geeignet: Material 1 und 4.
b Für den Einleitungssatz in der Gliederung geeignete Formulierung: B

2/3 Beispiellösung: **Gründe für die Verschuldung Jugendlicher:** zu niedriges Einkommen – zu geringes Wissen über Finanzen – äußere Anreize zur Verschuldung, z. B. Kredite – zu hohe Konsumausgaben – schlechtes Vorbild der Eltern – **Wie kann man dem Problem begegnen?** Einbeziehung von Schuldnerberatungsstellen – strengere Gesetze – Schuldenprävention in der Schule – konsequentes Erziehungsverhalten der Eltern – Möglichkeiten des Einzelnen zur Vermeidung von Schulden

4 Mögliche Gliederung:

A) Etliche Jugendliche und junge Erwachsene haben Schulden.
B) Gründe für die Verschuldung junger Menschen und Lösungsmöglichkeiten für dieses Problem
  I. Warum sind junge Menschen verschuldet?
    1. Schlechtes Vorbild der Eltern
    2. Zu hohe Konsumausgaben
    3. Großzügige Kreditvergabe
    4. Zu geringes Wissen über Finanzen
  II. Wie kann dieses Problem gelöst werden?
    1. Konsequentes Erziehungsverhalten der Eltern
    2. Schuldenprävention in der Schule
    3. Einbeziehung von Schuldnerberatungsstellen
    4. Strengere Gesetze
C) Die meisten Jugendlichen können verantwortungsvoll mit Geld umgehen.

Seite 18

C Eine materialgestützte Erörterung verfassen – Übungen

Die Einleitung schreiben

1 Eine Beispiellösung findest du zu Beginn des Musteraufsatzes auf S. 7 (Z. 3–9) in diesem Lösungsheft.

Argumentationen für den Hauptteil ausarbeiten und überarbeiten

1 **a/b** Die Behauptung ist markiert, Begründungen sind einfach und Beispiele mit Punktlinie unterstrichen, die ergänzten Beispiele sind *kursiv* gedruckt. Außerdem wurde eine Rückführung ergänzt.

Für die Verschuldung junger Menschen sind vor allem deren Konsumausgaben entscheidend. Denn Statussymbole spielen schon in frühen Jahren eine große Rolle und der soziale Druck unter Gleichaltrigen, was Kleidung und die Ausstattung mit technischen Geräten betrifft, ist enorm. Deshalb lassen sich auch viele Jugendliche zu Anschaffungen verleiten, für die ihr eigenes Geld gar nicht ausreicht. Auch Umfrageergebnisse der Schufa und der GfK aus dem Jahr 2013 verdeutlichen dies. *So geben 18- bis 24-Jährige ihr Geld besonders häufig für technische Geräte aus, insbesondere für Computerzubehör und Handys. Da in diesem Alter der Führerschein ansteht, kommen hohe Kosten dafür sowie möglicherweise für die Anschaffung eines Autos hinzu* (vgl. Material 4). Die eigenen Einnahmen bzw. das Ersparte reichen für solche Investitionen aber oft nicht aus. Um sich derartige Wünsche trotzdem erfüllen zu können, scheuen manche junge Menschen nicht davor zurück, einen Kredit aufzunehmen oder sich das Geld anderweitig zu leihen.

2 **a** Eine Beispiellösung findest du in Zeile 10 bis 17 des Musteraufsatzes auf S. 7 in diesem Lösungsheft. Nur der erste Satz muss hier so lauten: Ein weiterer Grund, warum sich Jugendliche verschulden, kann das negative Vorbild der Eltern sein. [...] *(Ungeeignete Aspekte im Wortspeicher: Arbeitslosigkeit der Eltern – Eltern sparen zu wenig fürs Alter)*
b Diese Argumentation kann nicht die erste des Aufsatzes sein, weil es zu Beginn heißt: Ein weiterer Grund, warum [...]. – Mögliche Formulierungen für die Überleitung zu einer ersten Argumentation: Ein erster Grund ... / Ein wichtiger Grund, warum sich Jugendliche verschulden, kann zunächst das negative Vorbild der Eltern sein. ...

Seite 19

3

a Behauptung: Weiterhin können vor allem Eltern durch konsequentes Erziehungsverhalten dazu beitragen, dass ihre Kinder nicht in die Schuldenfalle geraten.

b Material 1 belegt nicht die Aussage, dass Eltern an der Verschuldung ihrer Kinder einen Anteil haben. – Material 5 eignet sich eher als Beispiel für die Behauptung, dass der Einzelne auch selbst etwas gegen Verschuldung unternehmen kann. In der vorliegenden Argumentation soll aber die Behauptung erörtert werden, dass konsequentes Erziehungsverhalten der Eltern der Verschuldung junger Menschen entgegenwirken kann.

c Eine Beispiellösung findet du in Zeile 50 bis 59 des Musteraufsatzes auf S. 8 in diesem Lösungsheft. Nur der erste Satz muss hier so lauten: Vor allem können aber die Eltern durch ihr konsequentes Erziehungsverhalten dazu beitragen, dass ihre Kinder nicht in die Schuldenfalle geraten. [...]

Richtig zitieren

1 Richtige Zuordnung der Regeln in der Reihenfolge ihres Vorkommens: A 1 — B 2, 1 — C 1, 2 — D 2, 3, 1

Seite 20

2

a Richtige Zuordnung der Fehlertypen zu den fehlerhaften Sätzen: A3 — B1 — C2

b Beispiellösung für eine Verbesserung der Nachweise: A So hat eine Umfrage des Bankenverbandes ergeben, dass 22 % der 14- bis 24-Jährigen schon einmal Schulden gemacht haben (vgl. Material 1, Globus-Grafik). — B Material 2 zeigt, dass laut einer Befragung von Mitgliedern des Bundesverbandes Deutscher Inkasso-Unternehmen auch das schlechte Vorbild der Eltern für die Verschuldung junger Erwachsener verantwortlich ist. — C Hinzu kommt, dass es nach Einschätzung von Fachleuten, die sich in einer Pressemitteilung des Bundesverbandes Deutscher Inkasso-Unternehmen äußern, „Aufgabe unserer Bildungseinrichtungen ist, junge Menschen auf das Wirtschaftsleben und den verantwortungsvollen Umgang mit Geld vorzubereiten" (Material 3).

Den Schluss formulieren

1

a Folgende Fehler wurden (in dieser Reihenfolge) gemacht: Unsachliche und nicht haltbare Behauptung – falsche Wiedergabe der Zahlenangaben aus Material 1 – Es geht in Material 1 um Jugendliche und junge Erwachsene, nicht um Kinder. – Ungenaue Wiedergabe: Es geht um Schulden, die nicht zurückgezahlt werden konnten. – Im Schluss darf kein neues Argument / keine neue Behauptung auftauchen.

b Ein Beispiel findest du am Ende des Musteraufsatzes auf S. 8 (Z. 83–91) in diesem Lösungsheft.

Seite 21

D Eine eigene materialgestützte Erörterung verfassen

1 Beispiel für einen vollständigen Aufsatz zu der Gliederung auf S. 6 dieses Lösungshefts (sinnvolle Überleitungen, auf die du in deinen Erörterungen immer achten solltest, sind hier unterstrichen):

Viele junge Menschen tappen in die so genannte „Schuldenfalle". Erörtern Sie Gründe hierfür. Wie könnte man dem Problem begegnen?

(Einleitung) Eine Umfrage, die der Bankenverband im Jahr 2012 durchführte, ergab, dass 22 Prozent der 14- bis 24-Jährigen schon einmal Schulden gemacht haben (vgl. Material 1, Globus-Grafik). Ende 2012 hatten zudem 2,6 Prozent der 18- bis 19-Jährigen und 12,1 Prozent der 20- bis 24-Jährigen einen laufenden Kredit, der im Durchschnitt mehrere Tausend Euro betrug (vgl. Material 4, Globus-Grafik). Dies macht deutlich, dass für einen erheblichen Anteil junger Leute die Verschuldung ein großes Problem darstellt. Doch wie kann es überhaupt dazu kommen, dass sich Menschen bereits in jungen Jahren verschulden, und wie kann man diesem Problem begegnen? Diesen Fragen soll im Folgenden nachgegangen werden.

(Hauptteil) Ein erster Grund, warum sich Jugendliche verschulden, kann das negative Vorbild der Eltern sein. Denn Kinder und Jugendliche ahmen häufig das Verhalten ihrer Väter bzw. Mütter nach – das betrifft auch finanzielle Angelegenheiten. Wenn sie erleben, dass ihre eigenen Eltern nicht mit Geld umgehen können, dass sie keinen Überblick über ihre Finanzen haben oder über ihre Verhältnisse leben, weil sie mehr ausgeben als einnehmen, besteht die Gefahr, dass auch die Kinder einen sehr lockeren Umgang mit Schulden erlernen. Ist es beispielsweise zu Hause üblich, für Konsumanschaffungen auch einmal Kredite aufzunehmen oder sich das Geld von Verwandten zu leihen, so wird auch der Nachwuchs später weniger Scheu haben, sich Dinge zu leisten, für die eigentlich momentan kein Geld zur Verfügung steht. Eltern haben somit einen erheblichen Einfluss darauf, ob ihre Kinder später einmal in die Schuldenfalle tappen. Doch selbst wenn junge Menschen zu Hause das Sparen gelernt haben, verschulden sie sich oft, weil ihre eigenen Konsumausgaben zu hoch sind. Statussymbole spielen nämlich heute schon in frühen Jahren eine große Rolle und der soziale Druck unter Gleichaltrigen, was Kleidung und die Ausstattung mit technischen Geräten betrifft, ist enorm. Deshalb lassen sich viele Jugendliche zu Anschaffungen verleiten, für die ihr eigenes Geld nicht ausreicht. Auch Umfrageergebnisse der Schufa und der GfK aus dem Jahr 2013 verdeutlichen dies. So geben 18- bis 24-Jährige ihr Geld besonders häufig für technische Geräte aus, insbesondere für Computerzubehör und Handys. Da in diesem Alter außerdem der Führerschein ansteht, kommen hohe Kosten dafür sowie möglicherweise für die Anschaffung eines Autos hinzu (vgl. Material 4). Die eigenen Einnahmen bzw. das Ersparte reichen für solche Investitionen aber oft nicht aus. Um sich derartige Wünsche trotzdem erfüllen zu können, scheuen manche nicht davor zurück, sich das Geld zu leihen.

Ein nicht zu vernachlässigender Grund für die Verschuldung junger Menschen ist auch die großzügige Kreditvergabe an diesen Kreis. Denn viele Jugendliche und junge Erwachsene, die nur über ein geringes oder gar kein eigenes Einkommen verfügen, weil sie sich noch in der Ausbildung befinden, werden durch äußere Anreize, Werbung und Lockangebote zu Krediten und Ratenzahlungen verführt, die sie oft in eine Schuldenspirale treiben, aus der sie kaum noch herausfinden. Da wird jungen Menschen nämlich vorgetäuscht, dass es völlig in Ordnung sei, für Konsumwünsche einen Kredit in Anspruch zu nehmen. Und weil dies spätestens ab dem 18. Lebensjahr auch finanzschwächeren jungen Leuten möglich gemacht wird, nutzen manche diese scheinbar großzügigen Angebote auch aus – in Unkenntnis der Tatsache, dass dafür erhebliche Zinsen anfallen. Dies bestätigen auch die Ergebnisse einer Umfrage, die unter den Mitgliedern des Bundesverbandes Deutscher Inkasso-Unternehmen durchgeführt wurde. Demnach sind 42 Prozent der Befragten überzeugt, dass eine zu frühe Vergabe von Dispokrediten an junge Menschen zur Verschuldung führt. Sogar 52 Prozent der Befragten erklärten in der gleichen Umfrage, dass fehlende Kenntnisse über Verträge zu den Ursachen gehören (vgl. Material 2, Globus-Grafik). Wer also nicht in der Lage ist, seine Bedürfnisse einzuschränken und verlockenden Kreditangeboten zu widerstehen, sammelt schnell hohe Schulden an.

Hinzu kommt, dass nicht alle Jugendlichen die nötige Kompetenz in finanziellen Angelegenheiten besitzen. Denn mangelndes Wissen, was etwa vertragliche Verpflichtungen betrifft, kann in kurzer Zeit dazu führen, dass junge Menschen in finanzielle Schieflage geraten. Fachleute nennen in einer Pressemitteilung des Bundesverbandes Deutscher Inkasso-Unternehmen insbesondere Internetgeschäfte als ein Beispiel dafür, dass Jugendliche leichtfertig Geld ausgeben (vgl. Material 3). Wer sich auf langfristige Verträge, zum Beispiel in Form von Film- oder Musikabonnements, einlässt, verpflichtet sich zu Zahlungen über einen längeren Zeitraum. Ein Rücktritt von solchen Verträgen ist aber auch dann nicht möglich, wenn aus irgendwelchen Gründen diese Leistungen nicht mehr bezahlt werden können. Am Ende droht in schlimmen Fällen die Verschuldung.

Angesichts der Probleme, die eine Verschuldung vor allem für junge Menschen mit sich bringt, muss überlegt werden, was dagegen unternommen werden kann.

Zunächst können vor allem die Eltern durch ihr konsequentes Erziehungsverhalten dazu beitragen, dass ihre Kinder nicht in die Schuldenfalle geraten. Dazu zählt einerseits, selbst ein gutes Vorbild zu sein, indem zum Beispiel Konsumkredite vermieden werden und den Kindern vorgelebt wird, nicht mehr auszugeben, als man einnimmt. Das stellen auch Fachleute in einer Pressemitteilung des Bundesverbands Deutscher Inkasso-Unternehmen fest, die die Erfahrung gemacht haben, dass ein schlechtes Vorbild auch auf die Kinder abfärbt (vgl. Material 3). Andererseits müssen Eltern konsequent sein, was den Umgang ihrer Kinder mit Geld angeht. Das betrifft beispielsweise die Handhabung des Taschengeldes. Wenn Kinder lernen, dass es kein Geld mehr gibt, falls das Taschengeld frühzeitig aufgebraucht ist, kann ihnen das eine Lehre zu sein, sich die Einnahmen besser einzuteilen. Diese Erfahrung hat auch ein Nutzer eines Internetforums gemacht, der seinen Eltern heute noch dankbar ist, dass sie früher so streng waren (vgl. Aussagen von Weisheit4 in Material 6).

Neben den Eltern können zudem die Schulen einen Beitrag zur Schuldenprävention leisten. Denn bereits in der Grundschule könnte damit begonnen werden, Kindern den richtigen Umgang mit Geld zu vermitteln. So könnte ihnen beigebracht werden, wie man sich das Taschengeld einteilt und dass es sinnvoll ist, auch einmal für größere Anschaffungen zu sparen. In Material 3 wird dazu ein konkretes Praxisbeispiel vorgestellt: Das Münchner Schulprojekt „Schulschwein“ soll bei der Gelderziehung helfen und vermittelt den Kindern anschaulich, was es bedeutet, Geld zu sparen, auszugeben oder zu investieren. In späteren Jahren können diese Inhalte dann ergänzt werden, indem vor allem Fachwissen über das Geld- und Kreditwesen vermittelt wird. Auch die Konsequenzen vertraglicher Verpflichtungen, zum Beispiel bei Internetgeschäften oder Verträgen im Bereich der Telekommunikation, könnten Thema sein.

Wer schon Schulden hat bzw. erkennt, dass er mit seinem Geld nicht zurechtkommt, hat außerdem die Möglichkeit, sich an eine Schuldnerberatungsstelle zu wenden. Dort helfen professionelle Berater, einen Überblick über die eigenen Einnahmen und Ausgaben zu gewinnen. Zudem geben sie Tipps für Einsparmöglichkeiten und beraten, wie bereits vorhandene Schulden schrittweise wieder zurückgezahlt werden können. Vor allem wenn junge Menschen das Gefühl haben, dass ihnen ihre Geldsorgen über den Kopf wachsen, ist eine solche professionelle Anlaufstelle die richtige Lösung. Auch in einem Internetforum berichtet ein Teilnehmer, wie ihm in jungen Jahren ein kompetenter Berater einer solchen Einrichtung aus einer misslichen und scheinbar aussichtslosen Lage helfen konnte (vgl. die Äußerung von HansimGlück in Material 6).

Daneben gäbe es jedoch auch staatliche Maßnahmen, die es erschweren könnten, dass sich Jugendliche überhaupt verschulden. Vor allem vonseiten des Gesetzgebers bestehen hier Möglichkeiten. Denn den Banken könnten viel strengere Auflagen gemacht werden, was zum Beispiel die Vergabe von Kreditkarten oder Dispokrediten betrifft, die zugleich noch mit hohen Zinszahlungen verbunden sind. Dies wird auch als Lösung in einem Internetforum von einem Teilnehmer empfohlen (vgl. die Aussage von Thunder05 in Material 6). Ein Verbot solcher großzügiger Kreditmöglichkeiten vor allem für junge Menschen ohne festes bzw. mit geringem Einkommen durch entsprechende Gesetze kann dazu beitragen, dass die Verschuldung in dieser Altersgruppe insgesamt abnimmt.

(Schluss) Die vorliegende Erörterung zeigt zahlreiche Gründe auf, warum es zur Verschuldung junger Menschen kommen kann, und erläutert verschiedene Möglichkeiten, etwas dagegen zu unternehmen. Nicht zu vergessen ist aber, dass die meisten Jugendlichen mit ihrem Geld zurechtkommen. So sind es schließlich nur 22 Prozent der im Jahr 2012 befragten 14- bis 24-Jährigen, die schon einmal Schulden hatten (vgl. Material 1). Und vergleicht man in derselben Grafik die Entwicklung von 2003 bis 2012, so zeigt sich, dass die Zahl derer, die mehr Schulden hatten, als sie zurückzahlen konnten, abgenommen hat. Es ist also eher eine Minderheit, die den Umgang mit Geld nicht gelernt hat. Die Mehrheit der jungen Menschen scheint zu wissen, dass man sich nicht mehr leisten kann, als man mit seinem Einkommen zu bezahlen vermag. Dies ändert aber nichts an der Tatsache, dass den Jugendlichen, die in die Schuldenfalle geraten sind, geholfen werden muss. Professionelle Schuldnerberatungsstellen sind hier sicherlich die beste Anlaufstelle.

3 „Klick – und ab geht die Post"

Einen TGA zu einem journalistischen Text schreiben

Seite 24

A Was wird von dir verlangt?

1 Für die vorliegende Schulaufgabe sind zu streichen: D, F, H und J

2 Beispiel für die **Gliederung** (Einleitungs- und Schlusssatz werden später ergänzt):

A) *(Einleitungssatz wird später ergänzt)*
B) Textanalyse und weiterführende Aufgabe
  I. Untersuchung des Textes
    1. Inhaltszusammenfassung unter Berücksichtigung des Aufbaus
    2. Bestimmung und Begründung der Textsorte
    3. Untersuchung der sprachlichen Besonderheiten und ihrer Wirkung
      a) Wortwahl
      b) Satzbau
      c) Rhetorische Mittel
    4. Beschreibung des Layouts und seiner Wirkung
  II. Weiterführende Aufgabe
    – Innerer Monolog aus der Sicht eines Paketboten nach einem langen und anstrengenden Arbeitstag
    – Oder: Erörterung der Nachteile von Internetbestellungen für den Käufer
C) *(Schlusssatz wird später ergänzt)*

B Den Inhalt verstehen

2 Zutreffende Aussagen: B, D, E, F, G, I, J – nicht zutreffende Aussagen: A, C, H

Seite 25

3 Die richtige Zuordnung: Monopol (Z.37): alleiniges Vorrecht; Beherrschung eines Marktes – Retouren (Z.123): an den Händler zurückgeschickte Waren – zelebrieren (Z.40): feierlich ausführen – Hörgeräteakustiker (Z.35): Fachmann für Hörgeräte – visuell (Z.69): über das Sehen vermittelt – geschlechterspezifisches Konsumverhalten (Z.76 f.): unterschiedliches Verhalten von Männern bzw. Frauen beim Einkaufen – innovativ (Z.134): aufgeschlossen gegenüber neuen Ideen – Logistikdienstleister (Z.135): Dienstleistungsunternehmen, das sich um Versand, Transport und Zustellung von Waren kümmert – boomen (Z.94): einen wirtschaftlichen Aufschwung erleben, wachsen

C Einen TGA zu einem journalistischen Text verfassen

Hinweis: Aus den grau unterlegten Lösungen zu einzelnen Aufgaben ergibt sich, fortlaufend gelesen, ein vollständiger Beispielaufsatz. Dieser ist sehr umfangreich, um dir viele Möglichkeiten zu zeigen. Auch mit einem kürzeren TGA kannst du eine gute Leistung erzielen.

Die Einleitung schreiben

1 **a/b** Autorin: Gudrun Bayer – Titel: „Klick – und ab geht die Post" – Erscheinungsort: Nordbayerische Zeitung, Magazin am Wochenende – Erscheinungsdatum: 4./5. Mai 2013 – Textsorte: Reportage – Kernaussage: (siehe Aufgabe 2)

2 Als Kernaussage geeignet: C

3 Beispiellösung für die **Einleitung**:

Die Reportage „Klick – und ab geht die Post" von Gudrun Bayer erschien am 4./5. Mai 2013 im „Magazin am Wochenende" der „Nordbayerischen Zeitung". Darin setzt sich die Autorin mit den Veränderungen und Folgen des Paketversands durch die zunehmenden Internetbestellungen auseinander.

Seite 26

Den Inhalt des Textes unter Berücksichtigung seiner Struktur zusammenfassen

1 **a/b** Die Sinnabschnitte in der richtigen Reihenfolge und mit den zugehörigen Zeilenangaben:
(1) Der Imbiss „Iss was..!" in Nürnberg: Versorgung mit Essen sowie Paketannahme und -ausgabe (Z.1–11) – **(2)** Die unterschiedlichen Inhalte der Päckchen und Pakete: vom T-Shirt bis zu den Winterreifen (Z.11–20) – **(3)** Die Geschäftsidee der Imbissbetreiber vor drei Jahren: durch die Paketstelle Kunden für den Imbiss gewinnen (Z.21–33) – **(4)** Das Brief- und Paketmonopol der Post in früheren Zeiten (Z.34–43) – **(5)** Heute mehr als 800 Paketdienstleister für die zunehmende Zahl an Waren, die im Internet bestellt werden (Z.44–56) – **(6)** Vorteile des Interneteinkaufs aus der Sicht einer Marketingberaterin: große Auswahl, Einkauf zu Hause, weniger Zeitaufwand (Z.57–79) – **(7)** Nachteile des Interneteinkaufs aus der Sicht einer Reformhausbesitzerin und der Marketingfachfrau: nach Beratung im Laden Bestellung über das Internet, Verschwin-

den kleiner Läden (Z. 80–90) – **(8)** Bestandsaufnahme und Zukunftsprognose eines GLS-Managers: 5000 Paketshops, weiter zunehmender Onlinehandel, Anforderungen an die Paketstellen: günstige Lage, lange Öffnungszeiten, Parkplätze (Z. 91–102) – **(9)** Angebot des Konkurrenten DHL: neben 13.000 Verkaufsstellen 2500 Packstationen (Z. 103–110) – **(10)** Nachteile des wachsenden Paketaufkommens: zunehmender Lkw-Verkehr, Lärm, Umweltbelastung, kaputte Straßen (Z. 111–119) – **(11)** Möglichkeiten, die Zahl der Transporte trotz zunehmender Bestellungen zu verringern: eingeschränkte Rücksendemöglichkeiten, Umweltbutton für längere Lieferzeiten in Sammeltransporten (Z. 120–131) – **(12)** Vorhersage eines dänischen Zukunftsforschers: Offenheit für Neues bei den Paketdiensten und Paketklappen in allen Haustüren (Z. 132–140)

2 Hilfreiche Formulierungen, um die Struktur eines Sachtextes wiederzugeben: zunächst – zu Beginn – daraufhin erläutert die Autorin in den Zeilen ... bis ... – im weiteren Verlauf – in den Zeilen ... bis ... – der folgende Sinnabschnitt (Z. ... bis ...) – schließlich – zuletzt – im letzten Abschnitt – eine Prognose gibt ... in den Zeilen ... – das Ende ihres Textes leitet die Autorin in Zeile ... ein

3 Beispiel für eine **Inhaltszusammenfassung** (Überleitungen, die die Struktur des Textes verdeutlichen, sind unterstrichen):

Zu Beginn des fortlaufenden Textes stellt die Verfasserin in den Zeilen 1 bis 11 den Nürnberger Imbiss „Iss was..!" vor, dessen Inhaber das Speisenangebot mit der Annahme und Ausgabe von Paketen verbinden. Anschließend (Z. 11–20) schildert Gudrun Bayer die unterschiedlichen Besteller und die vielfältigen Inhalte der Päckchen und Pakete – vom T-Shirt bis zu Winterreifen. Im folgenden Sinnabschnitt (Z. 21–33) kehrt sie zu den Betreibern des Imbisses zurück, die vor drei Jahren auf die Geschäftsidee mit dem Paketshop kamen, um so zusätzliche Kunden für ihren Imbiss zu gewinnen. Dass es Paketstellen in Läden erst seit Aufhebung des Post- und Paketmonopols der Deutschen Post gibt, wird im nächsten Absatz (Z. 34–43) dargestellt. Heute transportieren und verteilen, wie man in den Zeilen 44 bis 56 erfährt, mehr als 800 Paketdienste in Deutschland die zunehmende Zahl an Waren, die Kunden im Internet bestellen.
Eine Marketingberaterin erläutert im darauffolgenden Sinnabschnitt (Z. 57–79) die Vorteile des Interneteinkaufs. Dazu zählen die große Auswahl, der bequeme Einkauf zu Hause und der geringe Zeitaufwand. Allerdings erklärt die Fachfrau auch, dass viele Menschen zwischen dem Einkauf im Geschäft und der Bestellung per Internet abwechseln. Den Vorteilen stellt die Reporterin im nächsten Absatz (Z. 80–90) die Nachteile von Interneteinkäufen gegenüber, wobei eine Reformhausbetreiberin und nochmals die Marketingfachfrau zu Wort kommen. Beide beklagen, dass viele Kunden sich im Laden beraten lassen und anschließend per Internet bestellen, was das Verschwinden vor allem kleinerer Läden zur Folge habe.
Anschließend (Z. 91–102) bietet ein Manager des Paketdienstes GLS eine Bestandsaufnahme und Zukunftsprognose: Das Unternehmen betreibe derzeit bereits 5000 Paketshops und er erwarte einen weiter stark zunehmenden Onlinehandel. Dabei müssten die Paketstellen gewissen Anforderungen genügen, zu denen eine günstige Lage, lange Öffnungszeiten und nahe gelegene Parkmöglichkeiten gehören. Nachfolgend gibt die Autorin in den Zeilen 103 bis 110 Vergleichswerte des Konkurrenten DHL an, der neben 13.000 Verkaufsstellen auch noch 2500 Packstationen betreibt.
Nach ihrer Darstellung der Transportdienste wendet sich Gudrun Bayer in Zeile 111 den Nachteilen des wachsenden Paketaufkommens zu. Sie nennt beispielsweise den zunehmenden Lkw-Verkehr, der Lärm, Umweltbelastung und kaputte Straßen zur Folge hat. Schließlich führt die Verfasserin in den Zeilen 120 bis 131 Möglichkeiten an, die Zahl der Transporte trotz zunehmender Bestellungen zu verringern. Bayer nennt eingeschränkte Rücksenderechte und den Vorschlag einer Güterverkehrsexpertin, bei Internetaufträgen einen Umweltbutton anzubieten, der längere Lieferzeiten in Sammeltransporten erlaubt. Am Schluss der Reportage (Z. 132–140) zitiert Gudrun Bayer einen dänischen Zukunftsforscher, der glaubt, dass Onlinehändler nur in der Zusammenarbeit mit den fortschrittlichsten Paketdienstleistern erfolgreich sein werden und dass es irgendwann Paketklappen in allen Haustüren geben werde.

Seite 27

Die Textsorte bestimmen und begründen

1 Beispiellösung: **Überschrift, die Neugier weckt** → regt zum Lesen an – **szenischer Einstieg:** unmittelbarer Beginn mit einem Dialog in der Paketstelle (vgl. Z. 1–10) → weckt das Leserinteresse, macht neugierig – **enthält sachliche Informationen:** über Postmonopol (vgl. Z. 35–43), über Veränderungen im Einkaufsverhalten (vgl. Z. 52–75), über Paketshops von GLS (vgl. Z. 97–102) und DHL (vgl. Z. 103–110) → wirkt informativ – **Autorin war vor Ort: Schilderung von Atmosphäre, Sinneseindrücken, Stimmungen:** Beschreibung ihres Besuchs im Imbiss (Z. 1–10), Schilderung der Pakete und Besteller (Z. 11–20) → gibt dem Leser das Gefühl, „live" am Geschehen beteiligt zu sein; wirkt anschaulich – **gibt auch die subjektive Sicht der Verfasserin wieder:** „mit teils fatalen Folgen" (Z. 80), „Eine von Paludans provokanten Ideen" (Z. 136) → persönliche Meinungsäußerung regt zum Nachdenken an; wirkt glaubhaft – **Beteiligte und verschiedene Experten kommen zu Wort:** Imbissbesitzer (Z. 2–5), Diana Jaffé, Marketingberaterin (Z. 57–79, 87–89), Ursula Dorweiler, Betreiberin eines Reformhauses (Z. 81–83), Klaus Conrad, Managing Director der GLS Germany (Z. 91–97), (indirekt) Heidi Tischmann, Güterverkehrsexpertin beim Verkehrsclub Deutschland (Z. 124–131) → vermittelt glaubhaft Hintergrundinformationen, stellt verschiedene Sichtweisen vor (Perspektivenwechsel) – **erzählerische, teilweise schildernde Sprache:** „vom Schaschlik- oder Kaffeeduft verführen" (Z. 31), „wollen es auspacken, anfassen, aus- oder anprobieren" (Z. 55 f.), „das Riechen der Aromen im Spezialitätenladen" (Z. 65 f.), „Doch die Alles-kommt-zu-jeder-Zeit-überallhin-Glückseligkeit hat ihre traurige Seite" (Z. 111 f.) → sorgt für Anschaulichkeit – **wechselnde Zeitstufen:** Präsens zur Schilderung gegenwärtiger Eindrücke (z. B. Z. 1–10), Perfekt/Präteritum für vergangene Entscheidungen (z. B. Z. 21–26), Präteritum für die Darstellung des länger zurückliegenden Postmonopols (Z. 35–43), Präsens zur Darstellung gegenwärtiger Verhältnisse (Z. 111–119) → unterscheiden Eindrücke vor Ort und Hintergrundinformationen – **gestalteter Schluss: Aufgreifen der Anfangsszene (Rahmen) oder Pointe:** am Ende Bezug auf den Anfang (Winterreifen) (Z. 139 f.) → rundet den Text ab – **Bild** → veranschaulicht die Textaussage, weckt das Leserinteresse

2 Bei dem Text „Klick – und ab geht die Post" handelt es sich um eine Reportage.

3 Beispiellösung für die **Bestimmung und Begründung der Textsorte:**

Verschiedene Merkmale belegen, dass es sich bei dem vorliegenden Text um eine Reportage handelt. So weckt bereits die Überschrift „Klick – und ab geht die Post" Neugier und regt zum Lesen an, während erst der Untertitel sachliche Informationen zum Thema des Artikels bietet. Typisch für die Reportage ist ebenfalls der szenische Einstieg in das Geschehen, hier der unmittelbare Beginn mit einem Dialog in einem Imbiss, der zugleich als Paketstelle dient (vgl. Z. 1–10). Auch dieser Anfang, eingeleitet durch eine Frage und das für einen Textbeginn unübliche Wort „Und", macht den Leser neugierig und vermittelt ihm, typisch für die Reportage, das Gefühl, „live" am Geschehen beteiligt zu sein. Diese Wirkung erzielt die Reporterin, die vor Ort recherchiert hat, indem sie ihre Erlebnisse, Eindrücke und Sinneswahrnehmungen lebendig und anschaulich schildert, etwa wenn sie über die Paketstelle im Imbiss schreibt: „So mancher lässt sich dann vom Schaschlik- oder Kaffeeduft verführen" (Z. 30 f.). Im Kontrast dazu gibt sie die Atmosphäre in den Postämtern der Vergangenheit bildhaft und ironisch wieder: „Der Gang zum Postamt wurde da so zelebriert wie ein Behördengang. [...] Postmitarbeiter galten als Auserwählte" (Z. 39–42). Dabei wechseln die Zeitstufen, was man ebenfalls häufig in Reportagen findet: Aus der Vergangenheit des Postmonopols wird im Präteritum erzählt (vgl. Z. 35–43), die Schilderungen aus dem Imbiss, den die Autorin besucht, stehen im Präsens (vgl. Z. 1–10), was den Eindruck der Unmittelbarkeit erhöht und dem Leser das Einfühlen in die Situation erleichtert. Für Anschaulichkeit sorgen auch erzählerische und schildernde Sprachelemente, etwa „wollen es auspacken, anfassen, aus- oder anprobieren" (Z. 55 f.) und „das Riechen der Aromen im Spezialitätenladen" (Z. 65 f.).
Doch eine Reportage enthält nicht nur farbige Schilderungen, sondern bietet gleichzeitig sachliche Informationen und Hintergrundwissen, im vorliegenden Text beispielsweise durch die Hinweise auf das veränderte Einkaufsverhalten (vgl. Z. 52–75), Angaben zur gegenwärtigen Zahl an Paketdienstleistern (vgl. Z. 44) und sachliche Erläuterungen zu den Paketdiensten GLS (vgl. Z. 97–102) und DHL (vgl. Z. 103–110). Dadurch wirkt der Artikel informativ. Sachwissen vermitteln auch Zitate befragter Fachleute, womit ein weiteres Kennzeichen der Textsorte angesprochen ist. Denn in der Reportage kommen in der Regel beteiligte Personen und oft auch Experten zu Wort. Im vorliegenden Text sind dies unter anderen der Paketstellen- und Imbissbetreiber Jürgen Wegerle (vgl. Z. 2–5) und Ursula Dorweiler, die Leiterin eines Reformhauses, die von den negativen Folgen des zunehmenden Interneteinkaufs unmittelbar betroffen ist (vgl. Z. 81–83). Die Marketingberaterin und Fachfrau für geschlechterspezifisches Konsumverhalten Diana Jaffé beschreibt die Vor- und Nachteile des Interneteinkaufs (vgl. Z. 57–79, 86–89) und Klaus Conrad, ein Manager bei dem Paketdienstleister GLS (vgl. Z. 91–102), sowie der dänische Zukunftsforscher Paludan (vgl. Z. 132–139) äußern sich zur Zukunft des Internethandels. Die Wiedergabe ihrer Informationen und unterschiedlichen Meinungen, meist in wörtlicher Rede, lässt die vermittelten Hintergrundkenntnisse besonders glaubhaft und zuverlässig erscheinen. Zudem werden mit dem Perspektivenwechsel verschiedene Sichtweisen auf das Thema vorgestellt. Dazu tragen auch die Vorschläge von Heidi Tischmann, der Güterverkehrsexpertin beim Verkehrsclub Deutschland, bei, die nur indirekt, nicht in wörtlicher Rede wiedergegeben werden (vgl. Z. 124–131). Auch die subjektive Sicht der Autorin/des Autors kommt in einer Reportage häufig zum Ausdruck. Die persönliche Einschätzung Gudrun Bayers wird in diesem Text beispielsweise deutlich, wenn sie die „traurige Seite" (Z. 112) und die „teils fatalen Folgen" (Z. 80) der vielen Internetbestellungen anspricht.
Schließlich ist der gestaltete Schluss ein weiteres Merkmal der Reportage: Am Ende greift die Verfasserin noch einmal einen Aspekt aus der Anfangsszene auf – die per Internet bestellten und mit einem Paketdienst gelieferten Winterreifen (vgl. Z. 1 f. und 139 f.). Damit schafft sie einen für die Textsorte charakteristischen Rahmen und bietet zugleich eine Pointe, denn selbst wenn alle Haustüren irgendwann Paketklappen haben sollten, werden sicher keine Winterreifen durchpassen. Auch das Foto gehört zur Reportage; es dient zunächst als Blickfang, um das Leserinteresse zu wecken, und veranschaulicht darüber hinaus den Text.

Seite 28/29

Die Sprache untersuchen

1 Die Textbelege sind hier richtig zugeordnet und mit Zeilenangaben versehen; dahinter stehen weitere passende Zitate; es sind nur die zutreffenden Wirkungen angegeben:

Wortwahl: wertende Adjektive: „provokanten [Ideen]" (Z. 136), „traurige [Seite]" (Z. 112) → Wirkung: verdeutlichen die Meinung der Autorin – **anschauliche Verben:** „zelebriert" (Z. 40), „verführen" (Z. 31) → Wirkung: geben Stimmung und Atmosphäre anschaulich wieder – **Fachbegriffe und Fremdwörter:** „Retouren" (Vorspann, Z. 123), „Zalando und Co." (Vorspann), „Managing Director" (Z. 93), „Pakettochter der deutschen Post" (Z. 103 f.), „innovativsten Logistikdienstleistern" (Z. 134 f.), „Monopol" (Z. 37), „Tendenz" (Z. 85), „boomenden Onlinehandel" (Z. 94), „Konkurrent" (Z. 103), „Konzepte" (Z. 119) → Wirkung: zeigen Fachkenntnis der Verfasserin und ihre Absicht zu informieren

Satzbau: Fragen: „Und die Sache mit den Winterreifen stimmt wirklich?" (Z. 1 f.), „Päckchen im Imbiss, beim türkischen Gemüsehändler oder beim Hörgeräteakustiker?" (Z. 34 f.) → Wirkung: erwecken den Eindruck von Unmittelbarkeit; vermitteln dem Leser das Gefühl, am Geschehen beteiligt zu sein – **Ellipsen:** „Alles Geschichte." (Z. 43), „Und dazu Päckchen." (Z. 11), „Ein Aspekt, der vor allem bei weiblichen Käufern zieht." (Z. 74 f.) → Wirkung: wirken besonders prägnant, fassen weitere Aussagen knapp zusammen

Rhetorische Mittel: Aufzählungen: „das trendige T-Shirt für die 20-jährige Studentin in drei verschiedenen Größen, die blaue Arbeitslatzhose für den Spengler, das Empfangsgerät für den Familienfernseher oder eben die Winterreifen für den Kleinwagen des Azubis" (Z. 15–20), „Winzige Päckchen und sperrige; Päckchen, die sich beim Hochheben verblüffend leicht anfühlen, und solche, die sich nur zu zweit tragen lassen." (Z. 11–14) → Wirkung: verdeutlichen die Vielfalt der Päckchen, der darin enthaltenen Waren und der Kunden – **Metapher:** „anschwellende Päckchenflut" (Z. 98 f.) → Wirkung: veranschaulicht bildhaft, dass die zunehmende Zahl an Paketsendungen bedrohlich ist – **Anapher:** „Früher wäre das undenkbar gewesen. Früher, das heißt, als die Bundespost noch das Monopol auf alle Dienstleistungen hatte [...]" (Z. 35–39) → Wirkung: verdeutlicht, dass dies endgültig vorbei ist und sich die Umstände stark verändert haben – **Alliteration:** „fatalen Folgen" (Z. 80), „auspacken, anfassen, aus- oder anprobieren" (Z. 56) → Wirkung: wirkt besonders anschaulich, erhöht die Aufmerksamkeit – **Neologismus:** „Alles-kommt-zu-jeder-Zeit-überallhin-Glückseligkeit" (Z. 111 f.) → Wirkung: erregt Aufmerksamkeit – **Wiederholung:** „Immer mehr Lastwagen [...] verursachen immer mehr Lärm, immer mehr Abgase, immer mehr Straßenschäden." (Z. 113–116); „Winzige Päckchen und sperrige; Päckchen, die sich beim Hochheben verblüffend leicht anfühlen, und solche, die sich nur zu zweit tragen lassen." (Z. 11–14) → Wirkung: will dem Leser die negativen Folgen der Internetbestellungen regelrecht einhämmern – **Gegensatz:** „Winzige Päckchen und sperrige" (Z. 11 f.) → Wirkung: verdeutlicht die Vielfalt an unterschiedlichen Päckchen

2 Beispiellösung für die **Untersuchung sprachlicher Besonderheiten**:

Bei der Untersuchung der anschaulichen Sprache fallen zunächst die bereits genannten wertenden Adjektive auf, die die Meinung der Autorin verdeutlichen (z. B. auch „provokanten", Z. 136). Ausdrucksstarke Verben wie „verführen" (Z. 31) oder „zelebriert" (Z. 40) geben Eindrücke und Stimmungen lebendig wieder. Da die Reportage aber auch sachlich informiert und Hintergrundwissen bietet, finden sich in den entsprechenden Textabschnitten und Expertenaussagen Fachbegriffe und Fremdwörter, etwa „Retouren" (Vorspann, Z. 123), „innovativsten Logistikdienstleistern" (Z. 134 f.), „Monopol" (Z. 37), „Tendenz" (Z. 85), „Konkurrent" (Z. 103) oder „Konzepte" (Z. 119). Damit zeigen die Verfasserin und die befragten Fachleute ihre Fachkenntnis über das Thema.

Beim Satzbau dieses Artikels sind besonders die Fragen und Ellipsen bemerkenswert. Eine Frage steht direkt am Anfang der Reportage: „Und die Sache mit den Winterreifen stimmt wirklich?" (Z. 1 f.) Diese Frage vermittelt dem Leser das Gefühl, selbst am Geschehen und am Gespräch beteiligt zu sein. Einen ähnlichen Eindruck von Unmittelbarkeit weckt die Frage in Zeile 34 bis 35. Noch häufiger verwendet die Autorin Ellipsen, etwa „Und dazu Päckchen." (Z. 11) oder „Alles Geschichte." (Z. 43) Diese unvollständigen Sätze fallen auf, wirken besonders prägnant und fassen im vorliegenden Text meistens weitere Aussagen knapp zusammen (vgl. auch Z. 74 f.).

Besonders ausdrucksstark wirken in dieser Reportage die verwendeten rhetorischen Mittel. So verdeutlichen Aufzählungen immer wieder eine Vielfalt, zum Beispiel der Päckchen und der darin enthaltenen Waren sowie der Kunden: „das trendige T-Shirt für die 20-jährige Studentin in drei verschiedenen Größen, die blaue Arbeitslatzhose für den Spengler, das Empfangsgerät für den Familienfernseher oder eben die Winterreifen für den Kleinwagen des Azubis" (Z. 15–20). Die Unterschiedlichkeit der Lieferungen wird auch in der folgenden Aufzählung deutlich: „Winzige Päckchen und sperrige; Päckchen, die sich beim Hochheben verblüffend leicht anfühlen, und solche, die sich nur zu zweit tragen lassen" (Z. 11–14). In dieser Formulierung macht außerdem der Gegensatz „winzige Päckchen und sperrige" (Z. 11 f.) die Unterschiedlichkeit der vielen Sendungen bewusst.

Die Bedrohlichkeit der immer weiter anwachsenden Paketmenge bringt die Autorin bildhaft zum Ausdruck, mit der Metapher „anschwellende Päckchenflut" (Z. 98 f.). Dieses sprachliche Bild ist bewusst eingesetzt, um dem Leser die enorme Zahl an Päckchen deutlich vor Augen zu führen. Eine Flut ist ein gefährliches Naturereignis, das kaum aufzuhalten ist. Wenn die Flut anschwillt, dann bleibt uns im Allgemeinen nichts anderes übrig, als Schutz zu suchen. Nicht umsonst wählt die Verfasserin dieses Stilmittel, um zu verdeutlichen, mit welcher fast unaufhaltsamen Menge an Paketen wir es in den nächsten Jahren zu tun bekommen werden. Sie möchte den Leser dazu bringen, diese Gefahr ernst zu nehmen, damit er nachzudenken beginnt und rechtzeitig gegensteuern kann. Später im Text wiederholt Gudrun Bayer diese Metapher noch einmal, wobei sie mit einem weiteren Bild der Lebensbedrohung („ersticken") die wachsenden Gefahren der Paketsendungen weiter dramatisiert, um ihren Appell wirkungsvoller zu gestalten. In diesem Zusammenhang thematisiert sie mögliche Gegenmaßnahmen, „um zu verhindern, dass wir eines Tages an der selbst geschaffenen Päckchenflut ersticken" (Z. 116–118).

Auch mit anderen Stilmitteln lenkt die Autorin das Interesse auf die negativen Ergebnisse des Internethandels. Der Neologismus „Alles-kommt-zu-jeder-Zeit-überallhin-Glückseligkeit" (Z. 111 f.) erregt besondere Aufmerksamkeit und wirkt etwas ironisch, zumal direkt danach mit der Personifikation die „traurige Seite" (Z. 112) die Nachteile dieser Einkaufsmöglichkeiten ausgeführt werden. In einer Alliteration nennt Gudrun Bayer die „fatalen Folgen" (Z. 80) der wachsenden Paketmenge – eine Formulierung, die auffällt, sehr anschaulich ist und im Gedächtnis haften bleibt. Appellativ wirken schließlich die Wiederholungen „Immer mehr Lastwagen [...] verursachen immer mehr Lärm, immer mehr Abgase, immer mehr Straßenschäden" (Z. 113–116). Damit werden dem Leser die Folgen der Internetbestellungen regelrecht eingehämmert.

Seite 29

Das Layout beschreiben

1 Zum Layout gehören: Spalten – Absätze – Schlagzeile (Headline) – Vorspann – kursiv gedruckt – fett gedruckt – Bild – Grafik – Fotografie – Zwischenüberschriften – Tabelle – Diagramm – Bildunterschrift – Initiale – Untertitel

2 Beispiel für eine sinnvolle Reihenfolge bei der Beschreibung des Layouts: Schlagzeile (Headline) – Untertitel – Vorspann – Initiale – Spalten – Absätze – Zwischenüberschriften – kursiv gedruckt – fett gedruckt – Grafik/Diagramm/Tabelle – Bild/Fotografie – Bildunterschrift *(Sinnvoll kann es aber z. B. auch sein, mit dem Bild/Foto zu beginnen, wenn es einen besonderen Blickfang darstellt.)*

3 Beispiellösung für die **Layoutbeschreibung** (ergänzte Wörter sind hier unterstrichen):

Beim Layout fällt zunächst die große Schlagzeile (Headline) „Klick – und ab geht die Post" auf. Sie soll den Leser neugierig machen und ihn zum Weiterlesen/Lesen animieren. Kleiner als die Headline, aber größer als der normale Text ist der Untertitel „Die Päckchenflut durch Onlinebestellungen wächst und wächst", der kurz und knapp, aber ebenfalls mit zwei rhetorischen Stilmitteln (Metapher „Flut" und Wiederholung „wächst und wächst") über das Thema der Reportage informiert. Darunter ist der Vorspann durch Kursivdruck hervorgehoben. Er geht dem eigentlichen Artikel voran und gibt dem

Leser einen schnellen Überblick über das Thema, die Vor- und Nachteile von Onlinebestellungen. Eine besonders groß gedruckte Initiale („U“, Z.1) lenkt den Blick auf den Beginn des fortlaufenden Textes, der durch den Satz in zwei Spalten leichter lesbar wird. Das Lesen erleichtern auch Absätze, die den Text gliedern. Verzichtet wurde auf Zwischenüberschriften, die in anderen Zeitungstexten den Artikel zusätzlich gliedern und einzelne Abschnitte zusammenfassen. Das Foto/Bild soll wie die Überschrift das Interesse des Lesers wecken und zum Lesen anregen. Außerdem veranschaulicht es den Inhalt des Textes.

Seite 30

Eine weiterführende Aufgabe bearbeiten

1 Die Arbeitsaufträge: Schreiben Sie einen inneren Monolog – Erörtern Sie

2 Beispiel für weitere Ideen: fast eine Stunde auf der A8 im Stau gestanden – furchtbar, dieser Regen – nasse Füße – Gezeter, weil das Paket nass geworden ist – o mein Rücken, lange schaffe ich das nicht mehr – das nervtötende Gehupe am Pündter Platz, weil ich drei Minuten in der zweiten Reihe geparkt habe – eine endlose Schlange an der Tankstelle – Was die Leute nur alles bestellen? – Mindestens 30 Kilo habe ich in der Farinellistraße in den fünften Stock geschleppt

3 Beispiellösung für den inneren Monolog als weiterführende Aufgabe:

Weiterführende Aufgabe:
Innerer Monolog aus der Sicht eines Paketboten nach einem langen und anstrengenden Arbeitstag
O, wie mir wieder alles wehtut! Vor allem mein Rücken! Den ganzen Tag auf den Beinen, raus aus dem Auto, Pakete schleppen, Treppen rauf, Treppen runter, rein ins Auto, weiter ... lange halte ich das nicht mehr aus. Gleich am frühen Morgen habe ich fast eine Stunde auf der A8 im Stau gestanden. Diese Stunde habe ich den ganzen Tag nicht wieder einarbeiten können. Und dann dieser furchtbare Regen! Um acht hatte ich schon nasse Füße. Wie die Frau mit den schlecht gefärbten Haaren gezetert hat, weil ihr Paket ein paar Tropfen abbekommen hat! Mein Hemd klebte klatschnass am Körper – das hat sie nicht interessiert. Was die Leute nur alles bestellen? Mindestens 30 Kilo habe ich in der Farinellistraße in den fünften Stock geschleppt. Jede Menge Päckchen mit Flaschen hatte ich heute; elend schwer sind die – und außerdem zerbrechlich. Wehe, wenn du die im Auto mal unvorsichtig nach hinten wirfst! Als ich tanken musste, stand vor jeder Zapfsäule eine endlose Schlange ... Danach nervtötendes Gehupe eines knallroten Cabrios am Pündter Platz, nur weil ich drei Minuten in der zweiten Reihe geparkt habe. Die Leute haben ja keine Ahnung, was mein Job bedeutet! Dort habe ich drei unförmige Pakete in den vierten Stock getragen – ohne Lift. Und dann war keiner da ... Nein, heute ist wirklich nicht mein Tag.

4 **a/b** Nachteile von Interneteinkäufen, die auch im Text vorkommen, sind hier markiert, Nachteile, die nur für den Käufer entstehen, sind unterstrichen: Verschwinden von Einzelhandelsläden – zunehmender Lärm – mehr Müll durch aufwendige Transportverpackungen – mehr Abgase – wachsende Umweltbelastung – keine Möglichkeit, die Produkte an-/auszuprobieren – schwere Sendungen, sperrige Päckchen – Betrugsmöglichkeit beim Bezahlvorgang – zunehmende Straßenschäden – unsichere Warenübergabe bei Abwesenheit – seriöse und unseriöse Angebote nicht leicht zu unterscheiden – vermeidbarer Verkehr – Probleme bei Rücksendungen – Entsorgung von Verpackungsmaterial – nur große Versandhändler überleben – Fehlen des sinnlichen Einkaufserlebnisses (fühlen, riechen, schmecken) – halb leere Lkws

c Beispiellösung für eine Erörterung als weiterführende Aufgabe (die Aufgabenstellung fordert nur zwei Argumentationen, hier findest du zur Verdeutlichung mehr):

Weiterführende Aufgabe: Erörterung der Nachteile von Internetbestellungen für den Käufer
Bestellungen im Internet haben auch für den Käufer eine Reihe von Nachteilen zur Folge.
Immer wieder ist in der Zeitung zu lesen, dass es beim Bezahlvorgang im Internet zu Betrügereien kommt. Viele Internetshops akzeptieren als Bezahlmöglichkeit nur den Bankeinzug oder das Abbuchen von einer Kreditkarte. Dabei weiß der Kunde aber nicht, wie sicher die Daten übertragen werden. Meist läuft alles problemlos, aber in Einzelfällen wird auch zu viel Geld vom Konto abgebucht oder die Ware kommt trotz erfolgreicher Bezahlung nie an. Sind die Kontodaten einmal per E-Mail weitergegeben, ist man als Käufer außerdem nie vor Missbrauch geschützt. Es ist in solchen Fällen schwierig, die Betrüger zu fassen und sein Geld zurückzubekommen. Gerade die Unsicherheit bei der Bezahlung hält manche Leute davon ab, in Onlineshops einzukaufen.
Auch die Übergabe der Ware ist nicht so einfach, wie sie von den entsprechenden Unternehmen dargestellt wird. Der Internetkunde weiß zwar inzwischen ungefähr, an welchem Tag sein Paket geliefert wird, aber er kennt den genauen Zeitpunkt nicht. Da die Auslieferer während des Tages ihrem Job nachgehen, ist meist beim Empfänger niemand anzutreffen, da der vermutlich ebenfalls tagsüber arbeitet. Dieses Problem wird oft dadurch gelöst, dass die Paketdienste so genannte Garagenverträge schließen, die es ihnen erlauben, die Lieferung an einem vorher vereinbarten Ort zu deponieren. Aber der Platz muss für den Paketboten zugänglich sein – und damit ist er es auch für andere Menschen. So kann es vorkommen, dass die Ware zwar hinterlegt wurde, aber irgendjemand sie an sich genommen hat. Der Kunde muss dann trotzdem bezahlen. Auch das sollte man bedenken, wenn man im Internet bestellt.
Nachteilig ist außerdem, dass man Ware kauft, die man nicht sehen kann. Gerade Frauen empfinden es oft als störend, wenn sie den Artikel, den sie ins Auge gefasst haben, nicht probieren oder anfassen können. Größen bei Kleidung fallen zum Beispiel völlig unterschiedlich aus und auch die Passform lässt sich nicht auf Grund einer Abbildung beurteilen. Außerdem will man auch den Stoff begutachten und befühlen oder die Verarbeitung überprüfen, bevor man den Kauf tätigt. Das alles lässt das Internet nicht zu, außer man bestellt eine Auswahl an in Frage kommenden Teilen. Gerade beim Kleidungskauf sticht dieser negative Aspekt besonders hervor, weil der Käufer hier auf eine Vielzahl von Kriterien achten

muss. Da bewährt es sich, dem Urteil und der Beratung einer ausgebildeten Fachkraft zu vertrauen, die das Netz aber nicht zur Verfügung stellen kann.
Ebenfalls nicht bieten kann ein Internetshop die sinnlichen Erlebnisse, die mit dem Einkaufen im Laden verbunden sind. Dazu gehört das Fühlen eines Stoffs ebenso wie das Riechen von Düften oder das Kosten von Lebensmitteln. Wenn man im Internet ein Parfüm bestellt, birgt der Kauf das Risiko, dass einem der Duft gar nicht zusagt. In der Parfümerie dagegen kann man verschiedene Duftnoten erschnuppern und sich je nach Geschmack entscheiden. Das gilt auch für den Einkauf von Kaffee oder Tee, bei dem die Nase eine entscheidende Rolle spielt. Manche Geschäfte bieten sogar Kostproben an, die die Kaufentscheidung zusätzlich erleichtern. Außerdem gehört Einkaufen ja auch auf Grund der geschilderten Eindrücke und Auswahlmöglichkeiten zu den beliebten Freizeitbeschäftigungen. Da gerät das Internet logischerweise ins Hintertreffen.
Es existieren also für den Käufer viele Nachteile beim Onlineeinkauf. Aber auch die Umwelt hat unter der Päckchenflut zu leiden, denn mehr Transporte erfordern mehr Straßen, mehr Energie und mehr Verpackungsmaterial. Das alles geht zulasten der Natur. Auch das sollte man bedenken, bevor man unnötig im Netz bestellt.

Seite 31

Den Schluss formulieren

1 Für den Schluss dieses TGA sind folgende Satzanfänge geeignet: B — D — G — H — I

2 Beispiellösung für den **Schluss**:

Ich fand den Text interessant, denn Gudrun Bayer macht darin auf die wachsende Anzahl von Paketlieferungen als Folge des Interneteinkaufs aufmerksam. Bisher habe ich solche Bestellungen nur als schöne persönliche Möglichkeit zum schnellen Einkaufen betrachtet. Die Reportage hat mir die Augen geöffnet, dass der Versand jedes einzelnen Päckchens Folgen für die anderen Menschen, für die Natur und für die Umwelt hat. Nachdenklich gestimmt hat mich auch die Aussage, dass viele Leute sich im Geschäft beraten lassen und dann per Internet bestellen, was das Verschwinden kleiner Läden mit fachkundigem Verkaufspersonal zur Folge haben wird. Wer soll uns dann in Zukunft Tipps geben, wenn wir zum Beispiel eine neue Kamera kaufen wollen? Vor allem aber beunruhigt mich die Vorstellung, dass der Internethandel die Umwelt schädigt und damit Einfluss auf meine Zukunft nimmt. Das Thema der Reportage geht uns alle an! Deshalb wünsche ich mir, dass in Zukunft mehr Menschen über die Folgen des Interneteinkaufs und der Päckchenflut nachdenken.

4 „Meine kleine Revolte"

Einen TGA zu einem journalistischen Text verfassen

Seite 33/34

A Was wird von dir verlangt?

1 A eine Einleitung — B die Struktur/den Aufbau — C Merkmalen/Kennzeichen — D bewirken/erreichen — E die Wortwahl, den Satzbau und rhetorische Mittel — F Zitate — Zeilennummer — G Schluss — Meinung — H sachlichen

Seite 34

2 Beispiel für die Gliederung (Einleitungs- und Schlusssatz werden später ergänzt):

A) *(Einleitungssatz wird später ergänzt)*
B) Textanalyse und weiterführende Aufgabe
  I. Untersuchung des Textes
    1. Inhaltszusammenfassung unter Berücksichtigung des Aufbaus
    2. Bestimmung und Begründung der Textsorte sowie der Absicht der Autorin
    3. Untersuchung der sprachlichen Besonderheiten und ihrer Wirkung
      a) Wortwahl
      b) Satzbau
      c) Rhetorische Mittel
  II. Weiterführende Aufgabe
    – Leserbrief an die Autorin
    – Oder: Aufruf für die Schülerzeitung
C) *(Schlusssatz wird später ergänzt)*

B Den Inhalt verstehen

2 Richtig sind: A durch das Foto eines Paares, das bei dem Einsturz einer Textilfabrik in Bangladesch ums Leben kam (vgl. Z. 3 f.) — B im April 2013 (vgl. Z. 1 + Textquelle: Brigitte Heft 18/2013) — C vier (vgl. Z. 8) — D Ein T-Shirt ist bei uns ein billiger Artikel

für den schnellen Konsum genauso wie ein Pappbecher voll Kaffee (vgl. Z.13–15) — E die getragene Kleidung modernisieren und weiterverkaufen (vgl. Z.45–48) — F indem sie nur noch ein Fünftel der Kleidung kauft, die sie früher erworben hat (vgl. Z.50–55)

Seite 35

3 Beispiellösung: A ein Beispiel, das weltweit Gültigkeit erlangt hat — B Gemeint ist der internationale Textilmarkt. — C internationale Konzerne, Fabrikbesitzer, Kunden, Arbeiterinnen — D Wir sind zwar Teil des Systems, können es aber nicht durchschauen und haben selbst widerstreitende Interessen.

C Einen TGA zu einem journalistischen Text verfassen

Hinweis: Aus den grau unterlegten Lösungen zu einzelnen Aufgaben ergibt sich, fortlaufend gelesen, ein vollständiger Beispielaufsatz.

Die Einleitung schreiben

1 Vorhandene Angaben: Quelle, Kernaussage – fehlende Angaben: Erscheinungsdatum, Name der Autorin, Titel des Textes, Textsorte

2 Beispiellösung für eine gelungene **Einleitung**:

In ihrem Kommentar mit dem Titel „Meine kleine Revolte", der 2013 in Heft 18 der Frauenzeitschrift „Brigitte" erschien, setzt sich Meike Dinklage mit den Missständen in der internationalen Textilindustrie auseinander. Im Vordergrund steht dabei die Frage, wie man als Kunde Einfluss auf die Auswüchse bei der Bekleidungsproduktion nehmen kann.

Seite 36

Den Inhalt des Textes unter Berücksichtigung seiner Struktur zusammenfassen

1 Beispiellösung: **(1)** (Z.1–7): Fabrikeinsturz, Bangladesch – **(2)** (Z.8–17): Arbeitsbedingungen – **(3)** (Z.18–26): effektiven/sinnvollen, Verbrauchers/Konsumenten – **(4)** (Z.27–43): Ziele/Interessen – **(5)** (Z.44–70): Einzelnen, Missstände, Vorgehensweise – **(6)** (Z.71–81): Alternative, Inkonsequenz – **(7)** (Z.82–88): Einwände – **(8)** (Z.89–91): eigenen kleinen Protests

2 Beispiellösung für die **Inhaltszusammenfassung** (Hinweise auf die Struktur sind unterstrichen):

Die Autorin beginnt ihren Kommentar mit dem Hinweis auf den Einsturz einer Textilfabrik in Bangladesch, bei dem mehr als 1000 Menschen ums Leben gekommen sind. Ein Zeitungsfoto des Unglücks bietet ihr den Anlass, sich mit den menschenunwürdigen Arbeitsbedingungen der Textilarbeiter in dem asiatischen Land auseinanderzusetzen, die sie in den Zeilen 8 bis 17 beschreibt. Dabei stellt sie gleich fest, dass sie als Verbraucherin auch Anteil an der Preispolitik auf dem Textilmarkt hat. Anschließend (Z.18–26) geht Meike Dinklage der Frage nach, was sie konkret gegen diese Missstände machen könnte, und gesteht, dass sie wenig Möglichkeiten hat, eine faire Bezahlung in den Produktionsländern zu bewirken. Ein Grund dafür ist der unübersichtlich strukturierte Markt, auf dem verschiedene Interessen vom Fabrikinhaber über die Textilarbeiter bis hin zum Verbraucher wirksam sind, die Dinklage im vierten Sinnabschnitt knapp darstellt. Für den Kunden ist schwer nachzuvollziehen, welcher Hersteller fair produziert. Dass der Konsument aber trotzdem Möglichkeiten hat, gegen die unmenschlichen Produktionsbedingungen vorzugehen, zeigt die Verfasserin ab Zeile 44 auf, indem sie einige Strategien nennt. So könne er zum Beispiel bereits getragene Kleidung kaufen oder sie umarbeiten lassen. Sie persönlich hat beschlossen, viel weniger Bekleidung zu kaufen und dadurch ein Zeichen zu setzen, das in der Zukunft vielleicht Auswirkungen auf den Textilmarkt haben wird, der nicht ins Unendliche wachsen kann. Dass sie in ihrem Vorgehen nicht immer konsequent ist, gibt die Journalistin in den Zeilen 71 bis 81 zu, wenn sie gesteht, in Ausnahmefällen selbst zum Billig-T-Shirt zu greifen. Im vorletzten Absatz (Z.82–88) nennt die Autorin mögliche Kritikpunkte an ihrer Strategie, etwa dass sich nicht jeder teure Kleidung leisten kann und außerdem die Arbeitsplätze der Fabrikarbeiterinnen durch Boykottmaßnahmen gefährdet wären. Im Fazit ihrer Überlegungen rechtfertigt Meike Dinklage trotzdem ihr Vorgehen, denn sie ist der Meinung, ein kleiner Protest sei besser, als gar nichts zu tun.

Seite 36/37

Die Textsorte bestimmen und begründen, Absichten der Autorin darstellen

1 **a/b** Folgende Aussagen treffen zu (Zeilenbelege in Klammern): B (Vgl. z.B. Z.4–7) — C (Vgl. z.B. Z.1–4) — E (Vgl. Z.1, 4–6) — F (Vgl. z.B. Z.8–11, 28–35) — G (Vgl. z.B. Z.49 f., 58, 64–70) — H (Vgl. z.B. Z.44–48, 71–73) — J (Vgl. z.B. Z.42 f., 67–70) — K (Z.89–91) — L (Vgl. z.B. Z.56 f.)

c Die genannten Merkmale weisen eindeutig auf die Textsorte Kommentar hin.

Seite 37

2 Sätze, die auf die Autorenabsicht des Textes zutreffen: C — D — F — G — H — I

3 Beispiellösung für die **Textsortenbestimmung**:

Dass es sich bei dem Text mit dem Titel „Meine kleine Revolte“ um einen Kommentar handelt, erkennt man schon an der Überschrift, weil hier bereits das Wort „meine“ vorkommt und damit deutlich wird, dass es sich um eine subjektive Meinungsäußerung handelt. Zugleich kann man der Headline eine Wertung entnehmen. Wenn Meike Dinklage ihr Vorgehen als „kleine Revolte“ bezeichnet, drückt sie damit Widerspruchsgeist aus, aber gleichzeitig kann man auch ihre Unsicherheit heraushören. Sie will mit ihrer sicher nicht weltbewegenden Aktion ein Zeichen setzen. Das kann man auch im Fazit, das ebenfalls typisch für die Textsorte ist, erkennen. Hier kommt sie erneut auf die Einfachheit des Vorgehens zu sprechen, sieht aber gerade darin den Erfolg. An dieser Stelle kann man deutlich ihre Hoffnung herauslesen, mit ihrem Beispiel Schule zu machen.
Auch die im fortlaufenden Text immer wieder verwendete Ich-Form (vgl. z. B. Z. 6, 26, 44) offenbart die persönliche Meinung der namentlich genannten Autorin, die eindeutig auf die Textsorte hinweist. Wenn sie die Möglichkeiten durchspielt, wie man sich gegen die Allmacht der Textilkonzerne wehren kann, gibt sie ehrlich zu, dass manche für sie nicht in Frage kommen. Dadurch entlastet sie den Leser gewissermaßen, der so nicht das Gefühl bekommt, es sei ganz einfach, gegen den Billigkonsum zu protestieren. Gleichzeitig weckt die Verfasserin aber seine Aufnahmebereitschaft, da er schon mit Spannung erwartet, was denn ihre Strategie ist. Diese begründet sie dann auch ausführlich und beruft sich dabei auf Zahlen einer Untersuchung, die beweisen, dass jeder zu viel Kleidung im Schrank hängen hat. Durch die konkreten Daten (vgl. Z. 53–55) erreicht sie beim Verbraucher ein Nachdenken über sein eigenes Verhalten. Nachdem sie ihren Gedankengang erläutert hat, erwartet Meike Dinklage Verständnis für ihre Entscheidung zum Verzicht. Ihre einfache Aktion könnte vielleicht auch Vorbild für die Konsumenten sein und diese zu irgendeiner Form des Widerstands bewegen. Dass nicht jeder ihren Boykott gutheißen wird, ist ihr bewusst und deshalb nennt sie selbst – wie das oft in Kommentaren der Fall ist – mögliche Einwände, jedoch ohne sie zu entkräften. Sie besteht also nicht kategorisch auf ihrer Meinung, sondern sieht die Aktion als Denkanstoß für den Leser, selbst etwas gegen die Missstände in der Textilwirtschaft zu unternehmen. Eine solche Anregung zur Meinungsbildung des Lesers ist ebenfalls ein wichtiges Merkmal dieser Textsorte.
Typisch für den Kommentar ist auch der Bezug auf ein aktuelles Ereignis und die Nachrichten darüber, in diesem Fall auf den Einsturz einer Textilfabrik in Bangladesch. Die näheren Umstände werden nicht erläutert, weil die Verfasserin davon ausgeht, dass der Leser davon gehört oder gelesen hat. Das bestätigen auch die bestimmten Artikel („das Foto“, Z. 1; „der Textilfabrik“, Z. 2) gleich am Anfang ihres Textes, die man dann verwendet, wenn man sich auf Bekanntes bezieht. Da die Autorin von der „Tragödie der Textilarbeiter“ (Z. 5) spricht, ist ihre Betroffenheit spürbar. Damit kann sie den Leser auch emotional berühren.
Meike Dinklage stellt ihre eigene Entscheidung dar und betont, dies sei ihr persönlicher Weg, Widerstand gegen die Auswüchse in der Textilfertigung zu leisten. Denn anders als viele Zeitgenossen ist sie nicht der Meinung, der Einzelne könne nichts unternehmen. Sie will ihre Leser davon überzeugen, dass selbst ein kleiner Boykott seine Wirkung entfalten und möglicherweise kleine Veränderungen im System nach sich ziehen kann.

Seite 38/39

Die Sprache untersuchen

1 Beispiellösung (geordnet nach Wortwahl, Satzbau und rhetorischen Mitteln, wobei es allerdings manchmal auch Überschneidungen gibt):

Wortwahl: „schuften“ (Z. 9): ausdrucksstarkes Verb → vermittelt harte Arbeitsbedingungen – „Klamotten“ (Z. 12, 45): Umgangssprache → allgemeiner Sprachgebrauch, Leser ansprechen – „mal“ (Z. 13): Umgangssprache → allgemeiner Sprachgebrauch, Leser ansprechen – „schnelles Geld machen“ (Z. 30 f.): Redewendung/Umgangssprache → betont rein finanzielles Interesse der Fabrikbesitzer – „einen neuen, fairen Style kreieren“ (Z. 63 f.): Modesprache → zeigt Interesse an Mode, Fachkenntnis; soll modern klingen – „zum Erliegen bringen“ (Z. 67): Redewendung → wirkt übertrieben/ironisch angesichts des kleinen Protests – „Upcycling-Stores“ (Z. 48): Fachbegriff → zeigt Auseinandersetzung mit dem Problem und Suche nach Lösungen – „die sozialen und ökologischen Standards“ (Z. 59 f.): Fremdwörter → zeigen Sachkompetenz, Informiertheit
Satzbau: „Das Foto [...]. Das Foto [...].“ (Z. 1–6): Wiederholung im Satzbau, Parallelismus *(Stilmittel!)* → besondere Betonung des Fotos, verdeutlicht Betroffenheit – „Zwei von fast vier Millionen.“ (Z. 8): Ellipse → Konzentration auf das Wesentliche verstärkt Wirkung der Zahlen – „Was tue ich dann?“ (Z. 26): Frage → zeigt Gedankengänge und Unsicherheit der Autorin; es gibt keine einfache Lösung – „Internationale Konzerne, die [...]. Fabrikbesitzer, die [...]. Kunden, die [...]. Arbeiterinnen, für die [...].“ (Z. 29–35): Wiederholung im Satzbau, Parallelismus *(Stilmittel!)* + Ellipsen → verdeutlicht widerstreitende Interessen; kein Wort zu viel – „Es ist kompliziert. Ich kann nicht alle Widersprüche auflösen.“ (Z. 89 f.): einfache Aussagesätze → zeigen, dass Autorin nicht alles versteht / nicht alles erklären kann
Rhetorische Mittel: „in Bangladesch, Indien, Nepal oder Bulgarien“ (Z. 25 f.): Aufzählung → verdeutlicht globales Ausmaß der Missstände in Textilfabriken – „In einem Haufen Widersprüche.“ (Z. 36): Metapher, Umgangssprache, Ellipse → betont: Es gibt viele Ungereimtheiten. – „keine geraden Wege“ (Z. 27): Metapher → zeigt verwirrende Komplexität – „Wirtschaftswachstum der Welt“ (Z. 66 f.): Alliteration → betont die Stelle, verdeutlicht dass das Problem ein globales ist – „möglichst viel Mode für möglichst wenig Geld“ (Z. 32 f.): Antithese → hebt Widerspruch hervor: Kunden wollen viele Artikel, aber nur wenig bezahlen

Seite 39

2 Beispiellösung für passende Aussagen zur Wirkung: A [...] Anders als „arbeiten“ drückt dieses Verb aus, dass harte Arbeitsbedingungen herrschen und die Menschen unter großen Belastungen tätig sein müssen. — B Indem die Autorin Fragen in den Text einbaut (z. B. „Was tue ich dann?“, Z. 26), macht sie ihre Gedankengänge und ihre Verunsicherung deutlich. Dem Leser wird so bewusst, dass es keine einfachen Antworten auf diese Fragen gibt. — C [...] Die Alliteration macht noch einmal deut-

lich, dass es sich bei dem Thema um ein globales handelt, das alle betrifft. — D [...], drückt sie bildlich aus, dass die Zusammenhänge nicht einfach strukturiert sind und somit der Verbraucher auch kaum einen Überblick erhalten kann, wenn er das System verstehen will. Die Metapher „keine geraden Wege“ erinnert an ein Labyrinth, und so beschreibt die Verfasserin anschließend auch die unterschiedlichen Interessen.

3 Beispiellösung für die **Sprachuntersuchung** (deine Lösung muss nicht so ausführlich sein, aber hier wird auf die meisten Auffälligkeiten eingegangen, damit du weißt, ob deine Erklärung richtig ist):

Die Kommentatorin setzt eine Reihe sprachlicher Mittel ein, um ihre Meinung zu vermitteln.
Untersucht man die Wortwahl, fällt auf, dass sie einerseits umgangssprachliche Ausdrücke benutzt wie „Klamotten“ (Z. 12, 45) und „mal“ (Z. 13), die im allgemeinen Sprachgebrauch üblich sind und den Leser unmittelbar ansprechen sollen. Andererseits verwendet sie aber auch Fachbegriffe aus der Modebranche (z. B. „einen neuen, fairen Style kreieren“ in Z. 63 f. oder „Upcycling-Stores“ in Z. 48), die zeigen, dass sie modisch interessiert ist und Fachkenntnis besitzt. Außerdem hat sich Meike Dinklage mit dem Thema „Textilhandel“ intensiv auseinandergesetzt, was sie durch Fremdwörter wie „die sozialen und ökologischen Standards“ (Z. 59 f.) beweist. Mit dem ausdrucksstarken Verb „schuften“ (Z. 9) vermittelt sie gleichzeitig die harten und menschenunwürdigen Bedingungen, unter denen in den Textilfabriken gearbeitet wird. Etwas Selbstironie zeigt die Autorin durch die übertrieben wirkende Redewendung „zum Erliegen bringen“ (Z. 67), denn ihr kleiner Protest wird wohl kaum eine so durchschlagende Wirkung erzielen. Die Redewendung „schnelles Geld machen“ in Zeile 30 f. dagegen vermittelt umgangssprachlich, welche Zielsetzung die Fabrikbesitzer und Konzernchefs antreibt. Dieser Ausdruck erinnert an Geschäfte, die am Rande der Legalität ablaufen.
Betrachtet man den Satzbau, so fällt auf, dass die Verfasserin oft einfache Aussagesätze benutzt, zum Beispiel in Zeile 89 f.: „Es ist kompliziert. Ich kann nicht alle Widersprüche auflösen.“ Dadurch wird deutlich, dass sie selbst die Zusammenhänge im Textilhandel nicht im Detail verstehen bzw. erklären kann. Das wird auch mit der Frage „Was tue ich dann?“ (Z. 26) zum Ausdruck gebracht, denn sie zeigt, dass es für das Problem keine einfache Lösung gibt und die Autorin selber unsicher ist, was man als Verbraucher gegen die Missstände unternehmen kann. Dass diese sie gelegentlich sogar sprachlos machen, zeigt sich in der monotonen Ausdrucksweise in den Zeilen 1 und 4, wo sie zweimal den Satz mit den Worten „Das Foto“ beginnt. Diese bewusste Wiederholung vermittelt dem Leser, wie betroffen die Autorin ist. Auch in Zeile 29 bis 35 verwendet sie viermal hintereinander denselben Satzbau („Internationale Konzerne, die [...]. Fabrikbesitzer, die [...]. Kunden, die [...]. Arbeiterinnen, für die [...]“), um die Mechanismen im System der Textilwirtschaft zu enttarnen. Verstärkt wird die Wirkung dieser Sätze durch die Ellipsen: Jedes überflüssige Wort wird hier ausgespart, weil die Tatsachen für sich sprechen. Die Ellipse „Zwei von fast vier Millionen“ (Z. 8) betont die genannten Zahlen und informiert karg darüber, dass die beiden Toten nur exemplarisch für die hohe Zahl geschundener Arbeiter stehen.
Durch die Alliteration „Wirtschaftswachstum der Welt“ (Z. 66 f.) macht die Verfasserin klar, dass wir es mit einem globalen Problem zu tun haben. Der Ausdruck wirkt wie ein Werbeslogan, der von ihr hinterfragt wird. Deshalb nutzt sie auch die Metapher „keine geraden Wege“ (Z. 27). Dieses sprachliche Bild veranschaulicht das verwirrende System und die Komplexität auf dem Textilmarkt, dessen Mechanismen die Autorin nicht ganz durchschaut. Dass die erwähnten Missstände kein Einzelfall sind, wird durch die Aufzählung der an der Bekleidungsproduktion maßgeblich beteiligten Länder betont („in Bangladesch, Indien, Nepal oder Bulgarien“ Z. 25 f.). Die Ursache für die negative Entwicklung auf dem Textilmarkt bringt die Autorin durch die Antithese „möglichst viel Mode für möglichst wenig Geld“ (Z. 32 f.) auf einen einfachen Nenner, weil so der Widerspruch im Verhalten der Verbraucher aufgedeckt wird. Dass dies nicht der einzige Widerspruch ist, drückt sie in Zeile 36 aus, wo sie von „einem Haufen Widersprüche“ spricht. Der abstrakte Begriff „Widerspruch“ wird hier mit dem bildlich vorstellbaren Begriff „Haufen“ kombiniert und bekommt damit besonderen Nachdruck.

Seite 40

Eine weiterführende Aufgabe bearbeiten

2 Fehler: Briefkopf und Betreff fehlen, unpassende Anrede, Bezug zum Artikel fehlt, flapsiger Stil, Behauptung ohne Begründung (Hinweis: Wenn es sich nicht um eine Schulaufgabe handelt, wird ein Leserbrief in der Regel am PC geschrieben.)

3 Beispiellösung für einen **Leserbrief zu dem Kommentar:**

Weiterführende Aufgabe: Leserbrief zu dem Kommentar

(Absender)

(Empfänger)

(Ort, Datum)

Meike Dinklage: „Meine kleine Revolte“. Brigitte, Heft 18/2013, S. 117

Sehr geehrte Frau Dinklage,

auch mich hat das Foto, das Sie in Ihrem Kommentar beschreiben, berührt und ich habe über mögliche Konsequenzen nachgedacht, denn ich finde das Vorgehen der Fabrikbesitzer und Konzerne in der Bekleidungsindustrie genauso skandalös wie Sie.
Allerdings sind meine Möglichkeiten des Widerstands recht begrenzt. Ich bin Schüler einer 10. Klasse und verfüge über kein eigenes Einkommen. Somit kann ich mir keine teuren fair produzierten Kleidungsstücke leisten und muss, anders als Sie, billige T-Shirts kaufen. Aber ich gebe zu, dass es durchaus auch weniger sein könnten. Selbst wenn nicht 80 Prozent des Inhalts meines Kleiderschranks unbenutzt sind, so bleibt wahrscheinlich doch die Hälfte meiner Kleidung die meiste Zeit ungetragen. Da wäre für mich ein möglicher Ansatzpunkt.

Meine Kleidung secondhand zu kaufen oder aufzutragen, bis sie kaputt geht, käme für mich allerdings nicht in Betracht, weil es mir wichtig ist, modisch angezogen zu sein. Aber selbst wenn ich auf den Preis achten muss, kann ich mich doch informieren, wie die gekauften Kleidungsstücke produziert wurden. Vielleicht kann ja ein permanentes Nachfragen bewirken, dass die Hersteller erkennen, wie wichtig faire Produktion ist. Das trifft im Übrigen auch auf die Umweltverträglichkeit der Stoffe und Zutaten zu. Auch da liegt einiges im Argen. Leder zum Beispiel wird in Indien mit Hilfe von giftigen Chemikalien wie Chrom gegerbt und schadet sowohl den Menschen, die diese Tätigkeit ausüben müssen, als auch der Umwelt, denn die Giftstoffe werden meist ungefiltert entsorgt.
Ihren „kleinen“ Boykott finde ich bewundernswert, weil doch viele Leute behaupten, man könne gegen Großkonzerne nichts ausrichten. Hinter Ihrer Entscheidung steckt auf jeden Fall Idealismus – und der hat in der Weltgeschichte ja schon einiges bewirkt. Und vielleicht haben Sie mit Ihrem Kommentar manchen Leser zum Nachahmen animiert.

Mit freundlichen Grüßen

...

4 **a–d** Beispiel für einen **Aufruf in der Schülerzeitung** (Begründungen sind unterstrichen):

Weiterführende Aufgabe: Aufruf in der Schülerzeitung

KÖNIG KUNDE – Kleidung bewusst tragen

Wisst ihr eigentlich, unter welchen menschenunwürdigen Bedingungen unsere modischen Klamotten hergestellt werden? Jeder von uns trägt Sachen, die unfair produziert wurden! Dokumentationen im Fernsehen oder in der Zeitung zeigen das menschenverachtende System der Bekleidungsindustrie. Aber wir sind dem nicht hilflos ausgeliefert!

Es gibt auch für **DICH** Möglichkeiten, Einfluss zu nehmen:
- Kauf in Secondhand-Läden ein. So muss nichts Neues produziert werden.
- Schränke deine Einkäufe auf das Notwendige ein. Kaufe nur, was du wirklich anziehen wirst. Auch die Masse der Produkte verschärft die Arbeitsbedingungen. Man muss ein T-Shirt nicht in zehn Farben besitzen!
- Verzichte auf Billigkleidung. Die wird garantiert unfair produziert.
- Vermeide Spontankäufe. Oft kauft man ein Stück, das man dann selten trägt.
- Achte auf deine Kleidung und verschmutze sie nicht unnötig. So hält sie länger.
- Trage deine Sachen auf. Nur weil Farbe oder Schnitt nicht mehr exakt der Mode entsprechen, muss die Hose nicht gleich in den Container wandern.
- Pimp deine Klamotten, wenn sie dir nicht mehr gefallen. „Upcyceln“ ist gerade ganz hip und du zeigst damit einen individuellen Stil.
- Vielleicht hast du eine kreative Ader und kannst deine Kleidung selbst nähen. Damit beteiligst du dich überhaupt nicht mehr an der Ausbeutung der Fabrikarbeiter.
- Frage in den Geschäften oder bei den Herstellern nach, wie die Ware produziert wird. Schreibe an die Textilkonzerne. Steter Tropfen höhlt den Stein und vielleicht ändert sich dadurch etwas an den Herstellungsbedingungen.
- Sprich Politiker an oder beteilige dich an Protestaktionen, die für schärfere Gesetze plädieren.

Denk daran: Du bist als Kunde König und hast mehr Einfluss, als du glaubst!

Seite 41

Den Schluss verfassen

1 Beispiellösung für den **Schluss**:

Meike Dinklage hat den Finger auf eine offene Wunde gelegt. Auch mich stört schon lange, dass Billigdiscounter oft T-Shirts für zwei Euro anbieten. Es sollte jedem klar sein, auf wessen Kosten diese Dumpingangebote gehen. Selbst für solch ein einfaches Oberteil sind viele Arbeitsschritte nötig, vom Pflücken der Baumwolle, dem Spinnen und Weben des Stoffes bis zum Nähen. Es ist unvorstellbar, wer bei einem solchen Preis noch etwas daran verdient. Fabrikbesitzer und Händler verzichten mit Sicherheit nicht auf ihren Anteil. So geht dieses Geschäft ganz eindeutig zulasten der Arbeiter, denen nichts anderes übrig bleibt, als für einen Hungerlohn zu nähen. An diesem Ausbeutungssystem möchte ich nicht beteiligt sein. Deshalb werde ich mir überlegen, welche der im Text genannten Boykottvorschläge für mich in Frage kommen.

5 „Gimme a job!"

Einen TGA zu einer Glosse schreiben

Seite 43

A Was wird von dir verlangt?

1 Zutreffende Aussagen: B, C, D, E, G – nicht zutreffende Aussagen: A, F

B Den Text erschließen

2 Beispiellösung: A die Autorin Christiane Barth, ihr 15-jähriger Sohn — B in den Ferien — C Sohn muss in den Ferien gleich zwei Jobs erledigen und verhält sich deshalb zu Hause genau so, wie es seiner Mutter gefällt — D Mutter ist über den stets erschöpften Sohn verwundert, der sich völlig anders als sonst verhält — E ironische Anspielung darauf, dass das Zusammenleben weniger konfliktreich ist als sonst, weil der Sohn wegen des anstrengenden Jobs nicht mehr die Auseinandersetzung mit der Mutter sucht

Seite 44

3 Rhythmus (Z.15) ist ein gleichmäßiger Wechsel. – Konfrontation (Z.33) ist ein Fremdwort für Auseinandersetzung. – Schlafwandlerisch (Z.35) bedeutet, dass ein Mensch während des Schlafens umherwandert, ohne es zu merken. – Instruktionen (Z.41) sind Anweisungen. – Sanktionen (Z.47) bezeichnen Maßnahmen, um ein Verhalten zu ändern.

4 Beispiele für die Umschreibung der ironischen Aussagen: A Der Sohn ist immerhin schon 15 Jahre alt, also kein Kind mehr. — B Der Sohn ist von der harten körperlichen Arbeit völlig überfordert und erschöpft. — C Der Sohn hat auf Grund seiner Erschöpfung keine Energie mehr, zu widersprechen oder Widerstand zu leisten.

5 Beste Zusammenfassung des Inhalts in einem Satz: C

Seite 45

C Einen TGA zu einem journalistischen Text verfassen – Übungen

Hinweis: Aus den grau unterlegten Lösungen zu einzelnen Aufgaben und den ebenfalls grau unterlegten Ergänzungen ergibt sich, fortlaufend gelesen, ein vollständiger Beispielaufsatz.

Die Einleitung schreiben

1 a Fehler: Reportage – „Give me a job!" – Christina Barth – 2006 – „Birgit" – komische Weise – nach Abschluss der Schule körperlich hart arbeiten muss

b Beispiel für die verbesserte Einleitung:

Die Glosse mit dem Titel „Gimme a job!" von Christiane Barth erschien im Jahr 2004 in Nr. 15 der Zeitschrift „Brigitte". Der Text stellt auf humorvolle Weise dar, wie sich das Verhältnis von Mutter und Sohn verändert, als der Junge zwei Ferienjobs gleichzeitig bewältigen muss und von dieser ungewohnten harten körperlichen Arbeit so erschöpft ist, dass der Umgang mit ihm viel leichter wird.

Seite 45/46

Den Inhalt des Textes unter Berücksichtigung seiner Struktur zusammenfassen

1 a–c Beispiel für die vervollständigte Inhaltszusammenfassung (Zeilenangaben und Wörter, die die Lücken füllen, sind unterstrichen, weitere Möglichkeiten stehen jeweils in Klammern. Formulierungen, die auf den Beginn eines neuen Sinnabschnitts hinweisen, sind dunkler markiert, Sätze, in denen ironisch gemeinte Textstellen wiedergegeben werden, sind doppelt unterstrichen):

Die Glosse beginnt mit den nicht ganz ernst gemeinten Beobachtungen der Autorin, die ihrem 15-jährigen Sohn gleich zwei Ferienjobs verschafft hat (Z.1–14). Dieser verhält sich nun völlig anders als zuvor, da er erstmals die Erfahrung macht, wie anstrengend körperliche Arbeit ist. Im Folgenden (Z.15–38) beschreibt die Verfasserin das veränderte Zusammenleben: Sie stellt fest, dass ihr Sohn sehr wortkarg (still) geworden ist und großen Hunger (Appetit) hat, während des Essens (Abendessens) schläft er meist schon ein. Über seinen Arbeitsalltag, der wohl von harter, eintöniger körperlicher Tätigkeit bestimmt ist, erfährt sie kaum etwas. Christiane Barth bemerkt, dass ihr Sohn weniger Unsinn macht als während der Schulzeit. Auch die alltäglichen Streitereien zwischen Mutter und 15-jährigem Teenager kommen nicht mehr vor. Im dritten Sinnabschnitt (Z.39–50) wundert sich die Autorin, dass ihr Sohn so erschöpft (müde, ausgelaugt) ist, dass er sogar ohne Widerspruch im Haushalt hilft. Durch den Ferienjob verändert sich also das Verhalten des Jugendlichen (Jungen). Er erfüllt seine Pflichten, ist brav, steht sehr früh auf und geht zeitig zu Bett. Die Verfasserin konstatiert anschließend, dass ihr Sohn wohl verstanden habe, worauf es im Leben ankomme. Zweifel an dieser Aussage werden im nachfolgenden Sinnabschnitt (Z.51–66) deutlich, wenn Christiane Barth ironisch anmerkt, dass der übermüdete Junge nur noch funktioniere wie ein Automat. Sie fürchtet das baldige Ende der Ferienarbeit und den bevorstehenden Alltag. Denn dann wird der Fünfzehnjährige wieder abends zu lange aufbleiben und von seiner Mutter, die müde (erschöpft) von der Arbeit nach Hause kommt, ohne Verständnis für deren Bedürfnisse Dinge einfordern, die er auch selbst erledigen könnte. Letztendlich (Z. 66–72) gelangt die Verfasserin zu der Erkenntnis, dass sie froh sei zu arbeiten, denn dies trage dazu bei, Konflikte im alltäglichen Miteinander zu verringern. Mit einem Augenzwinkern fügt sie hinzu, dass sie künftig ihrem Sohn immer einen Ferienjob verschaffen werde, wenn sie selbst Urlaub habe.

Seite 46

Die Sprache untersuchen

1 Beispiellösung: A „wir gerieten kaum aneinander" (Z. 32) → Wirkung: Der Artikel wirkt durch die Alltagssprache wirklichkeitsnah. — B „abzuhängen" (Z. 11) oder „gecheckt" (Z. 50) → Wirkung: Indem sich die Autorin gelegentlich dem Sprachstil ihres Sohns anpasst, vermittelt sie glaubhaft, einen Einblick in das alltägliche Familienleben zu geben. — C „auf die Palme bringen" (Z. 68) oder „den Tag totschlägt" (Z. 69 f.) → Wirkung: Diese anschaulichen Redensarten zeigen dem Leser unterhaltsam die Sichtweise der Mutter, die sich tagtäglich mit ihrem pubertierenden Sohn auseinandersetzen muss.

Seite 47

2 Richtige Zuordnung: **einfache Aussagesätze und Satzreihen:** „Noch während des Kauens fielen ihm die Augen zu. Die Schilderungen seines Arbeitstages waren dürftig." (Z. 22–24), „Man hörte ihn nur noch schnarchen." (Z. 38) → beschreiben die äußere Situation, das handlungsarme Geschehen – **(komplexe) Satzgefüge:** „Ich könnte ihm ja vorschlagen, sich sein Essen selbst zuzubereiten, da ich gerade etwas erschöpft sei von der Arbeit, die mich acht Stunden am Tag auf den Beinen hält." (Z. 60–64) → geben Gedanken und Überlegungen der Verfasserin wieder – **Ellipsen:** „Er mich übrigens auch." (Z. 28 f.), „Und das nicht nur drei Wochen im Jahr, sondern IMMER." (Z. 64 f.) → wirken besonders prägnant, betonen den Inhalt

3 **a/b** Richtige Zuordnung: A (Z. 24–26) + b — B (Z. 35 f.) + d

c Weitere Aufzählungen: „Er grüßte nicht, lächelte nicht, beschwerte sich aber auch nicht" (Z. 18 f.), „das gleiche Spiel, Buttermilch und Brezeln, Dämmerzustand und Füttern mit Instruktionen" (Z. 39–41) → Wirkung: ebenfalls d

4 **a** Der Junge wird in der Glosse durch Vergleiche charakterisiert.

b/c Beispiele und ihre Wirkungen: „wie ein leerer Sack" (Z. 12 f.) → Wirkung: b + c — „wie ein Gefangener von Alcatraz nach seiner Freilassung" (Z. 21 f.) → Wirkung: b + f — „widerstandslos [...] wie nach einer Gehirnwäsche" (Z. 41 f.) → Wirkung: b + e — „zahm wie ein Lamm" (Z. 44) → Wirkung: b + e

Seite 48

5 **a/b** Folgende Stilmittel werden genutzt: A Hyperbel: z. B. „Richtungswechsel enormen Ausmaßes" (Z. 4 f.), „Meilenstein" (Z. 5 f.), „aus Müll Bomben bastelte" (Z. 30), „um nicht durch massive Überlastung tot umzufallen" (Z. 52 f.), „Ich nehme an, gleich nach dem Aufstehen, so gegen 18 Uhr" (Z. 58 f.) — C Euphemismus: z. B. „seiner Tapete mit Dartpfeilen eine neue Struktur verlieh" (Z. 31 f.) — Neologismen kommen in dieser Glosse nicht vor.

c Durch die Hyperbeln und den Euphemismus wirkt der Text ironisch, witzig und unterhaltsam: Die Hyperbeln machen deutlich, dass die Mutter sich über die Arbeitsbelastung des Sohnes lustig macht, weil sie selbst täglich ähnlichen Belastungen ausgesetzt ist – und zwar das ganze Jahr über. Auch die Beschönigung des Sachverhalts drückt ironisch aus, wie unterschiedlich die Einschätzung der Mutter in Wirklichkeit ist, denn sie wird von der Zerstörung der Tapete nicht begeistert gewesen sein.

Beispiellösung für eine komplette **Untersuchung der sprachlichen Besonderheiten und ihrer Wirkungen**:

Bei der Untersuchung der sprachlichen Besonderheiten fällt zunächst auf, dass die Verfasserin Ausdrücke aus der Umgangssprache verwendet, etwa „wir gerieten kaum aneinander" (Z. 32). Durch diese Alltagssprache wirkt der Artikel wirklichkeitsnah. Außerdem nutzt C. Barth gelegentlich Jugendsprache (z. B. „abzuhängen", Z. 11). Indem sich die Autorin dem Sprachstil ihres Sohns anpasst, vermittelt sie glaubhaft, einen Einblick in das alltägliche Familienleben zu geben. Schließlich verwendet sie auch Redewendungen, etwa „auf die Palme bringen" (Z. 68) oder „wie er den Tag totschlägt" (Z. 69 f.). Diese anschaulichen Redensarten zeigen dem Leser unterhaltsam die Sichtweise der Mutter, die sich tagtäglich mit ihrem pubertierenden Sohn auseinandersetzen muss.
Die wenigen Fremdwörter in der Glosse müssen unbedingt im unmittelbaren Textzusammenhang betrachtet werden, z. B. „Füttern mit Instruktionen" (Z. 40 f.). Nur im zitierten Textumfeld und mit Blick auf den Inhalt der Glosse entfalten sie ihre spezielle Wirkung, nämlich den humorvoll-ironischen Blick zu verdeutlichen, den die Autorin auf die Situation und das veränderte Verhalten ihres Sohnes wirft.
Auf der Satzebene ist bemerkenswert, dass die Verfasserin die eher eintönige Situation und das handlungsarme Geschehen oft mit einfachen Aussagesätzen beschreibt: „Noch während des Kauens fielen ihm die Augen zu. Die Schilderungen seines Arbeitstages waren dürftig." (Z. 22–24), „Man hörte ihn nur noch schnarchen." (Z. 38) Ihre Gedanken und Überlegungen dazu bringt sie hingegen häufig in Satzgefügen zum Ausdruck, etwa: „Ich könnte ihm ja vorschlagen, sich sein Essen selbst zuzubereiten, da ich gerade etwas erschöpft sei von der Arbeit, die mich acht Stunden am Tag auf den Beinen hält." (Z. 61–64) Dabei tragen die komplexen Satzkonstruktion und die Verwendung des Konjunktivs zur ironischen Wirkung bei. Ellipsen wirken auf den Leser wie Stolpersteine, weil sie Informationen nachschieben, und sie betonen dadurch den Inhalt in besonderer Weise, etwa: „Er mich übrigens auch." (Z. 28 f.) oder „Und das nicht nur drei Wochen im Jahr, sondern IMMER." (Z. 64 f.)
Nicht nur einfache Aussagesätze machen die Eintönigkeit im Tagesablauf des erschöpften Teenagers deutlich, noch aussagekräftiger gelingt dies der Autorin mit den zahlreichen Aufzählungen. Sie führen dem Leser die Monotonie der Ferien-

jobs vor Augen („zehn Stunden Kabel verlegt, acht Stunden Schlitze geklopft, neun Stunden gehämmert", Z. 24–26). Außerdem zeigen sie, dass dadurch der gesamte Alltag des erschöpften Jungen eintönig geworden ist und die Gleichförmigkeit nach Feierabend weiterwirkt: Er verhält sich „mechanisch, schlafwandlerisch, ohne großen Widerstand" (Z. 35 f.), jeden Abend erleben Mutter und Sohn „das gleiche Spiel, Buttermilch und Brezeln, Dämmerzustand und Füttern mit Instruktionen" (Z. 39–41). Beim letzten Beispiel fällt darüber hinaus die Alliteration „Buttermilch und Brezeln" auf, die ebenso wie die Alliteration „allabendlicher Ablauf" (Z. 15 f.) ebenfalls die Monotonie im Tagesverlauf unterstreicht.
Ein besonders auffälliges rhetorisches Mittel sind in dieser Glosse die witzigen Vergleiche, mit denen die Mutter ihren Sohn charakterisiert: Er ist hungrig „wie ein Gefangener von Alcatraz nach seiner Freilassung" (Z. 21 f.) und hängt zwischen seinen Sesseln „wie ein leerer Sack" (Z. 12 f.). Dadurch wirkt der Text geistreich und unterhaltsam. Diese sprachlichen Bilder zeigen außerdem anschaulich, wie hungrig und erschöpft der Sohn nach seinem Arbeitstag ist. Dass sich der Sohn „zahm wie ein Lamm" (Z. 44) und „widerstandslos [...] wie nach einer Gehirnwäsche" (Z. 41 f.) verhält, macht zudem bildhaft und auf ironische Weise deutlich, wie sehr er sich verändert hat. Schon bei den zitierten Vergleichen fällt die Übertreibung auf, die zur überspitzten Darstellungsweise der Glosse gehört. Dazu passen auch Hyperbeln wie „Richtungswechsel enormen Ausmaßes" (Z. 4 f.) und „Meilenstein" (Z. 5 f.) oder die Aussage, der Sohn erledige nun alle Aufträge mechanisch, „um nicht durch massive Überlastung tot umzufallen" (Z. 52 f.), während er in der Schulzeit „aus Müll Bomben bastelte" (Z. 30). Die Hyperbeln machen deutlich, dass die Mutter sich über die Arbeitsbelastung des Sohnes lustig macht, weil sie selbst täglich vergleichbaren Belastungen ausgesetzt ist – und zwar das ganze Jahr über. Eine ähnliche witzige und ironische Wirkung entfaltet der Euphemismus, mit dem die Mutter ebenfalls die Langeweile des Jungen umschreibt, nämlich dass er „seiner Tapete mit Dartpfeilen eine neue Struktur verlieh" (Z. 31 f.). Auch diese Beschönigung des Sachverhalts drückt ironisch aus, wie unterschiedlich die Einschätzung der Mutter in Wirklichkeit ist, denn sie wird von der Zerstörung der Tapete nicht begeistert gewesen sein. Durch die sprachlichen Besonderheiten wirkt der Text insgesamt unterhaltsam und regt doch zugleich zum Nachdenken an.

Die Textsorte bestimmen und begründen

1 a Nicht zur Glosse passen: verschiedene Personen kommen zu Wort und äußern sich zu einem Problem – nennt viele Zahlen, Fakten und Fachbegriffe

b Mögliche Textbelege: gibt einen Sachverhalt der Lächerlichkeit preis: z. B. Z. 18–28 — lässt die persönliche Meinung der Verfasserin erkennen: z. B. Z. 26–33 — übertriebene/überspitzte Darstellung eines Themas: z. B. Z. 47–49 — enthält Ironie: z. B. Z. 4–7 — will unterhalten: z. B. Z. 21 f. — Bezug auf alltägliches Geschehen: z. B. Z. 16–26 — übt Kritik an einem gesellschaftlichen Problem: z. B. Z. 9–11, 32 f., 42 f.

Beispiel für die **Bestimmung und Begründung der Textsorte**:

Mit den zitierten sprachlichen Gestaltungsmitteln und ihrer ironischen Wirkung sind bereits erste Textsortenmerkmale der Glosse genannt. Dass es sich bei dem Artikel um eine Glosse handelt, erkennt man zum Beispiel daran, dass die Autorin einen Sachverhalt der Lächerlichkeit preisgibt: Sie beschreibt augenzwinkernd das Verhalten ihres völlig erschöpften Sohnes, der wohl zum ersten Mal in seinem Leben körperlich hart arbeitet (vgl. Z. 18–26). Dabei äußert sie, typisch für die Glosse, deutlich ihre Meinung, dass nämlich die körperliche Tätigkeit ihrem Sohn und dem Zusammenleben guttue (vgl. Z. 26–33). Allerdings sind ihre ironischen und übertriebenen Äußerungen, wie stets in der Glosse, nicht wortwörtlich zu verstehen, etwa die Aussage „nicht alle Sanktionen der Welt haben es bisher vermocht, was durch einen simplen Ferienjob Wirklichkeit wurde" (Z. 47–49). Vielmehr stellt Christiane Barth mit den oben beschriebenen sprachlichen Mitteln das Erlebte überspitzt und übertrieben dar. Durch die ironische und witzige Gestaltung als Glosse wird deutlich, dass die Autorin selbst über das Beobachtete amüsiert ist und auch den Leser auf witzige Weise unterhalten möchte.
Doch eine Glosse will nicht nur unterhalten, sondern zielt meistens auch auf Kritik an einem (gesellschaftlichen) Problem. Dies ist auch im vorliegenden Text der Fall, denn die Verfasserin wirft am Beispiel ihres Sohnes einen amüsierten, aber durchaus kritischen Blick auf das Verhältnis von Jugendlichen und ihren Eltern. Während der Schulzeit, also im Normalfall, hilft ihr Sohn nicht im Haushalt, stellt stattdessen Forderungen und scheint so gelangweilt zu sein, das er „seiner Tapete mit Dartpfeilen eine neue Struktur verlieh" (Z. 31 f.). Damit greift Christiane Barth am Beispiel ihrer Familie ein alltägliches, aber in der Gesellschaft verbreitetes Thema auf. Sie kritisiert Missstände wie die unter Jugendlichen verbreitete „Bereitschaft zur Konfrontation" (Z. 32 f.) und stellt mit einem Augenzwinkern das Heilmittel Ferienjob vor. Konflikte zwischen Jugendlichen und Erwachsenen ließen sich möglicherweise vermeiden, wenn die jungen Menschen häufiger Verantwortung übernehmen müssten, indem sie etwa in den Ferien einer Arbeit nachgehen.

Seite 49

Zielgruppe und Absichten der Autorin darstellen

1 Beispiel für den ergänzten **Text zur Zielgruppe** (Unzutreffendes ist hier nicht mehr enthalten):

Der Text richtet sich, wie bereits die Untersuchung der sprachlichen Gestaltungsmittel zeigt, an eine breite Leserschaft. Denn er ist in einer eher alltäglichen Sprache geschrieben und enthält Redewendungen wie „den Tag totschlagen" (vgl. Z. 69 f.), Ausdrücke aus der Umgangssprache (z. B. „gerieten [...] aneinander", Z. 32) und aus der Jugendsprache, die auch Eltern geläufig sind (z. B. „gecheckt", Z. 50). Die Tatsache, dass ein alltägliches Thema überspitzt dargestellt wird, nämlich das schwierige Zusammenleben von Jugendlichen und deren Eltern, deutet ebenfalls darauf hin, dass hier ein allgemeines Publikum mit ähnlichen Erfahrungen angesprochen wird, also Teenager und Eltern. Da die Glosse die Erlebnisse aus der Perspektive der Mutter darstellt, kommen als Zielgruppe insbesondere Frauen in Frage. Das wird gestützt durch die Tatsache, dass der Text in einer Frauenzeitschrift („Brigitte") erschienen ist.

2 Zutreffende Aussagen: B — D — F — G

So könnte im TGA ein ausformulierter **Abschnitt zur Absicht der Autorin** lauten:

Die oben beschriebenen sprachlichen Auffälligkeiten, besonders die witzigen Vergleiche, mit denen der Sohn charakterisiert wird, sowie die Textsorte „Glosse" mit ihren typischen Übertreibungen und ironischen Anspielungen verweisen auf die Absichten der Autorin. Sie machen deutlich, dass Christiane Barth mit ihrem Text die Leserinnen und Leser einerseits unterhalten möchte, etwa wenn sie beschreibt, dass ihr Sohn abends so entkräftet ist, dass er schon beim Essen einschläft (vgl. Z. 22 f.). Andererseits will eine Glosse jedoch humorvoll auf Missstände aufmerksam machen und ganz in diesem Sinne übt die Autorin Kritik an den Streitigkeiten, die wohl in jeder Familie zwischen Heranwachsenden und ihren Eltern auftreten (vgl. Z. 32 f., 42–50). Ironisch kritisiert sie die Anforderungen und Zumutungen, mit denen gelangweilte Jugendliche die Erwachsenen konfrontieren. So hilft ihr Sohn normalerweise im Haushalt nicht mit, er macht Unsinn (vgl. Z. 30–32), vergeudet seine Zeit (vgl. Z. 69 f.) und erwartet, dass ihm abends ein Essen vorgesetzt wird, obwohl seine Mutter müde von der Arbeit kommt (vgl. Z. 59–64). Zusammenfassend kann man sagen, dass die Autorin damit in ihrer Glosse – für diese Textsorte typisch – zwei Intentionen verbindet: Unterhaltung und Kritik.

Seite 50

Eine weiterführende Aufgabe bearbeiten

1 Die Arbeitsaufträge: Schreiben Sie einen Brief – Erörtern Sie

2 a Die Fehler sind hier unterstrichen und in Klammern benannt:

Nürnberg, 15. September *(Jahr fehlt)*

Hi Papa, *(zu umgangssprachliche Anrede)*
Wie *(Kleinschreibung nach Komma)* geht es dir? [...] auf Eurer *(Anredepronomen einheitlich groß oder klein)*
[...] ich gehe wieder jeden Tag in die Schule, Mama fährt jeden Tag zur Arbeit. Alles ist wieder wie immer. *(Wiederholungen vermeiden)*
Du weißt ja, dass ich [...], dass ich durch Mamas Hilfe [...]. Dass ich mit der ungewohnten körperlichen Arbeit solche Probleme haben würde, [...] *(zu viele dass-Sätze vermeiden, Vollverben statt Hilfsverben verwenden)* Echt der Hammer, voll krass! *(zu umgangssprachlich)* Aber mir ist bei der Arbeit *(Wiederholungen vermeiden)* auch bewusst geworden, [...]. Auch *(Wiederholungen vermeiden)* ein Schultag und das Lernen auf *(falsche Präposition)* Prüfungen sind anstrengend. Doch das ist etwas ganz was *(Umgangssprache)* anderes wie *(falsches Vergleichswort)* ein langer Arbeitstag im Berufsleben. Das war mir nicht bewusst. *(Wiederholungen vermeiden)*
Ich weiß, [...], ich hatte einfach keinen Bock *(Jugendsprache vermeiden)* [...]. Ich hoffe, [...] *(Wiederholungen vermeiden)* [...], aber ich war [...]
Aber *(Wiederholungen vermeiden)* einen Vorteil hatte der Ferienjob – von der Kohle *(Umgangssprache/ Jugendsprache vermeiden)* einmal abgesehen: Ich und Mama *(unhöfliche Reihenfolge)* [...] wir beide zoffen uns *(Umgangssprache vermeiden)* wegen den kleinsten Alltagskleinigkeiten *(nach „wegen" folgt der Genitiv)*. [...] Hat Mama mit dir über diese Zeit gesprochen? Wie fand Mama denn unser Zusammenleben in dieser Zeit? *(Wiederholungen vermeiden)*
[...] bei der Jobsuche helfen würde. [...] einen angenehmeren Job [...] Ein Job reicht völlig aus! *(Wiederholungen vermeiden)*
(Grußformel fehlt)

b So könnte die verbesserte Fassung aussehen:

Weiterführende Aufgabe: Persönlicher Brief

Nürnberg, 15. September 20XX

Lieber Papa,
wie geht es dir? Toben schon die ersten Stürme auf eurer Bohrinsel?
Nun ist es schon Mitte September und ich gehe wieder jeden Tag in die Schule, Mama fährt täglich zur Arbeit. Alles ist wie immer.
Du weißt ja, dass ich mich zuerst sehr darüber gefreut habe, durch Mamas Hilfe während der Sommerferien so viel Geld verdienen zu können. Allerdings hätte ich nicht gedacht, dass mir die ungewohnte körperlichen Arbeit solche Probleme bereiten würde. Die Jobs waren wirklich anstrengend! Aber mir ist dabei bewusst geworden, wie wunderbar es ist, wenn man noch die Schule besuchen kann. Auch ein Schultag und das Lernen für Prüfungen sind anstrengend. Doch das ist etwas ganz anderes als ein langer Arbeitstag im Berufsleben. Das war mir nicht klar.
Ich weiß, dass ich Mama in den letzten Wochen oft wortlos stehen gelassen habe, aber ich hatte einfach keine Lust auf lange Gespräche. Hoffentlich kann sie mich verstehen. Das hatte nichts mit ihr zu tun, aber ich war völlig erledigt. Könntest du ihr vielleicht einmal sagen, dass es mir leidtut?
Einen Vorteil hatte der Ferienjob jedoch – vom Geld einmal abgesehen: Mama und ich haben uns in dieser Zeit kaum gestritten. Und das passiert doch sonst ziemlich oft. Manchmal weiß ich gar nicht so genau warum, aber wir beide streiten uns wegen der kleinsten Alltagskleinigkeiten. Dieses entspannte Leben mit ihr, so ganz ohne Krach, fand ich eigentlich ganz schön. Vielleicht schaffen wir das ja weiterhin so – mir würde es gefallen. Hat Mama mit dir über diese Zeit gesprochen? Wie fand sie denn unser Zusammenleben damals?
Es wäre wirklich schön, wenn sie mir nächstes Jahr wieder bei der Jobsuche helfen würde. Aber ich werde sie bitten, mir dann eine angenehmere Ferienarbeit zu organisieren. Und: Ein Job reicht völlig aus!
Wann sehen wir uns wieder? Kommst du vor Weihnachten noch einmal nach Haus?

Liebe Grüße
Dein Max

3 a Beispiele: selbst verdientes Geld – finanzielle Entlastung der Eltern – Erlernen von Selbstständigkeit – Kennenlernen des Arbeitslebens – Vorbereitung auf den späteren Beruf – Kennenlernen verschiedener Berufsfelder – Vorbeugung gegen Langeweile in den Ferien – Kennenlernen anderer Menschen – Erlernen des Umgangs mit anderen Menschen

Beispiel für eine Erörterung mit zwei Argumentationen zu der Themafrage „Warum ist es sinnvoll, dass Jugendliche Ferienjobs ausüben?":

Weiterführende Aufgabe:
Erörterung der Frage „Warum ist es sinnvoll, dass Jugendliche Ferienjobs ausüben?"
Mir erscheint es aus verschiedenen Gründen sinnvoll, dass Jugendliche in den Ferien einen Job ausüben.
Zum einen verdienen Schüler mit einem Ferienjob selbst Geld, was etliche Vorteile mit sich bringt. Mit ihrem Arbeitslohn können Teenager nämlich die Hauhaltskasse der Eltern entlasten, indem sie beispielsweise Beiträge für Vereine, die Kosten einer Klassenfahrt oder eine Urlaubsreise mit einer Jugendgruppe selbst finanzieren. Darüber hinaus können sie sich von dem Verdienst Dinge leisten, die ihre Eltern nicht bezahlen können oder wollen, etwa modische Kleidung, ein neues Handy oder eine Karte für ein Konzert.
Außerdem bietet ein Ferienjob gute Möglichkeiten, sich auf das spätere Berufsleben vorzubereiten. Denn zunächst einmal erfährt man, was das Arbeitsleben überhaupt bedeutet, nämlich dass man morgens sehr früh aufstehen muss und erst nach acht oder mehr Stunden müde nach Hause kommt. Beispielsweise kann es durchaus passieren, dass man von morgens um 7 Uhr bis abends um 18 Uhr außer Haus ist, falls man einen weiten Weg zur Arbeitsstelle zurücklegen muss.
Wenn man verschiedene Ferienjobs ausübt, bietet das die Chance, unterschiedliche Berufsfelder kennen zu lernen. So kann man erproben, ob einem eine Arbeit im Freien, wie die des Landschaftsgärtners, zusagt oder ob man mehr Freude daran hat, im Büro an einem Computer technische Probleme zu lösen. Und für den Fall, dass man schon konkretere Vorstellungen von der eigenen beruflichen Zukunft hat, kann man in einem Ferienjob vielleicht sogar testen, ob die Berufswirklichkeit mit den Träumen – etwa von der Arbeit eines Mechatronikers oder einer Reisekauffrau – übereinstimmt.
Diese Gründe erscheinen mir ausschlaggebend, warum Jugendliche einen Ferienjob übernehmen sollten. Daneben kann man mit Ferienarbeit natürlich auch Langeweile bekämpfen, neue Menschen kennen lernen, den sozialen Umgang mit anderen erproben und das eigene Selbstbewusstsein sowie die Selbstständigkeit stärken.
Insgesamt würde ich festhalten, dass ein Ferienjob eine sinnvolle Beschäftigung gerade während der großen Sommerferien ist. Allerdings sollte er nicht zu lange dauern, damit Erholung und Entspannung nicht zu kurz kommen, denn das nächste Schuljahr wird auch wieder anstrengend.

Seite 51

Die eigene Meinung im Schluss begründet darlegen

1 Geeignete Satzanfänge für einen gelungenen Schluss: B — C — E — F — H — J

Beispiel für einen gelungenen **Schluss** zu dem TGA:

Ich fand die Glosse „Gimme a job!" von Christiane Barth sehr interessant, denn das darin behandelte Thema ist mir aus eigener Erfahrung bekannt. Auch ich habe in den letzten Sommerferien mehrere Wochen in einem Ferienjob gearbeitet und musste feststellen, dass mich die körperliche Tätigkeit ebenfalls sehr angestrengt hat. Das ist schon etwas ganz anderes als ein Schultag, wie ich ihn gewöhnt bin.
Allerdings finde ich, dass die Autorin etwas übertreibt, denn Jugendliche sind sehr wohl dazu in der Lage, schwere Arbeiten zu erledigen, ohne dabei gleich zusammenzubrechen. Ich kann verstehen, dass der Sohn am Abend keine Lust hatte, seiner Mutter von seinem Ferienjob zu berichten, denn nach einem Tag unter neuen Arbeitskollegen ist man froh, am Abend einmal schweigen zu können. Zudem geht es mir auch so, dass ich mich nicht gerne mit meinen Eltern unterhalten mag, wenn ich müde und erschöpft bin.
Dass die Verfasserin, hoffentlich nicht ganz ernst gemeint, die Auffassung vertritt, es sei gut, wenn Mutter und Sohn die Ferien nicht gemeinsam zu Hause verleben, finde ich schade. Gerade in den Ferien hat die Familie doch die Chance, einmal entspannt etwas Zeit miteinander zu verbringen. Denn während des Schuljahrs kommt die Familie sowieso meistens zu kurz und es entstehen oft Streitigkeiten zwischen den Familienmitgliedern, weil alle so gestresst sind. Ferien sind eine ganz besondere Zeit und sollten daher gemeinsam genossen werden. Für einen Ferienjob bleiben ja trotzdem noch ein paar Wochen Zeit.

D Den eigenen Text schreiben und überarbeiten

1 Beispiel für die Gliederung:

A) Die Glosse „Gimme a job!" von Christiane Barth befasst sich mit den Veränderungen im Zusammenleben einer Mutter und ihres 15-jährigen Sohnes, als dieser zwei Ferienjobs gleichzeitig ausübt.
B) Textanalyse und weiterführende Aufgabe
   I. Untersuchung des Textes
      1. Inhaltszusammenfassung unter Berücksichtigung des Aufbaus
      2. Untersuchung der sprachlichen Gestaltungsmittel und ihrer Wirkung
         a) Wortwahl
         b) Satzbau
         c) Rhetorische Mittel

3. Bestimmung und Begründung der Textsorte
4. Beschreibung der Zielgruppe(n) und Darstellung möglicher Absichten der Autorin

II. Weiterführende Aufgabe
- Persönlicher Brief des Sohnes an den Vater, in dem er rückblickend auf sein Verhalten in der Zeit der Ferienjobs eingeht
- Oder: Erörterung der Frage: Warum ist es sinnvoll, dass Jugendliche Ferienjobs ausüben?

C) Der Text hat meine Erfahrungen mit Ferienjobs bestätigt und die Sichtweise der Mutter fand ich amüsant.

2 Ein Beispielaufsatz ergibt sich aus den oben grau unterlegten Lösungen und Ergänzungen.

6 „Die Aussage“

Einen TGA zu einer Kurzgeschichte schreiben

Seite 53

A Was wird von dir verlangt?

1 Zutreffende Aussagen: A, B, D, G – nicht zutreffende Aussagen: C, E, F, H

2 Beispiel für die Gliederung (Einleitungs- und Schlusssatz werden später ergänzt):

A) *(Einleitungssatz wird später ergänzt.)*

B) Textanalyse und weiterführende Aufgabe

I. Untersuchung des Textes
1. Inhaltszusammenfassung
2. Bestimmung der Textsorte
3. Untersuchung der sprachlichen Besonderheiten und ihrer Wirkung
   a) Wortwahl
   b) Satzbau
   c) Rhetorische Mittel
4. Darstellung der möglichen Absichten des Autors

II. Weiterführende Aufgabe
- Innerer Monolog des Zellennachbarn, als es zu einer Kontaktaufnahme kommt
- Oder: Fortsetzung der Geschichte, die ebenfalls offen sein kann

C) *(Schlusssatz wird später ergänzt.)*

Seite 54

B Den Text verstehen

1 A während der nationalsozialistischen Herrschaft (1933–1945) — B ein Ich-Erzähler, der als Widerstandskämpfer inhaftiert ist — C in einem Gestapogefängnis — D möglicherweise lebensrettende Rücknahme einer belastenden Aussage

2 Präzision (Z. 39): Genauigkeit, Sorgfalt, Exaktheit – taktiert (Z. 81): in bestimmten Abständen, in einem bestimmten Rhythmus – SS (Z. 77): „Schutzstaffel“, Organisation der NSDAP, maßgeblich an Kriegsverbrechen und am Holocaust beteiligt – Graphitspitze (Z. 91 f.): Bleistiftspitze, als Schreibmaterial verwendeter Kohlenstoff – Morse (Z. 21): nach dem Erfinder Samuel Morse benanntes Alphabet zur Nachrichtenübermittlung, Zeichenschrift aus Strichen und Punkten, in Lichtsignale oder Töne umgewandelte Buchstaben – Gestapo (Z. 46, 95): „Geheime Staatspolizei“, politische Polizei in der Zeit der nationalsozialistischen Diktatur, vor allem zur Bekämpfung politischer Gegner eingesetzt

3 Beispiellösung: A der Zellennachbar des Ich-Erzählers — B K. hat offensichtlich eine belastende Aussage über den Ich-Erzähler gemacht, die zur Todesstrafe führen wird. Im Verlauf der Geschichte nimmt er diese Aussage zurück. — C Gefängnis, Zellenwände, keine Kontaktmöglichkeit, Überwachung durch die SS, missverständliche Klopfzeichen / unterschiedliche Verschlüsselung der Buchstaben

Seite 55

4 **a** Erster Wendepunkt der Kurzgeschichte: „verstehe“ (Z. 41)
b „Nehme ... zurück“ (Z. 71) — „... habe ... Aussage ... zurückgenommen“ (Z. 108 f.)

5 Beispiellösung: Der Ich-Erzähler und K. sind politische Gefangene während der Nazidiktatur. Die Wahrheit zu sagen (nämlich den Widerstand zuzugeben), würde unweigerlich zum Tod führen und nicht dazu beitragen, das Unrechtsregime zu stürzen.

6 Beispiellösung: Es ist nicht sicher, ob die nationalsozialistische Unrechtsjustiz den Widerruf der Aussage eines Todeskandidaten glaubt oder ob sie nicht den Prinzipien der Willkürherrschaft folgend den gefangenen Ich-Erzähler trotzdem als Widerstandskämpfer tötet.

C Einen TGA zu der Kurzgeschichte verfassen

Hinweis: Aus den grau unterlegten Lösungen zu einzelnen Aufgaben ergibt sich, fortlaufend gelesen, ein vollständiger Beispielaufsatz.

Die Einleitung schreiben

1/2 Beispiellösung für die **Einleitung** (die Bausteine der Einleitung sind hier unterschiedlich gekennzeichnet und bestimmt):

Die Kurzgeschichte „Die Aussage" von Günther Weisenborn (1902–1969) erschien 1947 in dem Band „Memorial" im Kurt Desch Verlag in München und Wien. Darin stellt ein Ich-Erzähler dar, wie er während der NS-Diktatur im Gestapogefängnis nur mit großer Mühe durch Klopfzeichen Kontakt zu seinem Zellennachbarn bekommt und diesen um Widerruf einer belastenden Aussage bittet, wodurch der Erzähler möglicherweise der Todesstrafe entgehen wird. Der Autor war selbst während der nationalsozialistischen Herrschaft im politischen Widerstand aktiv und wurde 1942 wegen Hochverrats zum Tode verurteilt. Die Strafe wurde auf Grund der entlastenden Aussage eines Zellengenossen in zehn Jahre Festungshaft umgewandelt, aus der Weisenborn 1945 von den Alliierten befreit wurde. Vermutlich hat er diese Erfahrungen in der Kurzgeschichte verarbeitet.

Textsorte, Titel, Autor, Lebensdaten, Erscheinungsdatum Erscheinungsort, Kernaussage

Angaben zum Autor

Seite 56

Den Inhalt der Kurzgeschichte zusammenfassen

1 Richtige Ordnung der Handlungsschritte: **(1)** Erfolgloser Versuch der Verständigung durch Klopfzeichen: verschiedene Zeichensprachen – **(2)** Erfolgreiche Verständigung – **(3)** Warten auf das Todesurteil und Hoffen auf die Rücknahme der Aussage durch den Zellennachbarn – **(4)** Zusage des Widerrufs und Bitte um einen Bleistift – **(5)** Dankbarkeit des Ich-Erzählers – **(6)** Übergabe einer Bleistiftspitze an den Zellennachbarn und Angst vor den Wachtposten – **(7)** Widerruf durch den Zellennachbarn und mögliche Rettung

2 Beispiellösung für die **Inhaltszusammenfassung** (sinnvolle Verknüpfungen und Überleitungen sind unterstrichen; zwei Stellen, an denen der Konjunktiv nötig ist, sind doppelt unterstrichen):

Zu Beginn der Geschichte stellt der Ich-Erzähler dar, wie er am späten Abend versucht, durch Klopfzeichen heimlich Kontakt zu seinem Zellennachbarn K. aufzunehmen, was er vor dem häufig kontrollierenden Wachtposten verbergen muss. Obwohl aus der angrenzenden Zelle Klopfzeichen antworten, verstehen die beiden einander nicht. Denn während der Ich-Erzähler für jeden Buchstaben seine Stelle im Alphabet klopft, verwendet der andere möglicherweise Morsezeichen. So vergehen etliche Stunden ohne erfolgreiche Verständigung. Doch in der nächsten Nacht gelingt dann die Kommunikation. Danach schildert der Ich-Erzähler das Warten auf das Todesurteil und seine Hoffnung, dass der Zellennachbar seine belastende Aussage widerruft. Er bittet K. per Klopfzeichen um Rücknahme seiner Aussage, da diese für ihn den sicheren Tod bedeute. Daraufhin verspricht der Zellennachbar, zu widerrufen, und bittet als Gegenleistung um einen Bleistift. In dieser Nacht überwältigt den Ich-Erzähler ein Gefühl der Dankbarkeit. Am folgenden Tag wirft er nach dem Hofgang K. eine Bleistiftspitze in die Nachbarzelle, wobei er große Angst vor dem Wachtposten hat. Als er wieder in seiner Zelle eingeschlossen ist, klopft der Nachbar, er habe seine Aussage zurückgenommen. Der Ich-Erzähler glaubt sich gerettet, zieht das aber im letzten Satz wieder in Zweifel.

Merkmale der Textsorte erkennen und belegen

1 Zutreffende Merkmale: knappe, moderne Erzählung – ausschnitthafte Momentaufnahme – prägendes Erlebnis der Hauptfigur – Figuren werden nicht näher charakterisiert – unmittelbarer Beginn – offener Schluss – unerwartete Wende – zielstrebiger Handlungsverlauf, Zuspitzung (hier auf mehrere Höhepunkte) – in leicht verständlicher, einfacher Sprache verfasst

Seite 57

2 Belege aus dem Text: **unmittelbarer Beginn:** „Als ich abends gegen zehn Uhr um mein Leben klopfte, lag ich auf der Pritsche und schlug mit dem Bleistiftende unter der Wolldecke an die Mauer." (Z. 1–4) – **Wendepunkt(e):** „... verstehe ..." (Z. 41), „habe ... Aussage ... zurückgenommen." (Z. 108 f.) – **offener Schluss:** „Ich war gerettet. Vielleicht." (Z. 110 f.)

3 Richtige Zuordnung: **prägendes Erlebnis der Hauptfigur:** Versuch, Kontakt zum Zellennachbarn K. zu bekommen und ihn zur Rücknahme seiner Aussage zu bewegen, um der drohenden Todesstrafe zu entgehen – **ausschnitthafte Momentaufnahme:** die Handlung erstreckt sich nur über drei Tage und spielt ausschließlich im Gestapogefängnis – **einfache, leicht verständliche Sprache:** „Dann lag ich still." (Z. 7), „Ich wiederholte, er verstand nicht." (Z. 13), „Es wurde plötzlich hell." (Z. 77) – **nicht näher charakterisierte Figuren:** Häftlinge in einem Gestapogefängnis: der Ich-Erzähler und sein Zellennachbar, von dessen Namen nur der Anfangsbuchstabe „K." bekannt ist

4 Beispiellösung für die **Textsortenbestimmung**:

Der Text „Die Aussage" enthält viele charakteristische Merkmale der Kurzgeschichte, beispielsweise den unmittelbaren Beginn, der den Leser ohne lange Erklärungen mit der Situation des Ich-Erzählers konfrontiert: „Als ich abends gegen zehn

Uhr um mein Leben klopfte, lag ich auf der Pritsche und schlug mit dem Bleistiftende unter der Wolldecke an die Mauer" (Z. 1–4). Es folgt, für die Textsorte typisch, ein einziger Handlungsstrang, der auf K.s Rücknahme der belastenden Aussage und die mögliche Rettung des Ich-Erzählers zielt. Dabei gibt es einen Wendepunkt in Zeile 41, als der Kontakt zum Zellennachbarn zustande kommt („verstehe") und einen weiteren Wendepunkt in Zeile 108 f. („habe ... Aussage ... zurückgenommen"). Für die Gattungszuordnung spricht auch der offene Schluss, der dem Leser nicht verrät, wie die Geschichte zu Ende geht: „Ich war gerettet. Vielleicht." (Z. 110 f.) Dieser Satz lässt offen, ob die Rücknahme der Aussage dem Ich-Erzähler tatsächlich das Leben rettet. Damit trifft für diese kurze, moderne Erzählung auch das Textsortenmerkmal einer ausschnitthaften Momentaufnahme zu, obwohl sich die Handlung über mehrere Tage erstreckt.
Kennzeichnend für die Kurzgeschichte ist weiterhin, dass die Figuren nicht näher charakterisiert werden. Man erfährt nichts über die Vorgeschichte der beiden Inhaftierten und vom Zellennachbarn liest man nur den Anfangsbuchstaben des Namens. Allerdings handelt es sich hierbei nicht, wie in vielen anderen Kurzgeschichten, um Alltagsmenschen; diese Bezeichnung trifft auf Widerstandskämpfer gegen den Nationalsozialismus keinesfalls zu. Wie in anderen Kurzgeschichten geht es aber um ein prägendes Erlebnis der Hauptfigur, hier des Ich-Erzählers: nämlich darum, Kontakt zu K. zu bekommen und ihn zum Widerruf seiner belastenden Aussage zu bewegen, um dem Todesurteil zu entgehen. Typisch für die Kurzgeschichte ist schließlich die eher einfache, leicht verständliche Sprache, die in vielen kurzen Aussagesätzen zum Ausdruck kommt, zum Beispiel: „Dann lag ich still." (Z. 7), „Ich wiederholte, er verstand nicht." (Z. 13), „Es wurde plötzlich hell." (Z. 77).

Auffallende sprachliche Mittel und ihre Wirkung beschreiben

1 Beispiele für **Besonderheiten bei der Wortwahl** und ihre Wirkungen:
- anschauliche Adjektive/Partizipien: „fein und leise" (Z. 9 f., 81) → verdeutlicht, wie vorsichtig die beiden klopfen, um nicht ertappt zu werden, und wie dick die Gefängnismauern sind – „mit atemlos kalter Präzision" (Z. 39) → zeigt zugleich die Aufregung („atemlos") und die Notwendigkeit, keinen Fehler zu machen („kalt"), verdeutlicht, wie wichtig der Kontakt für den Ich-Erzähler ist – „starr und glücklich" (Z. 42): er wirkt vor Freude wie gelähmt – „überwältigt" (Z. 47) → macht klar, wie groß seine Freude ist, wie heftig seine Gefühle sind – „entsetzlich kalt" (Z. 50): verdeutlicht die Kälte im Raum und zugleich die feindliche Atmosphäre in der Zelle – „sehr blauen Augen", „bleiches Gesicht" (Z. 103) → dient der Charakterisierung des Zellennachbarn
- lebendige Verben: „flammte [...] auf" (Z. 4 f.) → zeigt, wie plötzlich und unerwartet die Kontrollen kommen – „bezwingen" (Z. 16) → verdeutlicht die Anstrengung, der Verzweiflung nicht nachzugeben – „eilte" (Z. 99) → macht die Notwendigkeit schnellen Handelns bewusst

→ wirken alle anschaulich und ausdrucksstark

Seite 58

2 Beispiele: „... verstehe ..." (Z. 41) „... gut ..." (Z. 49) → Bedeutung/Wirkung: die Situation erfordert Knappheit – Eindringlichkeit

3 Beispiele für den bewusst gestalteten **Satzbau**: A komplexes Satzgefüge → stellt die Situation vor, bietet Informationen und Zusammenhänge, um das Nachfolgende verstehen zu können. — B kurze Aussagesätze → beschreiben knapp das Geschehen, das in diesem Moment zum Stillstand kommt — C Ellipsen → betonen den Inhalt ganz besonders, heben die Verunsicherung und Verzweiflung des Ich-Erzählers hervor — D Frage, die der Ich-Erzähler sich selbst stellt → betont seine Unsicherheit — E Satzreihe, Wiedergabe von Handlungsschritten, die sich der Ich-Erzähler nur ausmalt → verdeutlicht die Abfolge der ersehnten Ereignisse, Ausdruck der Hoffnung — F Ausruf (den der Zellennachbar aber gar nicht hören kann) → hebt die große Freude des Ich-Erzählers über die Rücknahme der Aussage hervor

Seite 59

4 a **Rhetorische Mittel:** Parallelismus und Wiederholung → Wirkungen: verdeutlichen das Kommunikationsproblem, machen die Verzweiflung des Ich-Erzählers über die misslingende Verständigung anschaulich

b Weiteres Beispiel: „Er klopfte Zeichen, die ich nicht verstand, ich klopfte Zeichen, die er nicht verstand." (Z. 17 f.)

c **Aufzählung:** „Ich eilte heimlich auf Zelle acht zu, riss die Klappe auf, warf die Bleistiftspitze hinein, schloss die Klappe lautlos und stellte mich eilig an meinen Platz." (Z. 99–102) → gibt das hektische Geschehen anschaulich wieder – **Alliteration:** „tickten [...] Takte" (Z. 25) → erinnert daran, dass die Zeit abläuft, in der eine Verständigung erreicht werden muss – **Redewendung:** „um mein Leben klopfte" (Z. 1 f.) → macht deutlich, wie brisant und lebensbedrohend die Lage des Ich-Erzählers ist – **Klimax:** „ich ging den Tag etwa 20 Kilometer in der Zelle auf und ab, machte im Monat 600, in neun Monaten 5400 Kilometer, von Paris bis Moskau etwa" (Z. 50–53) → verdeutlicht die zunehmende Ausweglosigkeit der Situation und das angespannte Warten – **Personifikation:** „Das Auge der SS blickte herein" (Z. 77 f.) → Nicht der Mensch steht hier im Vordergrund, sondern seine Aufgabe, den Gefängnisinsassen zu überwachen.

5 Beispiellösung für die vollständige **Untersuchung der sprachlichen Besonderheiten** (dies ist ein sehr ausführliches Beispiel; eine gute Leistung kann auch mit weniger Aspekten erreicht werden):

Wie schon bei der Textsortenbestimmung festgestellt, ist die Kurzgeschichte „Die Aussage" in einer einfachen, leicht verständlichen Sprache geschrieben. Dabei sorgen jedoch anschauliche Adjektive und Partizipien sowie treffende Verben für Anschaulichkeit und Lebendigkeit. Beispielsweise verdeutlichen die Adjektive „fein und leise" (Z. 9 f., 81), wie vorsichtig die beiden Gefangenen klopfen, um nicht ertappt zu werden, und wie dick die Gefängnismauern sind. Wenn der Ich-Erzähler nach dem Zustandekommen des Kontakts „mit atemlos kalter Präzision" (Z. 39) K.s Klopfzeichen zählt, zeigen die Adjektive sowohl seine Aufregung („atemlos") wie auch die Notwendigkeit, keinen Fehler zu machen („kalt"); dadurch wird betont,

wie wichtig der Kontakt für den Ich-Erzähler ist. Er ist darüber „starr und glücklich" (Z.42), das heißt er wirkt vor Freude wie gelähmt. Auch das Partizip „überwältigt" (Z.47) verdeutlicht, wie heftig die Gefühle des Ich-Erzählers sind. Die Beschreibung der Zelle als „entsetzlich kalt" (Z.50) weist auf die tatsächliche Kälte im Raum und auf die feindliche Atmosphäre im Gestapogefängnis hin. Ausdrucksstarke Verben tragen ebenfalls dazu bei, dass sich der Leser die Situation sehr gut vor Augen führen kann. So macht die Formulierung „flammte [...] auf" (Z.4 f.) bewusst, wie plötzlich und unerwartet die Kontrollen kommen, das Verb „bezwingen" (Z.16) zeigt die Anstrengung des Ich-Erzählers, der Verzweiflung nicht nachzugeben, und die Formulierung „eilte" (Z.99) verdeutlicht, dass schnelles Handeln notwendig ist, als er die Bleistiftspitze in K.s Zelle wirft.
Immer wieder fallen im Text einzelne Wörter auf, die zwischen drei Punkten stehen, etwa „... verstehe ..." (Z.41) oder „... gut ..." (Z.49). Dies verdeutlicht, dass die Situation äußerste Knappheit erfordert. Die Gestaltung spielt auch im Druckbild auf die Klopfzeichen an, mit deren Hilfe die beiden Gefangenen nur Wörter, keine kompletten Sätze austauschen können. Zugleich wirken diese Stellen besonders eindringlich.
Komplexere Satzgefüge verwendet der Ich-Erzähler dann, wenn er die Situation vorstellen, notwendige Informationen und Zusammenhänge darstellen möchte (z.B. „Als ich abends gegen zehn Uhr um mein Leben klopfte, lag ich auf einer Pritsche und schlug mit dem Bleistiftende unter der Wolldecke an die Mauer.", Z.1–4). Kurze Aussagesätze hingegen beschreiben knapp das Geschehen, das in diesem Moment zum Stillstand zu kommen scheint: „Dann lag ich still." (Z.7), „Er verstand nicht." (Z.12). Ellipsen wie „Ratlosigkeit." (Z.19) oder „Keine Verständigung." (Z.32) betonen den Inhalt ganz besonders, heben die Verunsicherung und Verzweiflung des Ich-Erzählers hervor. An sich selbst richtet der Erzähler die Frage: „Ob es Morse war?" (Z.20 f.), womit seine Unsicherheit zum Ausdruck gebracht wird. Der Ausruf „Dank in die Ewigkeit, K.!" (Z.90), den der Zellennachbar gar nicht hören kann, hebt die große Freude des Ich-Erzählers über K.s Rücknahme der Aussage hervor. Eine Satzreihe in den Zeilen 86 bis 89 („Morgen würden es oben Worte werden, dann würde es ein unterschriebenes Protokoll im Büro sein, und eines Tages würde dies alles dem Gericht vorliegen.") gibt Handlungsschritte wieder, die sich der Ich-Erzähler nur ausmalt, verdeutlicht die Abfolge der ersehnten Ereignisse und ist damit Ausdruck der Hoffnung.
Bei den rhetorischen Mitteln fällt die Verbindung von Wiederholungen mit einem Parallelismus auf: „Er verstand nicht. Ich wiederholte, er verstand nicht. Ich wiederholte hundertmal, er verstand nicht." (Z.12–14). Dadurch werden das Kommunikationsproblem des Ich-Erzählers und seine Verzweiflung über die misslingende Verständigung besonders drastisch hervorgehoben. Eine vergleichbare Wirkung hat eine ähnliche Satzkonstruktion in Zeile 17 f.: „Er klopfte Zeichen, die ich nicht verstand, ich klopfte Zeichen, die er nicht verstand." Die Alliteration „tickten [...] Takte" (Z.25) erinnert daran, dass die Zeit abläuft, in der eine Verständigung erreicht werden muss, damit das Leben des Ich-Erzählers möglicherweise gerettet werden kann. Auch eine Personifikation ist gezielt eingesetzt, um die unmenschliche Situation in dem Gestapogefängnis anschaulich zu machen: Die Formulierung „das Auge der SS" (Z.77) reduziert den Wachtposten auf einen Körperteil und damit auf seine Kontrollfunktion. Dies verdeutlicht die permanente Überwachung, der die Häftlinge ausgesetzt sind.
Schließlich gibt eine Aufzählung – auch durch die verwendeten Bewegungsverben – das hektische Geschehen fast atemlos wieder: „Ich eilte heimlich auf Zelle acht zu, riss die Klappe auf, warf die Bleistiftspitze hinein, schloss die Klappe lautlos und stellte mich eilig an meinen Platz." (Z.99–102)

Seite 60

Die Absichten des Autors ermitteln

1 a Absichten des Autors, die am ehesten zutreffen: B — C — F — G
b Begründung: in der Nachkriegszeit entstanden → Mitbürger über die unmenschlichen Verhältnisse in der Diktatur aufklären, Leser mit Hilfe der gewählten sprachlichen Mittel betroffen machen, zum Nachdenken über die Zeitgeschichte anregen, eigenes Erleben verarbeiten

2 Beispiellösung für die begründete **Darstellung möglicher Autorenabsichten**:

Die Kurzgeschichte wurde 1947 veröffentlicht, also wenige Jahre nach der Befreiung Deutschlands vom Nationalsozialismus. Dies legt nahe, dass der Autor, der selbst im Widerstand aktiv gewesen ist, seinen Lesern eine literarische Auseinandersetzung mit der Zeitgeschichte bieten und sie zum Nachdenken auffordern wollte, denn viele Menschen verschlossen auch im Nachhinein die Augen vor den Gräueln der Diktatur. Weisenborn führt mit diesem Text vor, dass Verstand und Vernunft selbst unter härtesten Bedingungen siegen können, wenn es die Menschen nur wollen: „Unser Verstand hatte die schwere Zellenmauer des Gestapokellers überwunden." (Z.45 f.) Möglicherweise will er damit seinen Lesern verdeutlichen, dass auch sie ihren Verstand in der Zeit der Diktatur hätten einsetzen und Widerstand leisten sollen. Der Verfasser will Betroffenheit erzeugen und fordert durch den gezielten Einsatz der oben beschriebenen sprachlichen Mittel eine gefühlsmäßige Beteiligung der Leser heraus.
Darüber hinaus wollte Weisenborn möglicherweise auch die eigene Lebensgeschichte in diesem literarischen Text verarbeiten, denn er selbst wurde als Widerstandskämpfer verhaftet und entkam nur dadurch dem Todesurteil, dass ein Zellengenosse eine belastende Aussage zurücknahm. Günther Weisenborn hat also die schreckliche Situation selbst erlebt. Durch die Wahl eines Ich-Erzählers macht er die Darstellung in der Kurzgeschichte besonders glaubhaft.

Eine weiterführende Aufgabe verfassen

1 a Nur Text A ist ein innerer Monolog. Er weist viele Kennzeichen des inneren Monologs auf: Ich-Erzähler, Präsens, Fragen, Ausruf, Ellipsen. Text B hat einen Er-Erzähler, ist im Präteritum verfasst und enthält auch sonst keine der typischen Gestaltungsmittel, ist also kein innerer Monolog.

1 b Beispiellösung für die erste weiterführende Aufgabe:

Weiterführende Aufgabe:
Innerer Monolog des Zellennachbarn, als es zu einer Kontaktaufnahme mit Hilfe von Klopfzeichen kommt
Höre ich recht? Was war das? Ich muss mein Ohr an die Wand drücken. Tatsächlich, jemand klopft von der anderen Seite an meine Zellenwand! Da: eins, zwei, drei. Ich muss antworten! Ob er hört, dass ich mit dem Knöchel des Zeigefingers klopfe? Wie mein Herz pocht! Da sucht einer Kontakt! Wieder: eins, zwei, drei ... Halt, die Reihenfolge verändert sich. Nur ein Takt, jetzt zwei – war dieses Zeichen nicht länger? Ein Morsezeichen? Verdammt, morsen kann ich nicht. Dreimal kurze Takte, ganz leise, dann wieder nur ein Takt. Wenn ich nur wüsste, was er mir sagen will! ... Diese Anspannung ist kaum auszuhalten, trotz der eisigen Kälte läuft mir der Schweiß über den Rücken. – Nur jetzt nicht aufgeben! Nicht den Kontakt verlieren! Klaren Kopf behalten! Wir haben so viel gekämpft, wir haben uns so oft heimlich im Untergrund ausgetauscht, so viele Geheimcodes ausgedacht, um nicht aufzufliegen ... Wie wäre das wunderbar, wenn wir auch die dicken Mauern dieses Gestapokellers überwinden könnten! Da, er klopft weiter. Ich muss herausfinden, welches System hinter den Klopfzeichen steckt – muss mitzählen und scharf nachdenken ...

2 a Für die Fortsetzung der Geschichte geeignet: Verbleib in der Haft mit ungewissem Ausgang – dem Widerruf wird kein Glauben geschenkt – Änderung des Todesurteils in lange Haftstrafe

b Beispiellösung für die zweite weiterführende Aufgabe:

Weiterführende Aufgabe: Fortsetzung der Geschichte mit einem erneut offenen Ende
Drei Monate dauerte die Ungewissheit. Drei Monate Eiseskälte, zermürbende Gedanken, Angst. 1800 Kilometer bin ich rastlos in der Zelle auf und ab gelaufen, beobachtet vom starren Auge der SS. Jedes Mal wenn das Licht aufflammte, die Furcht: Nun führen sie dich zur Hinrichtung! Nach drei endlos langen Monaten erhielt ich dann den Bescheid: Todesstrafe aufgehoben. Begnadigt zu zehn Jahren Festungshaft. K.s Solidarität hat mich gerettet!
An einem Novembermorgen kamen sie, legten mir Handfesseln an und trieben mich zusammen mit anderen Häftlingen ins Freie. Im Nebel standen Lkws mit laufendem Motor. Ganz schwach versuchte die Sonne, das Grau zu durchdringen. Mit einem Gewehrkolben wurde ich in einen der Wagen gestoßen, die Fahrt ins nächste Gefängnis begann.

Seite 61

Den Schluss gestalten

1 Satzanfänge, die für den Schluss geeignet sind: A — C — F — G — H

2 Beispiellösung für den **Schluss**:

Ich finde es sehr beeindruckend, wie eine so kurze Geschichte einen scharfen Blick auf einen Aspekt des Nationalsozialismus ermöglicht und zeigt, dass Vernunft und Widerstand auch unter schlimmsten Bedingungen sinnvoll und wichtig sind. Besonders bemerkenswert erscheint mir, mit welchen einfachen sprachlichen Mitteln der Autor beim Leser große Aufmerksamkeit weckt. Die Spannung beim Lesen wird durch das Schriftbild des geklopften „Dialogs“ noch weiter erhöht, sodass man zunächst unbedingt erfahren möchte, ob eine Verständigung zustande kommt, und später wissen will, ob K. seine Aussage zurücknehmen wird. Auf Grund der Informationen zu dem Schriftsteller Günther Weisenborn gehe ich davon aus, dass er mit dieser Kurzgeschichte seinen Lesern eigene Erfahrungen vorstellen und sie zum Nachdenken anregen möchte. Mich hat der Text sehr nachdenklich gemacht, weil er einen ausgesprochen persönlichen Blick auf die politischen Verhältnisse im Nationalsozialismus wirft und dadurch menschlich viel stärker berührt als die nüchternen Darstellungen im Geschichtsbuch. Allerdings hätte ich den literarischen Text von Weisenborn ja ohne sachliches Hintergrundwissen nicht verstanden. Zum Verständnis von Geschichte kann also beides beitragen: Fachwissen und eine gut erzählte Geschichte.

7 „Extrem laut und unglaublich nah“

Einen TGA zu einem Romanauszug verfassen

Seite 64

A Die Aufgabe verstehen

1 Aufgaben, die beim vorliegenden TGA verlangt werden: B — D — G — H — J

2 Beispiel für die Gliederung (Einleitungs- und Schlusssatz werden später ergänzt):

A) *(Einleitungssatz wird später ergänzt.)*
B) Textanalyse und weiterführende Aufgabe
   I. Untersuchung des Textes
      1. Inhaltszusammenfassung
      2. Charakteristik des Ich-Erzählers Oskar Schell
      3. Untersuchung der sprachlichen Besonderheiten und ihrer Wirkung
         a) Wortwahl

b) Satzbau
c) Rhetorische Mittel
4. Darstellung der möglichen Absichten des Autors
II. Weiterführende Aufgabe
– Brief von Oskars Mutter an ihre Mutter
– Oder: Fortsetzung der Geschichte
C) *(Schlusssatz wird später ergänzt.)*

B Das Textverständnis sichern

1 Beispiellösung: A der neunjährige Oskar Schell als Ich-Erzähler. — B Z.B.: Der Ich-Erzähler spricht von „Mom" (Z.1) und „Dad" (Z.2); Oskar bastelt seiner Mutter Geschenke (vgl. Z.1–3, 22–28); er erklärt den Morsecode wie ein Kind und gibt zu, sich nicht ganz sicher zu sein: „Piepse [...], die eigentlich Blips heißen, glaube ich, jedenfalls so ähnlich" (Z.7–9); er hat große Angst (vgl. Z.29–48); er erzählt, was er alles mit seinem Vater unternommen hat (vgl. Z.51–56); er ruft: „Das war ich nicht!" (Z.102), wie viele Kinder, die etwas anstellen. — C etwas mehr als ein Jahr nach den Terrorattentaten vom 11. September 2001 (vgl. Z.29, 64). — D in New York; der größte Teil des Auszugs spielt in einer New Yorker Wohnung in der Kleiderkammer des verstorbenen Vaters des Ich-Erzählers. — E Der neunjährige Ich-Erzähler stellt dar, wie er in einer schlaflosen Nacht in die Kleiderkammer seines verstorbenen Vaters geht und dort einen rätselhaften Schlüssel findet. — F weil er nicht einschlafen kann und sich nach seinem Vater sehnt, ihm nahe sein möchte, indem er dessen Sachen sieht und berührt.

Seite 65

2 A Der Junge hat das Bedürfnis, für einen anderen Menschen wichtig zu sein. — B Oskar betritt das erste Mal seit dem Tod seines Vaters dessen Kleiderkammer und weiß nicht, welcher Gefühlsansturm ihn erwartet, deshalb ist er etwas ängstlich. — C Der Neunjährige hat den Eindruck, seine Mutter habe den Tod ihres Mannes sehr leicht überwunden.

3 Gugolplex (in „gugolplexviele", Z.49 f.): unvorstellbar große Zahl (eine 1 mit 10^{100} Nullen) – Diadem (Z.24): Stirnreif – Turban (Z.41): Kopfbedeckung, die auch manche Muslime tragen – Alliance Française (Z.12): Vereinigung zur Verbreitung der französischen Sprache – Reservoir (Z.69): Sammelbecken, Wasserspeicher – Smoking (Z.83): Gesellschaftsanzug – Rassist (Z.36): jemand, der Angehörige bestimmter Bevölkerungsgruppen oder Völker diskriminiert

C Einen TGA zu einem Romanauszug verfassen

Hinweis: Aus den grau unterlegten Lösungen zu einzelnen Aufgaben ergibt sich, fortlaufend gelesen, ein vollständiger Beispielaufsatz.

Die Einleitung schreiben

1 Beispiellösung: In die Einleitung eines TGA zu einem literarischen Text gehören der Autorenname, Hinweise zum Autor, der Titel des Textes, die Textsorte, die Quelle des Textes (Erscheinungsort und -jahr, ggf. der Roman/Sammelband) sowie die Kernaussage.

Seite 66

2 So sieht die korrigierte **Einleitung** aus (die verbesserten Wörter sind unterstrichen):

Bei dem Text „Gugolplex" handelt es sich um einen Auszug aus dem zweiten Roman „Extrem laut und unglaublich nah" des US-amerikanischen Schriftstellers Jonathan Safran Foer, der 1977 geboren wurde. Das Buch erschien in deutscher Übersetzung im Jahr 2005 in Köln. Im vorliegenden Ausschnitt erzählt der neunjährige Ich-Erzähler Oskar, dessen Vater bei den Attentaten vom 11. September 2001 in New York ums Leben gekommen ist, von seinen Gefühlen und Ängsten und davon, wie er in der Kleiderkammer seines Vaters einen rätselhaften Schlüssel findet.

Den Inhalt des Textes zusammenfassen

1 Die Handlungsschritte in der richtigen Zusammensetzung und Reihenfolge: **(1)** Der neunjährige Ich-Erzähler Oskar hat die letzte Nachricht seines Vaters als Morsecode in ein selbst gebasteltes Perlenarmband eingebaut und ist sich unsicher, wem er den Schmuck schenken soll. (Z.1–18) – **(2)** Er schenkt das Perlenarmband und weiteren Schmuck seiner Mutter, doch trotz ihrer Freude darüber bricht der Junge den Versuch eines vertraulichen Gesprächs gleich wieder ab. (Z.19–28) – **(3)** Mehr als ein Jahr nach dem Attentat quälen Oskar noch immer Ängste und schlimme Gefühle, besonders nachts macht er sich viele Gedanken. (Z.29–48) – **(4)** In einer schlaflosen Nacht betritt er die Kleiderkammer des Vaters, wo dessen persönliche Gegenstände viele Erinnerungen an die schöne gemeinsame Zeit in dem Jungen wecken. (Z.49–85) – **(5)** Er stürzt beim Versuch, eine blaue Vase von einem Regal zu holen, die Vase zerbricht und er leidet darunter, dass seine Mutter davon nichts mitbekommt. (Z.86–110) – **(6)** In den Scherben findet er einen seltsamen Schlüssel. (Z.111–122)

2 Beispiellösung für die **Inhaltszusammenfassung** (sinnvolle Satzverknüpfungen sind hier unterstrichen):

Zu Beginn erinnert sich der Ich-Erzähler, wie er die letzte Nachricht seines Vaters als Morsecode in ein selbst gebasteltes Perlenarmband eingebaut hat. Er hat zunächst überlegt, wem er diesen Schmuck geben soll. Schließlich hat der Junge das Armband seiner Mutter geschenkt, die es zur Beerdigung getragen hat. Danach fertigt Oskar weiteren Schmuck mit

Nachrichten des Vaters für sie an. Obwohl sich seine Mutter darüber freut, bricht er den zaghaften Versuch zu einem Gespräch gleich wieder ab. In der Folge schildert der junge Ich-Erzähler, welche Ängste und unangenehmen Gefühle ihn auch mehr als ein Jahr nach dem Attentat, bei dem sein Vater ums Leben gekommen ist, noch immer quälen. So machen ihm zum Beispiel Fahrstühle, Flugzeuge sowie Feuerwerk Angst und er fürchtet sich vor Personen, die ihn an die Attentäter denken lassen. Besonders nachts kommt er ins Grübeln und kann nicht schlafen. In einer solchen schlaflosen Nacht betritt Oskar die Kleiderkammer seines Vaters, wo dessen persönliche Gegenstände viele Erinnerungen an die schöne gemeinsame Zeit in dem Jungen wachrufen. Er zählt auf, was er mit dem Vater hier alles unternommen hat. Oskar betrachtet und berührt Gegenstände und Kleidungsstücke, die sein Vater benutzt oder getragen hat. Schließlich bemerkt er eine auffallende blaue Vase auf dem obersten Regal. Bei dem Versuch, sie herunterzuholen, stürzt er mit der Vase zu Boden, wo sie zerbricht. Dass die Mutter darauf gar nicht reagiert, sondern im Nebenzimmer mit ihrem Freund lacht, verstört den Jungen. Später entdeckt er beim Aufräumen in den Scherben einen seltsamen Schlüssel.

Eine Figur charakterisieren

Seite 67

2 Beispiele: **Äußeres:** *(keine Angaben)* – **Lebensumstände:** neunjähriger Junge (Vorspann), lebt in New York bei seiner Mutter, verlor vor einem Jahr bei den Terrorattentaten des 11. September 2001 seinen Vater (Z. 29) – **Eigenschaften und Verhalten:** verstört durch den Tod des Vaters bei dem Terroranschlag, nachts kann er nicht schlafen (Z. 45 f.), hat große Angst, z. B. vor Flugzeugen, Hochhäusern, Brücken, Fahrstühlen, U-Bahnen, Arabern (Z. 32–41), neugierig (Manteltasche, Z. 69–73, Vase, Z. 87), sehr klug (kennt z. B. Morsecode, Z. 3, die Zahl Gugolplex, Z. 49 f.), interessiert an Mathematik (kennt „gugolplex“), Ringen (Z. 52 f.), Naturwissenschaften (Z. 53–56), verschlossen („innerer Schlafsack“, Z. 105), etwas altklug („Im Durchschnitt schlafen die Menschen innerhalb von sieben Minuten ein“, Z. 75 f.) – **Verhältnis zum Vater:** innig, z. B. Ringen, Witze, Experimente in der Kleiderkammer (Z. 51–56), fehlt ihm sehr – **Verhältnis zur Mutter:** weniger eng, weil er glaubt. dass sie den Vater vergessen und mit Ron ein Verhältnis begonnen habe (vgl. Z. 58–60), mag sie trotzdem (Geschenke, Z. 19–27)

3 (Z. 19) – (Z. 28) – (Beispiellösung:) er annimmt, sie würde nicht um den Vater trauern. Er nimmt ihr übel, wenn sie mit ihrem Freund lacht, und glaubt, dass sie ihren Mann allzu schnell vergessen und ein Verhältnis mit Ron begonnen habe.

4 Beispiellösung für eine vollständige **Charakterisierung**:

Oskar Schell ist der neunjährige Ich-Erzähler des Romans, wie aus dem Vorspann zu erfahren ist. Er hat bei den Terroranschlägen des 11. September 2001, die zur Zeit der Romanhandlung mehr als ein Jahr zurückliegen (vgl. Z. 29 f., 64), seinen Vater verloren und lebt mit seiner Mutter in New York. Oskar hatte ein inniges Verhältnis zu seinem Vater, der offenbar viel Zeit mit seinem Sohn verbrachte, ihn gefördert hat (Versuch mit dem Pendel, vgl. Z. 53–56) und viel Spaß mit ihm hatte (haben sich verrückte Witze erzählt und miteinander gerungen, vgl. Z. 51–53). Durch den Tod seines Vaters bei dem Attentat ist der Junge sehr stark und anhaltend verstört. Mehr als ein Jahr nach den Ereignissen quälen ihn immer noch vielerlei Ängste, etwa vor Flugzeugen, Hochhäusern, Brücken und Arabern, er fürchtet sich vor dem U-Bahn- und dem Fahrstuhlfahren (vgl. Z. 29–41) – also vor allem, was ihn an die Anschläge erinnert. Nachts kann er nicht schlafen, er macht sich viele Gedanken und hat große Sorgen (vgl. Z. 45–48, 75–77). In der Kleiderkammer seines Vaters sucht er eines Nachts die Erinnerung an ihn (vgl. Z. 51–56). Außergewöhnlich sind Oskars Intelligenz und sein Wissen (Morsecode, Z. 3, Shakespeare-Dramen, Z. 91 f.). Er ist an vielem interessiert, etwa an Mathematik (er kennt die Zahl Gugolplex, vgl. Z. 49 f.) und an Naturwissenschaften (er hat versucht, mit dem Vater zu beweisen, dass die Erde sich dreht, vgl. Z. 53–56). Die Figur erscheint für ihr Alter sehr klug, manchmal wirkt sie fast etwas altklug (z. B. „obwohl ich keine Rassist bin“, Z. 36, oder „Im Durchschnitt schlafen die Menschen innerhalb von sieben Minuten ein“, Z. 75 f.). Andererseits verhält sich Oskar aber auch wie ein normales Kind: Seine Neugier zeigt sich, als er in den Manteltaschen des Vaters stöbert (vgl. Z. 69–73), die blaue Vase vom Regal holen möchte (vgl. Z. 86–102) und rätselt, was es mit dem Schlüssel auf sich haben könnte (vgl. Z. 114–122). Wie jedes Kind, das etwas angestellt hat, ruft er: „Das war ich nicht!“ (Z. 102), nachdem er die Vase zerbrochen hat.
Oskars Beziehung zur Mutter ist weit weniger eng, als es die zum Vater war. Er mag sie zwar und macht ihr selbst gebastelte Geschenke (vgl. Z. 19–27), doch schafft er es nicht, sich ihr anzuvertrauen, was in dem kurzen Dialog: „Mom?“ „Ja?“ „Nichts.“ (Z. 28) deutlich wird. Seine Verschlossenheit kommt auch in dem Bild vom „inneren Schlafsack“ (Z. 105) zum Ausdruck. Das Verhältnis ist gestört, weil Oskar den Eindruck hat, die Mutter trauere nicht mehr um ihren Mann und habe ihn womöglich vergessen („Sie vermisste Dad nicht“, Z. 60). Außerdem nimmt er ihr übel, dass sie einen Freund hat und unbeschwert „zu laut“ (Z. 104) mit ihm lacht.

Seite 68

Die Sprache untersuchen

1 a **Wortwahl**: richtige Zuordnung und weitere Beispiele: „Morsecode“ (Z. 3), „Reservoir“ (Z. 69), „Diadem“ (Z. 24), „Visitenkarte“ (Z. 72), „Tragödie“ (Z. 98): Fremdwörter – „verpasste ich mir“ (Z. 109), „Dad“ (Z. 2, 51, 60, 63), „Piepse“ (Z. 7), „jede Menge Sachen“ (Z. 33), „krass“ (Z. 85, 116), „Mom“ (Z. 1, 58): jugend- bzw. umgangssprachliche Wendungen – „riesigen, schwarzen Ozean“ (Z. 43), „schicken alten Dame“ (Z. 14 f.), „hübsche, blaue Vase“ (Z. 86 f.): anschauliche Adjektive

b jugendsprachliche – (Z. 85 und 116) – „Dad“ (Z. 2, 51, 60, 63) – „Piepse“ (Z. 7), „jede Menge Sachen“ (Z. 33) oder „verpasste ich mir“ (Z. 109) – „Morsecode“ (Z. 3), „Diadem“ (Z. 24) und „Tragödie“ (Z. 98) – sehr kluger

2 **Satzbau:** komplexe Satzgefüge – Kurze Aussagesätze – (Z. 9) – Dad nicht.“ – Z. 60 – Ellipse – Z. 85 – Frage – (vgl. Z. 87 f.) – Fragesatz – „Was zum?“ (Z. 114–116) – (Frage-)Sätzen – „Mom?“ „Ja?“ „Nichts.“, Z. 28)

Seite 69

3 a **Stilmittel** und Beispiellösung für ihre Wirkung: A (Z. 34–41): Aufzählung → verdeutlicht, dass der Junge vor sehr vielen Aspekten seiner alltäglichen Umgebung große Angst hat — B (Z. 49 f.): Neologismus → betont, wie sehr ihn seine vielen Ängste und Sorgen bedrängen — C (Z. 78, vgl. auch Z. 13): Metapher, Bild dafür, wie beschwert der Junge durch den Tod des Vaters ist → verdeutlicht, dass er sich nicht unbeschwert bewegen kann, sondern sich wie gelähmt fühlt

b Beispiellösung: A (Z. 41–44): Oskar hat durch das Attentat den Halt verloren, den sein Vater ihm gegeben hatte. Er fühlt sich orientierungslos, hat Angst und weiß nicht, wohin er sich wenden kann. Das sprachliche Bild gibt sehr anschaulich seine Gefühlslage wieder. — B (Z. 104–106): Oskar zieht sich zurück und verschließt sich vor allen anderen Menschen. Die Metapher wirkt ungewöhnlich und verdeutlicht deshalb ganz besonders, wie sehr sich Oskar von seiner Umwelt abkapselt.

4 Beispiellösung für die vollständige **Sprachuntersuchung**:

Die sprachliche Gestaltung des Romanauszugs lässt erkennen, dass aus der Sicht eines Kindes erzählt wird. Auffällig wirkt zum Beispiel bei der Wortwahl die wiederholte jugendsprachliche Bezeichnung „krass“ (Z. 85 und 116) für etwas ganz Besonderes, die verdeutlicht, dass hier kein erwachsener Ich-Erzähler spricht. Die gleiche Wirkung erzielt die umgangssprachliche Koseform „Dad“ (Z. 2, 51, 60, 63) für den Vater, die zudem das liebevolle Verhältnis zwischen Vater und Sohn verdeutlicht. Auch durch umgangssprachliche Wendungen wie „Piepse“ (Z. 7), „jede Menge Sachen“ (Z. 33) oder „verpasste ich mir“ (Z. 109) wirkt die Darstellung des Jungen glaubwürdig. Fremdwörter, beispielsweise „Morsecode“ (Z. 3), „Diadem“ (Z. 24) und „Tragödie“ (Z. 98), weisen darauf hin, dass der neunjährige Ich-Erzähler ein sehr kluger Junge ist.
Beim Satzbau fällt auf, dass der kindliche Ich-Erzähler viele komplexe Satzgefüge aneinanderreiht (etwa im ersten Absatz), was ebenfalls unterstreicht, dass Oskar intelligent und nachdenklich ist. Kurze Aussagesätze stehen nur dort, wo er für ihn sehr bedeutsame Aussagen trifft, etwa: „Dad hätte es bestimmt gewusst.“ (Z. 9) oder „Nachts war es am schlimmsten.“ (Z. 45 f.) Eine Ellipse, die nur aus einem Wort besteht („Krass.“, Z. 85), zieht die Aufmerksamkeit des Lesers besonders auf sich und fasst Oskars Gefühlsansturm in der Kleiderkammer zusammen. Spannung weckt eine Frage, als der Neunjährige die Vase entdeckt (Z. 87 f.: „Was hatte eine hübsche, blaue Vase da oben zu suchen?“). Ein wiederholter unvollständiger Fragesatz verdeutlicht seine Neugier, als er schließlich den Schlüssel in der Hand hält: „Was zum?“ (Z. 114–116) – und verweist gleichzeitig auf seine gute Erziehung, weil die Frage wohl „Was zum Teufel ...“ heißen soll. Der einzige Dialog in dem gesamten Text macht mit extrem kurzen Ellipsen klar, dass Oskar mit seiner Mutter noch nicht über den Vater sprechen will oder kann: „Mom?“ „Ja?“ „Nichts.“ (Z. 28) In den Ein-Wort-Sätzen kommen die Sprachlosigkeit und das gestörte Verhältnis zwischen Sohn und Mutter zum Ausdruck.
Auch die Stilmittel sind in diesem literarischen Text sehr bewusst und wirkungsvoll gewählt. So zeigt die lange Aufzählung „Hängebrücken, Bazillen, Flugzeuge, Feuerwerke, Araber in der U-Bahn (obwohl ich kein Rassist bin), Araber in Restaurants und Coffee-Shops und an anderen öffentlichen Orten, Baugerüste, Gullydeckel und die Gitter in den U-Bahn-Stationen, herrenlose Taschen, Schuhe, Leute mit Schnurrbart, Rauch, Haarknoten, hohe Gebäude, Turbane“ (Z. 34–41) sehr deutlich, wie viele Ängste den Jungen plagen. Im Grunde fürchtet er sich vor allem, womit er in seiner alltäglichen Umgebung in New York ständig konfrontiert ist – Menschen, Bauwerke, Verkehrsmittel und Gegenstände. Die Vielzahl seiner Sorgen und nächtlichen Gedanken kommt auch in dem auffälligen Neologismus „gugolplexviele“ (Z. 49 f.) zum Ausdruck, der zeigt, wie viele Ängste und Sorgen ihn bedrängen. Zugleich verdeutlicht die Wortneuschöpfung – das Nomen „Gugolplex“ (eine unendlich große Zahl) wird auf jugendsprachliche Art mit „viel“ zu einem Zahlwort verbunden – das Wissen wie auch das jugendliche Alter des Ich-Erzählers. Wie beschwert und sorgenvoll der Junge durch den tragischen Tod des Vaters ist, verrät die Metapher „Bleifüße“, die zweimal vorkommt (Z. 13 und 78). Das sprachliche Bild veranschaulicht, dass sich Oskar nicht unbeschwert bewegen kann, sondern wie gelähmt fühlt. Auch weitere Metaphern charakterisieren den Jungen, seine Gefühle und Verhaltensweisen, so wenn es heißt: „Die meiste Zeit hatte ich das unangenehme Gefühl, mich mitten in einem riesigen, schwarzen Ozean oder in einem tiefen Raum zu befinden“ (Z. 41–44). Oskar hat durch das Attentat den Halt verloren, den sein Vater ihm gegeben hatte. Er fühlt sich orientierungslos, hat Angst und weiß nicht, wohin er sich wenden kann. Das sprachliche Bild gibt sehr anschaulich sein Empfinden einer großen Verlorenheit (wie mitten im nächtlichen Meer) wieder. Die Metapher „Ich kroch in meinen inneren Schlafsack und zog den Reißverschluss bis ganz oben zu“ (Z. 104–106) verdeutlicht schließlich, dass sich Oskar zurückzieht und vor anderen Menschen verschließt, vor allem vor seiner Mutter. Die Metapher wirkt ungewöhnlich und macht deshalb ganz besonders bewusst, wie sehr sich Oskar von seiner Umwelt abkapselt.

Seite 70

Die Autorenabsicht ergründen

1 Aussage E trifft die Autorenabsicht wahrscheinlich am ehesten. Mögliche Begründungen: Oskar leidet unter dem Tod des Vaters, das Terrorattentat prägt seine Ängste (vgl. Z. 32–41), sein Seelenleben (vgl. Z. 41–48), sein Verhalten (vgl. z. B. Metapher vom „inneren Schlafsack“, Z. 105, und abgebrochenen Versuch eines Gesprächs mit der Mutter, Z. 28).

2 Beispiellösung für eine **Beschreibung und Begründung der möglichen Autorenabsicht**:

Jonathan Safran Foer möchte in dem Auszug „Gugolplex“ aus seinem Roman „Extrem laut und unglaublich nah“ darstellen, welche anhaltenden Auswirkungen die Attentate des 11. September 2001 auf einen Jungen haben, der bei dem Terroranschlag in New York seinen geliebten Vater verloren hat. Um diese Absicht besonders glaubhaft wirken zu lassen, ist der Roman in der Ich-Form aus der Sicht des Jungen Oskar erzählt. Der Textauszug macht deutlich, wie sehr der Ich-Erzähler unter dem plötzlichen Tod seines Vaters leidet und wie stark die Eindrücke des Terrorattentats die Ängste des Neunjährigen (etwa vor Arabern, Hochhäusern, U-Bahnen und dem Fahrstuhlfahren, vgl. Z. 32–41) prägen. Die Anschläge und der Tod des Vaters haben sein Seelenleben beeinflusst (vergleiche die schlaflosen, sorgenvollen Nächte, in denen er sich Katastrophen ausmalt, vgl. Z. 41–48) und ein sehr zurückgezogenes Verhalten verursacht, das zum Beispiel in der bereits zitierten Metapher vom „inneren Schlafsack" (Z. 105) und in dem abgebrochenen Versuch eines vertraulichen Gesprächs mit der Mutter (vgl. Z. 28) zum Ausdruck kommt.

Eine weiterführende Aufgabe bearbeiten

1 So könnte der vollständige Brief von Oskars Mutter an seine Großmutter aussehen:

Weiterführende Aufgabe: Brief von Oskars Mutter an ihre Mutter über die Probleme des Jungen

New York, 16.10.2002

Liebe Mama,

heute muss ich dir einmal von meinen Sorgen erzählen.
Über ein Jahr sind Oskar und ich nun schon alleine, trotzdem verfolgen mich diese furchtbaren Anschläge noch immer bei Tag und bei Nacht. Genauso wie der Junge habe ich den Schock über ...s plötzlichen Tod noch nicht überwunden, aber ich lasse mir nach außen wenig anmerken – vor allem, um Oskar ein Gefühl von Normalität zu geben. Ron versucht, mich abzulenken, doch wirklich helfen kann er mir auch nicht. Ganz schlimm ist immer noch Oskar dran.
Er hat große Ängste. Man kann mit ihm nirgendwohin gehen, denn er fürchtet Fahrstühle, Brücken, Hochhäuser, Flugzeuge und Menschen, die etwas anders aussehen als wir – eigentlich alles, wovon wir hier in New York City ständig umgeben sind. Er lässt sich nicht dazu bewegen, U-Bahn zu fahren. Mit mir spricht er nur das Notwendigste und meine Freundschaft mit Ron nimmt er mir offensichtlich übel, obwohl keine engere Beziehung dahintersteckt. Nachts kann der Junge kaum schlafen, dann geistert er durch die Wohnung. Neulich scheint er in der Kleiderkammer seines Vaters gewesen zu sein. Ich habe es bemerkt, weil eine Vase, die ich sehr geliebt habe, zu Bruch ging. Er hat alles sorgfältig aufgeräumt und kein Wort darüber verloren.
Louise, meine Schwiegermutter, bemüht sich sehr um ihn, zu ihr hat er fast ein herzlicheres Verhältnis als zu mir. Meinst du, ich sollte noch weitere Psychotherapeuten einschalten? Bis jetzt hat keiner irgendeine Änderung bewirken können. Vielleicht kommst du uns einmal besuchen und sprichst mit Oskar?

Liebe Grüße
deine ...

2 Beispiellösung für den überarbeiteten Text:

Weiterführende Aufgabe: Fortsetzung der Geschichte in der Er-Erzählform

Oskar saß/hockte/stand eine halbe Stunde später immer noch in der Kammer, starrte den merkwürdigen/seltsamen Schlüssel an und überlegte/grübelte, was er machen sollte. Ganz klar: Das war der Schlüssel zu einem Schließfach! Und wo gibt es Schließfächer? Genau: auf Bahnhöfen, Postämtern, Banken, Flughäfen! Exakt an den Orten, die er mied wie die Pest. Vor nichts fürchtete er sich mehr als vor Menschenansammlungen in öffentlichen Gebäuden. Außerdem kann man die nur mit der U-Bahn oder dem Bus erreichen, mit überfüllten Verkehrsmitteln also, deren bloßer Anblick sein Herz schon schneller schlagen/pochen/klopfen ließ. Oskar sah ratlos auf den Schlüssel. Würde seine Neugier siegen? Würde ihm womöglich der geheimnisvolle Schlüssel seines Vaters helfen, seine Ängste zu bezwingen/überwinden?
Am nächsten Morgen begann er, den Stadtplan zu studieren, und suchte die Wege zu allen Bahnhöfen und Flughäfen.

Seite 71

Den Schluss schreiben

1 Beispiellösung für den überarbeiteten **Schluss** (passende Verknüpfungen und Überleitungen sind doppelt unterstrichen, Synonyme für „Autor" sind mit Punktlinie, andere Ausdrücke für „Junge" sind einfach unterstrichen):

Obwohl der Text nur einen kurzen Ausschnitt aus dem Roman vorstellt, vermittelt er dennoch/trotzdem einen Eindruck von dem Anliegen des Autors. Jonathan Safran Foer schreibt über einen kleinen Jungen, der bei den Terrorattentaten am 11. September 2001 seinen Vater verloren hat und darüber nicht hinwegkommt. Der Verfasser hat eine geniale Möglichkeit gefunden, die Gefühle des Sohns lebensnah und überzeugend zu vermitteln, indem er den Neunjährigen selbst die Geschichte erzählen lässt. Der Ich-Erzähler verwendet angemessene sprachliche Mittel, die die Figur glaubwürdig erscheinen lassen. Deshalb finde ich das Buch so überzeugend. Außerdem berührt mich die Verbindung von Zeitgeschichte mit einem menschlichen Schicksal, das mir in dem Text sehr nahegegangen ist. Der Auszug hat mich auf den Roman neugierig gemacht, sodass ich ihn mir ausleihen oder kaufen werde.

8 „Mein kleines gelbes Schicksal"

Einen TGA zu einem satirischen Text verfassen

Seite 73

A Die Aufgabe verstehen

1 Text zusammenfassen – Merkmale der Satire nachweisen und dabei Absicht des Autors darstellen – Auffällige sprachliche Mittel und ihre Wirkung untersuchen – Weiterführende Aufgabe erledigen

2 Beispiel für die Gliederung (Einleitungs- und Schlusssatz werden später ergänzt):

A) *(Einleitungssatz wird später ergänzt.)*
B) Textanalyse und weiterführende Aufgabe
  I. Untersuchung des Textes
    1. Inhaltszusammenfassung
    2. Nachweis von Merkmalen der Satire einschließlich Darstellung möglicher Autorenabsichten
    3. Untersuchung der sprachlichen Besonderheiten und ihrer Wirkung
      a) Wortwahl
      b) Satzbau
      c) Rhetorische Mittel
  II. Weiterführende Aufgabe
    – Innerer Monolog zu folgender Situation: Ich kaufe ein Los und öffne es gleich.
    – Oder: Erörterung mit zwei Argumentationen: Was spricht gegen Glücksspiele?
C) *(Schlusssatz wird später ergänzt.)*

Seite 74

B Das Textverständnis sichern

2 Die zutreffenden Bedeutungen: Lotterieeinnehmer (Z.22f.): Kaufmann, der mit staatlicher Genehmigung Lotterielose vertreibt – Optimismus (Z.19): lebensbejahende Grundeinstellung – Privileg (Z.25): Vorrecht – Zertifikat (Z.34): Bescheinigung

3 Zutreffende Aussage: Der Autor macht sich über Lotteriespiele und deren übertriebene Versprechen lustig.

4 Beispiellösung: A Ein Ich-Erzähler, Vater eines kleinen Sohnes Luis — B Der Ich-Erzähler kauft zunächst ein Los, liest später den Werbebrief einer anderen Lotterie und klebt, nachdem er das Los geöffnet hat, die darin enthaltene Antwort „Leider nicht" auf das Schreiben der Lotterie, schickt dann diesen Brief zurück an die Lotterie (vgl. Z.10f., 23–40, 73–84). — C Er fragt sich beim Kauf des Loses, ob er eine Niete verkraften kann (vgl. Z.12–20). Angesichts des Werbebriefs fantasiert er, dass der Lotterieeinnehmer in einer märchenhaften Umgebung ein Kärtchen mit seinem Namen aussucht, es mit goldener Tinte abhakt, woraufhin das Kärtchen auf goldenem Tablett ins Vorzimmer getragen und sein Name der Vorzimmerdame gemeldet wird (vgl. Z.42–69). — D übertrieben, witzig — E Nachdem er den Brief der Lotterie mit „Leider nicht" kommentiert und zurückgeschickt hat, beginnt der Ich-Erzähler zu arbeiten.

Seite 75

C Einen TGA zu einem satirischen Text verfassen

Hinweis: Aus den grau unterlegten Lösungen zu einzelnen Aufgaben ergibt sich, fortlaufend gelesen, ein vollständiger Beispielaufsatz.

Die Einleitung schreiben

1 Beispiellösung für den **Beginn der Einleitung**:

Der satirische Text „Mein kleines gelbes Schicksal" von Axel Hacke erschien 2006 in dem Band „Das Beste aus meinem Leben" im Verlag Antje Kunstmann in München. Der Autor, früher Redakteur der „Süddeutschen Zeitung" und seit dem Jahr 2000 freier Schriftsteller und Kolumnist, veröffentlichte schon viele humorvolle und satirische Bücher für Kinder und Erwachsene.

2 **a/b** Beispiel für eine geeignete **Kernaussage in der Einleitung** (verwendet Lösung B):

Der vorliegende Text setzt sich auf witzige Weise mit Lotteriespielen und Glückslosen auseinander.

Den Inhalt zusammenfassen

1 **(1)** Fahrt am Morgen über den Kindergarten zum Büro (Z.1–6) – **(2)** Betreten des Zeitungsladens und Kauf eines gelben Loses (Z.6–21) – **(3)** Auffinden und Lesen eines Briefs einer Lotterie (Z.22–44) – **(4)** Vorstellung des Ich-Erzählers von der sorgfältigen Auswahl seiner Person durch den Lotterieeinnehmer (Z.44–69) – **(5)** Öffnen des gelben Loses, das sich als Niete erweist (Z.70–72) – **(6)** Basteln eines Briefs an den Lotterieeinnehmer (Z.73–84) – **(7)** Arbeitsbeginn (Z.85)

2 Beispiellösung für die **vollständige Inhaltszusammenfassung** (Ergänzungen sind unterstrichen):

In dem satirischen Text berichtet der Ich-Erzähler zunächst, wie er am frühen Morgen seinen Sohn im Kindergarten absetzt und dann auf dem Weg ins Büro in einem Zeitschriftenladen ein gelbes Los der Staatslotterie kauft, weil es ihm ein guter Tag zu sein scheint. Allerdings fragt er sich, ob er wohl eine Niete ertragen kann. Im Bürobriefkasten findet er ein Werbeschreiben eines Lotterieeinnehmers. Genau gibt der Erzähler nun wieder, wie laut Absender mit diesem Brief umzugehen sei, um angeblich einen riesigen Gewinn zu erhalten. Da in dem Werbebrief behauptet wird, die Adressaten würden sorgfältig ausgesucht, malt sich der Erzähler aus, dass dem Lotterieeinnehmer in einer märchenhaften Umgebung von einem Sekretär Kärtchen mit Namen überreicht werden und er seinen Namen ausgesucht habe. Das Kärtchen sei daraufhin der Vorzimmerdame überreicht worden, die ihm dann das „Gewinn-Zertifikat" geschickt habe. Anschließend an seine Fantasien nimmt der Ich-Erzähler sein gelbes Los zur Hand, das sich beim Öffnen als Niete erweist. Die Formulierung „Leider nicht" schneidet er aus und klebt sie auf die „Privileg-Karte" des Werbeschreibens. Diese schickt er an den Lotterieeinnehmer zurück. Dann beginnt er zu arbeiten.

Seite 76

Merkmale der Satire erkennen und belegen

1 Absicht der vorliegenden Satire: B

2 Mögliche Reaktionen beim Leser: Kopfschütteln – Schmunzeln – Nachdenken – Lachen

3 Darstellungsverfahren und sprachliche Mittel von Satiren (Merkmale, die für den vorliegenden Text zutreffen, sind unterstrichen, entsprechende Textstellen durch Zeilenangaben belegt):

Verzerrung (vgl. z. B. Z. 44–69) – Mehrdeutigkeit – Neologismen (vgl. z. B. Z. 71 f.) – Metaphern – Situationskomik – auffälliger Satzbau (vgl. z. B. Z. 27–40, 46–61) – Ironie (vgl. z. B. Z. 42) – Rollenwechsel – Übertreibung (vgl. z. B. Z. 23–40) – Vergleiche (vgl. z. B. Z. 6) – Untertreibung

4 Beispiellösung für den **Nachweis von Merkmalen der Satire:**

Die Geschichte „Mein kleines gelbes Schicksal" enthält verschiedene Merkmale der Satire, zu denen Übertreibung und Verzerrung gehören. Schon die Überschrift verweist auf den ironisch überspitzten Ton des gesamten Textes, denn sie verbindet den Begriff „Schicksal" sprachlich mit dem unangemessenen Adjektiv „klein" und inhaltlich mit einem Lotterielos, das sich später als Niete erweisen wird. Eine Satire übt Kritik an menschlichen Schwächen und Lastern oder an gesellschaftlichen Missständen. Dementsprechend greift der vorliegende Text kritisch auf, was vielleicht schon viele Menschen geärgert hat: die Aufdringlichkeit von Lotteriewerbung, die allerhand verspricht, was sie kaum halten kann. Der Autor macht dieses Vorgehen durch fantastische Ausschmückung (vgl. das Vorgehen bei der Teilnahme an der Lotterie, Z. 23–40) sowie Übertreibung und Verfremdung (vgl. die Fantasie von der Auswahl der Lotterieteilnehmer, Z. 44–69) lächerlich. Dazu gehört auch, dass die „Vorzimmerfee" (Z. 57 f.) wie in einem Kitschroman „hauchte" (Z. 65) und „jauchzte" (Z. 69) und der Sekretär „goldlippig" „flüsterte" (Z. 67). Zur satirischen Verfremdung passt schließlich ebenfalls, dass der Ich-Erzähler, der sich von der Verführbarkeit nicht ausnimmt, seine Niete am Schluss auf das Werbeschreiben des Lotterieeinnehmers klebt und den Brief zurücksendet, statt ihn in den Papierkorb zu werfen. Der Autor bringt den Leser damit zum Schmunzeln, möchte aber wohl auch zum Nachdenken über die Tricks und Traumwelten der Lotteriebetreiber anregen. Um seine Absicht zu erreichen und damit der Leser den Text aus kritischer Distanz aufnehmen kann, nutzt der Erzähler auch sprachliche Gestaltungsmittel, die typisch für die Satire sind, etwa Besonderheiten beim Satzbau (vgl. Z. 27–40, 46–61), Neologismen (vg. Z. 71 f.) und Vergleiche (vgl. Z. 6).

Sprachliche Besonderheiten untersuchen

1 a Zusammengesetzte Wörter, die typisch für die Werbesprache sind: „Gewinn-Anwärter" (Z. 23), „Privileg-Karte" (Z. 25), „Sicherungs-Siegel" (Z. 29), „Gewinn-Zertifikat" (Z. 34)
b Satirisches Ziel bei der Verwendung dieser Begriffe: B, D

Seite 77

2 a Begriffe, die normalerweise in Märchen vorkommen: Könige (Z. 6), Siegel (Z. 29), Schloss (Z. 47), Fee (Z. 58), goldenes Tablett (Z. 57), goldene Haare (Z. 58), goldene Lippen (Z. 59)
b Wirkungen dieser Anspielungen auf Märchen: übertrieben – überspitzt – witzig
c Mögliche Absicht des Autors: durch die übertriebene und überspitzte Darstellung zeigen, wie unrealistisch die „märchenhaften" Versprechungen der Lotteriewerbung sind.

3 Richtige Zuordnung: **Fragen:** „Willst du den Tag schon auf die Probe stellen? Willst du die Hoffnung bereits töten? [...] Kannst du ein ‚Leider nicht' ertragen?" (Z. 12–17) → verdeutlichen Unsicherheit über den Sinn des Loskaufs; wirken nachdenklich und zweifelnd, aber auch übertrieben – **komplexes Satzgefüge mit Wiederholungen im Satzbau:** „Wenn ich den beigefügten Umschlag, schrieb der Lotterieeinnehmer, mit dem ‚persönlichen Sicherungs-Siegel' öffnete, dann [...], dann [...], dann [...], dann [...], dann [...], dann [...] – könnte ich [...] teilnehmen." (Z. 27–40) → verdeutlicht die vielen Voraussetzungen, die einer Teilnahme am Gewinnspiel vorausgehen, und macht so klar, dass es vermutlich gar nichts zu gewinnen gibt; wirkt ironisch-distanziert – **Ausrufe:** „O ja!" (Z. 42), „Wag es!" (Z. 70) → zeigen Einfluss des suggestiven Werbeschreibens; wirken lebendig – **Ellip-**

sen/Wiederholungen im Satzbau: „Ich stellte mir vor, wie der Lotterieeinnehmer mich ‚streng ausgesucht' hatte. Wie er in seinem goldenen Lotterieeinnehmer-Schloss [...]. Wie der Lottereieinnehmer [...]. Wie etwas von dem Gold [...]. Wie er dann aber [...]. Wie der Sekretär [...]." (Z. 44–59) → betonen, dass sich der Ich-Erzähler das Ganze nur vorstellt, und zeigen, wie unrealistisch durch Werbeschreiben hervorgerufene Vorstellungen generell sind; wirken witzig

4 a Passage in indirekter Rede: Z. 23–41.
b Wirkung: seine Distanzierung von dem Werbeschreiben der Lotterie ironisch verdeutlichen

5 Wiederholung von „golden", z. B.: „goldenen Lotterieeinnehmer-Schloss" (Z. 46 f.), „mit goldenen Lippen" (Z. 47 f.), „seines goldenen Feuerzeugs" (Z. 50 f.), „Gold auf seinen Fingernägeln" (Z. 51 f.), „mit goldener Tinte ein goldenes Häkchen" (Z. 54 f.), „auf goldenem Tablett" (Z. 56 f.), „mit goldenen Haaren" (Z. 58), „seinen goldenen Lippen" (Z. 59), „goldlippig" (Z. 67) – Beispiel für Notizen zur Wirkung: golden = hochwertig, besonders, exklusiv; dauernde Wiederholung: wirkt übertrieben, überspitzt, lächerlich → verweist darauf, wie unrealistisch die märchenhaften Versprechen von Lotterien sind

Seite 78

6 „Leidernicht. Leidernie. Immerleidernie." (Z. 71 f.): Neologismus, Wiederholung, Ellipse, Klimax → Wirkung: betont das Bedauern über die Niete, hebt durch die Wiederholung und Steigerung („nicht – nie – immer nie") hervor, dass der Erzähler noch nie gewonnen hat, und legt die Vermutung nahe, dass Nieten bei Lotterien der Normalfall sind.

7 Beispiellösung für die ausformulierte **Untersuchung der auffälligen sprachlichen Mittel**:

Fast alle verwendeten sprachlichen Mittel wirken witzig, ironisch oder komisch und unterstützen damit die satirische Absicht des Textes. Bei der Wortwahl fallen zum Beispiel in dem vom Erzähler wiedergegebenen Werbebrief einer Lotterie (Z. 23–40) zusammengesetzte Wörter auf, die etwas Wertvolles, Besonderes signalisieren und typisch für die Werbesprache sind, etwa „Privileg-Karte" (Z. 25), „Sicherungs-Siegel" (Z. 29) und „Gewinn-Zertifikat" (Z. 34). Mit solchen Begriffen wollen Unternehmen ihren Kunden vermitteln, dass sie etwas Besonderes, Erlesenes angeboten bekommen und dass sie durch die Teilnahme an der Lotterie zu einem exklusiven Kreis gehören. Die Satire will mit diesen Ausdrücken Methoden des Kundenfangs aufzeigen, nämlich Loskäufer durch vermeintliche Besonderheit anzulocken. Eine ähnliche Absicht verfolgen Worte im Text, die normalerweise in Märchen und hier in der Fantasie des Erzählers von der Auswahl der Teilnehmer vorkommen, beispielsweise „Schloss" (Z. 47) und „Fee" (Z. 58) sowie das fast aufdringlich oft wiederholte Wort „golden" (z. B. „auf goldenem Tablett", Z. 56 f., „mit goldenen Haaren", Z. 58, „goldenen Lippen", Z. 59). Diese Anspielungen auf ein Märchen wirken witzig, aber auch übertrieben. Sie verdeutlichen, wie unrealistisch die „märchenhaften" Versprechungen der Lotteriewerbung sind.
Obwohl der Text weitgehend in einfachen Sätzen und Satzgefügen verständlich geschrieben ist, werden Besonderheiten beim Satzbau gezielt eingesetzt. So verdeutlichen Fragen, die der Ich-Erzähler an sich selbst richtet (vgl. Z. 12–20), seine Unsicherheit über den Sinn des Loskaufs. Zudem erscheinen Fragen wie „Willst du die Hoffnung bereits töten?" (Z. 13 f.) angesichts eines kleinen Lotterieloses völlig überzogen und passen zur Übertreibung der Satire. Das Werbeschreiben des Lotterieeinnehmers gibt der Erzähler umständlich in indirekter Rede wieder (vgl. Z. 23–41), womit er auf die Umständlichkeit des Vorgehens bei der Beantwortung des Angebots anspielt und zugleich ironisch seine Distanzierung klarmacht. In diesem komplexen Satzgefüge fällt auch die Satzbauwiederholung auf („Wenn ich den beigefügten Umschlag, schrieb der Lotterieeinnehmer, mit dem ‚persönlichen Sicherungs-Siegel' öffnete, dann [...], dann [...], dann [...], dann [...], dann [...], dann [...] – könnte ich [...] teilnehmen", Z. 27–40), die das Vorgehen lächerlich macht. Wiederholungen im Satzbau finden sich ebenfalls in den Zeilen 44 bis 59. Dort reihen sich gleichförmig gebaute Ellipsen aneinander, die alle mit „Wie [...]" beginnen und die Vorstellungen des Erzählers von der Auswahl seines Namens übertrieben und sehr witzig schildern. Das wiederholte „Wie" führt dem Leser deutlich vor Augen, dass sich der Ich-Erzähler das Ganze nur vorstellt. Trotzdem lässt sich der Erzähler selbst zeitweilig von der vorgeblichen Exklusivität und seinen märchenhaften Fantasien beeindrucken, was Ausrufe wie „O ja!" (Z. 42) und „Wag es!" (Z. 70) zeigen. Aber auch sie wirken künstlich und übertrieben.
Bei den rhetorischen Mitteln fällt besonders die schon beschriebene Wiederholung von „golden" in der Fantasie von der Teilnehmerauswahl auf (z. B. „goldenen Lotterieeinnehmer-Schloss", Z. 46 f., „mit goldener Tinte ein goldenes Häkchen", Z. 54 f.). Normalerweise steht das Farbadjektiv für etwas besonders Wertvolles. Die Übertreibung zieht die Situation jedoch ins Lächerliche. Auch Alliterationen wie „Sicherungs-Siegel" (Z. 29) und Neologismen wie „Herbstmorgenoptimismus" (Z. 15) und „Vorzimmerfee" (Z. 57 f.) verstärken den Witz und die Ironie dieses satirischen Textes. Besonders auffällig ist das Wortspiel „Leider nicht. Leidernicht. Leidernie. Immerleidernie" (Z. 71 f.), das Neologismus, Wiederholung, Ellipse und Klimax verbindet. Damit betont der Ich-Erzähler sein Bedauern über die Niete und hebt durch die Wiederholung und Steigerung („nicht – nie – immer nie") hervor, dass er noch nie gewonnen hat. Zugleich legt die auffallende Wortkombination die Vermutung nahe, dass Nieten bei Lotterien der Normalfall sind.

Eine weiterführende Aufgabe bearbeiten

1 A ist besser geeignet, weil der Text lebendiger wirkt und es sich hierbei wirklich um einen inneren Monolog zu der Aufgabenstellung handelt. B hingegen weicht von der Aufgabenstellung und vom Thema ab: Text B dreht sich um die Erinnerung an den letzten Loskauf und die damit verbundenen Träume, er hat nicht den aktuellen Kauf eines Loses zum Thema. Zudem ist der Text im Präteritum abgefasst, während ein innerer Monolog im Präsens stehen muss.

2 Eine Beispiellösung für einen inneren Monolog bietet Text A. Allerdings sollte dein Text etwas länger sein.

3 a Geeignete Gesichtspunkte für die zweite weiterführende Aufgabe: B — C — E — F

c Beispiellösung für die **zweite weiterführende Aufgabe** (hier sind als Muster drei Argumentationen zu den Punkten B, C und E ausgeführt, in der Aufgabe werden jedoch nur zwei verlangt):

Weiterführende Aufgabe: Argumentationen zum Thema: Was spricht gegen Glücksspiele?
Gegen Glücksspiele sprechen verschiedene stichhaltige Argumente.
Ein wichtiger Aspekt ist, dass Glücksspiele süchtig machen können. Denn viele Menschen, die häufig spielen, verlieren vollständig den Bezug zur Realität und vernachlässigen ihr alltägliches Leben, ihre Arbeit, das Essen und Schlafen, weil sie nur noch gewinnen wollen. Ähnlich wie Drogensüchtige werden sie abhängig von dem „Kick“, sodass sie im schlimmsten Fall in der Psychiatrie landen.
Ein weiterer Punkt gegen Glücksspiele ist, dass dort, wo Geld eingesetzt werden muss, die Verluste sehr hoch sein können. Füllt jemand zum Beispiel systematisch Lottoscheine aus, sind schnell über 100 Euro pro Woche fällig. In Spielcasinos werden aber auch Spiele angeboten, bei denen man mehrere Tausend Euro setzen kann. Manche Leute haben beim Glücksspiel in einer Nacht ihr gesamtes Vermögen verspielt.
Außerdem können Spieler durch den Aufenthalt in Spielhallen mit Menschen Bekanntschaft schließen, die sie in kriminelle Machenschaften hineinziehen. Denn wenn man spielt, benötigt man immer mehr Geld für den Einsatz. Schon häufig sind Menschen straffällig geworden, weil sie sich durch Einbrüche, Diebstähle, Überfälle oder Drogenhandel Geld für das Spielen beschaffen wollten. Die Zeitungen berichten immer wieder von solchen Fällen. Auch die Gefahr, in schlechte Gesellschaft zu geraten und kriminell zu werden, spricht also gegen Glücksspiele.

Seite 79

Den Schluss schreiben

1 Schluss B eignet sich am besten, denn er rundet den TGA ab, indem er noch einmal kurz zusammenfasst, worum es eigentlich geht. Außerdem begründet er eine eigene Meinung zu dem Text.

2 Beispiellösung für den **Schluss** (greift den Schlussgedanken B auf und ergänzt eigene Ideen):

Ich habe den satirischen Text „Mein kleines gelbes Schicksal“ gerne gelesen, weil darin ein Alltagsproblem – der Umgang mit unerwünschten Briefen einer Lotterie – sehr witzig mit gut geeigneten sprachlichen Mitteln dargestellt wird. Außerdem reizt der Text zum Nachdenken, denn Axel Hacke zeigt darin auf humorvolle Weise, wie die Lotteriewerbung mit überzogenen Versprechungen Menschen dazu bringt, Lose zu erwerben. Dabei nimmt sich der Ich-Erzähler nicht aus, weshalb die Geschichte zunächst glaubhaft und realistisch wirkt. Doch die distanzierte Wiedergabe des Werbeschreibens, die übertriebenen Fantasien über die Auswahl der Lotterieteilnehmer und die absurde Rücksendung der Collage aus Werbebrief und Niete entlarven ironisch und komisch die Tricks, die Lotteriebetreiber einsetzen, um gutgläubige Kunden zu fangen. Der Text macht neugierig darauf, ob der Autor auch andere kleine Alltagserlebnisse so ironisch und hintergründig darstellt.